U0060276

台灣
二·二八大慘案

華北輿論集

許毓良 校註

代序：
《台灣二·二八大慘案華北輿論集》的研究

許雪姬

一、珍貴性的史料

《台灣二·二八大慘案華北輿論集》（簡稱《台灣二·二八大慘案》）一書（小冊子）於 1947 年 4 月 20 日在北平出版，這是由台灣省旅平同鄉會、天津市台灣同鄉會、台灣省旅平同學會所編成，共 48 頁。發刊詞說明他們編此書的目的是，遠在平、津對故鄉台灣發生二二八大慘案，無法身援，只有聲援，但對祖國同胞正義的聲援有必要讓台灣同胞知悉。這本小冊子在他們熱心編排下，分成七部分，分別是一、二·二八前夜的台灣，二、社論·評論，三、善後·處理，四、外國人眼中的二·二八，五、學生·教授和二·二八；六、雜品，七、二·二八大慘案日記，大半文章取材自以下報刊：上海《文匯報》，北平《平明日報》、《世界日報》、《經世日報》、《華北日報》（中宣部機關報）、《北平紀事報》、《天津大公報》、《瀋陽新報》、《台灣新生報》、"*China Weekly Review*"；大學新聞有國立清華大學《清華周刊》、燕京大學《燕京新聞》；期刊有《北平太平洋月刊》、《觀察週刊》。此外較為珍貴的是在 1947 年 3 月 12 日由台灣旅平同鄉會、長春台灣同鄉會、台灣省旅青同鄉會、天津市台灣同鄉會、瀋陽台灣省同鄉會、台灣省旅平同學會共同發表的〈爲台灣二・二八大慘案敬告全國同胞書〉、台灣旅平同學會發表的〈爲台灣二・二八大慘案敬告全國同學書〉，以及〈台胞在華北及東北二・二八慘案發生後的活動經過〉、〈聯合招待外國記者概況〉、〈致蔣主席白部長電〉、〈由台灣寄到北平一封信〉、〈北大輿論〉，這些篇和上述引自報刊的文章、評論不同，是獨一無二的，最爲珍貴。

二、編者王碧光與台灣旅平同學會

上述所謂「長春台灣同鄉會」、「瀋陽台灣同鄉會」是自東北長春、瀋陽在北京待機欲返台的台人，不久他們都回鄉，較少再參加在北平同鄉會的聲援活動。由平津同鄉、同學會所編的這本小冊子，主要是台灣旅平同學會做爲主幹蒐集相關材料，由「學生、教授和二・二八」訪問北京大學6個教授：馮承植、閻家駟、費青、許德珩、朱光潛、楊人楩可知。旅平同學會的會員王宏（原名王康緒）指出本書由王碧光編輯。王碧光，是旅平同鄉會第二屆理事和第三屆常務理事。他在聲援二二八活動中是主要的骨幹，執筆寫〈告同胞書〉，沿途散發並訪問報社，《台灣二・二八大慘案》與《二・二八週年志》（後敍），都是他編的。[1] 王宏的說法，就是要導出北平同學會是在舊台共詹以昌的「指導下」進行聲援二・二八的行動。詹以昌當時化名「曾明如」，是王宏的表姨父。[2]

1　王宏，〈我所經歷的平津台胞對"二・二八"起義的聲援鬥爭〉，《天津台訊》，總第160期，2013年3月，頁18。據王宏告知本文稍後亦刊登在《上海台聯》。

2　詹以昌，原台共，於1931年10月16日為台灣總督府逮捕，判刑7年。見台本書頁 11（第 119 頁），劍秋，〈由台灣寄到北平一封信〉，就是寄給「碧光兄」。由於有地下黨的關係，因此 3 月 10 日印〈告台灣同胞書〉時，有署名沒有日期，3 月 12 日加印時，徵得長春、瀋陽、青島台灣同鄉會的贊同而予署名。〈告同胞書〉，加了「蔣主席萬歲」，做爲掩護；在本書中亦未暴露曾明如的角色；而 3 月 11 日延安廣播發表〈台灣自治運動〉的社論，也未收入。這本書的出版費，是由住天津的張秋海[3]向天津鄉親募來的。[4]

在此有必要介紹一下旅平同學會。該會 1946 年 4 月 14 日成立，參加成立大會的有台籍大學生 15 名左右，召集人是北大的鄞石城（澎湖人），[5] 當時成立的目的在幫助台灣同學維護權益，便於和各自就讀的院校打交道，如對在台、在日學校學歷的說明。當日選鄞爲會長、王宏爲副會長，但並未向當局登記。1946 年 10 月鄞石城回台，另方面這年年底台灣省

灣總督府警務局編，《台灣總督府警察沿革誌（III）》（東京都：綠蔭書房復刻版，1986），頁 738。據王宏說，詹 1931-1940 年因台共事件坐牢，1941 年到北京，抗戰後期與中共取得聯繫，參加劉仁等同志領導的北京地下工作，遵照地下黨指示，在同鄉會中不出面擔任會長只擔任理事。見王宏，〈我所經歷的平津台胞對 " 二 · 二八 " 起義的聲援鬥爭〉，頁 19。

3 張秋海（1899-1988），台北蘆洲人，東京高等師範國畫手工科、東京美術學校西畫科畢業。回台後棄畫從商，1938 年到北京，1940 年入北京師範學院任工藝專科副教授，1945 年到天津。1951 年到北京師大教學，文革時被關在當時任教的中央工藝美術學校的牛棚中，1971 年下放到河北省獲鹿縣勞改，1974 年回北京。周文生主編，《劉錦堂、張秋海生平與藝術成就研討會論文集》（台中：國立台中美術館，2000），頁 113-138。

4 王宏，〈我所經歷的平津台胞對 " 二 · 二八 " 起義的聲援〉，頁 20。

5 許雪姬訪問、記錄，〈王宏先生訪問紀錄〉，2015 年 3 月 7 日，中國上海安亭別墅 · 花園酒店，頁 1。

公費生到北大就讀，就由王宏出面在家開一次歡迎茶話會，曾明如聞訊，也來講話，這些公費生成爲同學會的主力，到二・二八時會員近 20 名。[6] 到北大就讀的公費生，依 1946 年 11 月 6 日的分發名單，這 13 個入北京大學者的科別、姓名如下：

文科：尤寬仁、許溢悟（筆者的四叔）、呂青銘、張天成、王猜林

法科：陳威博（楊威理）、郭炤烈

工科：郭祥燦、黃厚年

農科：蘇瑞鵬、林元芳、廖天朗、吳寅生[7]

至於其他 3 人的確定名單，則是就讀於華北學院[8] 的劉嘉武、[9] 王宏[10] 與陳魁元。[11] 此外還有黃紹周、張輝南、林恩威（北

---

6 王宏，〈我所經歷的平津台胞對"二・二八"起義的聲援〉，頁 18。

7 《台灣新生報》，1946 年 11 月 8 日，南部版，〈台灣省行政長官公署教育處公告〉。要瞭解這些學生往後的情況，可參考鐘明宏，《一九四六・被遺忘的台籍青年》（台北：沐風文化出版有限公司，2014）。

8 華北學院是利用原日本人在北京設立的鐵路學院設立的，是當時北京行轅主任李宗仁所設，以王捷三為校長（中共建政後去西安）。學校的位置在北京西安門的牆根附近，原要設華北大學，但只有文科（英語系、俄語系）、法科（政治、經濟系）故只稱學院。許雪姬訪問、記錄，〈王宏先生訪問紀錄〉，頁 1。

9 劉嘉武（1923-1950），台中石岡人，幼年隨父至滿洲國，戰後就讀華北學院，1947 年 6 月在北京加入中共地下黨，1948 年 4 月返台，為台中縣新社農校教員。1949 年擔任和平鄉平等國民學校校長，不久被捕。據官方判決資料稱，劉嘉武在台負責新社、石岡一帶之宣傳工作及發展組織，並轉至山地，發展高山族工作，受施部生領導，被判死刑。許雪姬等訪問、林建廷等記錄，《獄外之囚：白色恐怖受難者女性家屬訪問紀錄（下）》（台北：國家人權館籌備處、中央研究院台灣史研究所，2015），頁 17，註 20。

10 王宏，〈一個日語教師走過的路〉，林明月，《滬上台灣人（I）》（上海：上海市台灣同胞聯誼會，2005），頁 1-9。

京大學應用化學系）、林東波（北京大學機械系）、邱家溥（北京朝陽大學）、洪伯仁（北京大學政治系）、袁柏偉（北京中國大學）、李明德（不詳就讀學校）、郭清海（北京中國大學政治經濟系）。[12]

三、書的內容

由於北京、天津在華北，未若當時中華民國的首都南京、上海資訊較為充足，而上海的台灣省政治建設協會上海分會、台灣重建協會上海分會、閩台建設協進會上海分會、京滬同鄉會、上海台灣同學會、台灣革新協會等六個團體在二二八事件發生後組織「台灣二・二八慘案後援會」。[13] 他們離首都近，一有個風吹草動就往中央去請願、召開記者招待會，給中央政府和台灣行政長官公署壓力不小。[14] 反之，北京的台灣人團體要瞭解二二八事件的相關資訊，是由上海《文匯報》而來，而北平要看到來自上海的《文匯報》要兩三天，[15] 而上海的報紙最早刊登二二八的都在 3 月 1 日，[16] 因此本書也

---

11 澎湖人，父母住天津。許雪姬訪問、記錄，〈王宏先生訪問紀錄〉，頁 1。

12 許雪姬訪問、記錄，〈林恩威先生訪問紀錄〉，2004 年，於中央研究院近代史研究所，未刊稿。

13 南京《建設日報》，1947 年 3 月 9 日，〈台亂未已 警察放下武器 軍隊退出城市〉。

14 早在二二八事件尚未發生的 1946 年 7 月 20 日，這 6 個團體鑒於陳儀治台的劣績 ，乃到南京分訪國民政府、立法院、行政院、國民黨中央黨部、國防最高委員會、國民參政會請願，請願內容共 6 項，其中 3 項與台灣有關，1、撤廢台灣省行政長官公署條例，改設與各省同樣之省政府於台灣；2、禁止台灣銀行發行台幣，並阻遏其壟斷台灣之金融；3、取消專賣統治及官營貿易企業制度。南京，《南京人報》，1946 年 7 月 21 日，「台民六大願望」。

15 許雪姬訪問、記錄，〈王宏先生訪問紀錄〉，頁 1。

16 如上海，《商報》，1947 年 3 月 1 日，「查緝私煙引起紛擾　台市民包圍專

收錄了 3 月 1 日的《文匯報》。如果如前述，本冊子爲王碧光所編，那編書中的原則是什麼？可以歸納爲以下數點：

（一）較少刊登各界對台人引起二二八事件的抨擊記事：本書在 4 月 20 日出版，亦即在台灣二二八事件尚未解嚴時已出刊，其發行的對象是台灣人讀者，尤其是在台灣的台灣人。因此本書旨在介紹「祖國同胞正義的聲援，使他們的熱誠的言論通過這本小冊子去深深的刻在親愛的我們的兄弟姊妹之心上，……」，因此對於「其中雖然不免有一小部份沒有洞察事實，存下了一種狹窄的先入偏見」，[17] 如對二二八事件中台人的不理性行爲、三十二條要求展開抨擊的相關新聞，一律未選入。亦即 3 月 8 日台人提出 32 條 /42 條要求、整編 21 師登陸基隆後，部分報紙開始不再同情台人，以台人叛亂爲責，甚至刊出未經證實的台灣人種種對付外省人殘忍之暴行，如上海《商報》在 3 月 23 日刊登作者「子絲」的〈台亂歷險記〉：「聞被打死之外省人屍首均拋在螢橋之下，或塞於陰溝洞內，復興幼稚園內之小學生，亦被打死，有一孕婦，被人踐踏其腹，致小孩流產，大小均死。」這些台人兇狠的罪行以及行兇之人，並未在台灣的報紙和政府正式的公文書出現。蘇瑤崇教授在〈謊言建構下二二八事件鎮壓之正當性：從大溪中學校女教員案」論起〉，[18] 一文所談的案件與此類似，做好因台人叛亂，故有鎮壓正當性的理由。由於有如上情形，本小冊子有可能誤導讀者，以爲所有的中國大陸人都

賣局」。

17　本書，〈發刊詞〉。

18　《臺灣史研究》，21 卷 9 期，2014 年 9 月，頁 109-136。

同情台灣人的「叛亂」。

（二）引用的重要的報紙資料部分：上述資料已經復刻、被選用。近來復刻的報紙不少，如本小冊引用的《大公報》、《文匯報》、《申報》（有網路版）、《台灣新生報》、《民報》等都是，李祖基在編《「二・二八」事件報刊資料彙編》，[19] 也用了《文匯報》、《大公報》的「特稿」。本冊子所收的報刊，有關上述二報，並非全面引用，因此要進一步使用復刻本才周全。至於本冊被選用而在別的刊物出現的，以鄧孔昭 1981 年編的《二・二八起義資料集》[20] 爲例，就選用〈爲台灣二・二八大慘案敬告全國同胞書〉、〈爲台灣二・二八大慘案敬告全國同學書〉、梁秋水，〈哀台民〉等，這是本冊獨家而被引用。至於本冊引自報刊亦爲鄧書所引用的有以下數篇：〈春天到了台灣百病齊發〉、〈隨時可以發生暴動的台灣局面〉、〈台灣十小時〉、〈美國人眼中的二二八〉。

（三）除同鄉會的公開發言外，也引用了兩篇台灣人的著作：一是楊庭杏［杏庭］，〈台灣憲治的解剖〉。本文旨在說明台灣人成爲現代法治公民已有 40 年，中央及當地的行政當局只要注意公民、國文、歷史、地理的教育，放入三民主義及中國精神教育即可，因日本對台的奴化教育未必完全

---

19 李祖基，《「二・二八」事件報刊資料彙編》（台北：海峽學術出版社，2007）。

20 鄧孔昭，《二・二八起義資料集》上、下冊（廈門：廈門大學台灣研究所，1981）。本書的參考書目中有台灣省北平同鄉會編之《台灣二・二八大慘案》，見頁 184。但有關〈台灣十小時〉一文經筆者將兩種版本校訂，遣詞用字並非完全相同。

成功。他爲了告訴「中國官民與當地公教人員因不明瞭眞相而惹起的糾紛不鮮」，故特地撰文將台灣過去的政治實情加以介紹。他認爲治理台灣要抱持以下四個態度：1、不可以勝利者的態度來歧視劣敗者而君臨的態度，更不能以征服者的地位來藐視台胞，若以不懂中國語言文字，而誤認爲劣等人民，且以高壓的官僚作風施政，必然地會引起莫大的反動力；2、必須先確立人才主義的質能制度，方可收效；3、必須絕對確立廉潔政治，方可生效；4、必須以平等去待遇他們。這些中肯的言論，刊登在3月11日的《瀋陽新報》。那麼作者楊杏庭是誰？楊（1898-1987）是梧棲人，後改名楊逸舟。台中師範、日本東京文理大學畢業，1940年赴中國謀職，1941年任汪記政權國立編譯館編譯官，1942年任浙江省主席傅式說秘書，後至浙江大學任祕書兼心理學教授。戰後失業，1946年任南京市教育局督學，1947年6月任內政委員，奉命撰《台灣之今昔》，8月奉內政部長張厲生之命返台視察，暗中調查民情，9月回南京撰成「台灣視察報告書」，1948年12月底回台，1953年赴日，不再回台。著有《台灣と蔣介石一二．二八民變を中心に》（東京：株式會社三一書房，1970），乃奉命回台視察所蒐集或耳聞的資料爲依據所寫，爲研究二二八重要的參考史料。[21] 另一篇則是台灣重建協會理事長柯台山，〈論處理台灣事〉，3月18日發表於天津《大公報》。對於台灣的善後，他主張1、中樞緩派軍隊，2、根據憲法台灣立

21　許雪姬，〈楊杏庭〉，台中縣政府，《台中縣志人物志》（台中縣：該府，2010），頁160-161。

即實施省自治。爲了怕各界有疑慮還特別說明，台灣的自治不是新疆的高度自治，也不是西藏、蒙古各旗的自治，而是依憲法所賦予的省自治。事實上，32 條追求的是台人治台的高度自治，不過爲了不引起各界疑慮減少中央對台灣追求自治的壓迫不得不如此說。柯台山目前已 100 多歲，2015 年 7 月經由其長女柯華葳教授將其珍藏個人的相關資料，交由中央研究院台灣史研究所進行數位化，這批資料的價值可和楊肇嘉的「六然居典藏台灣史料」有關台灣重建協會分會的相關資料等量齊觀。

（四）由於採分類編定，因此在時間上並非由近而遠：由於分類，因此在閱讀時必須考慮時間的先後。比如 3 月 19 日上海《文匯報》刊出的〈台灣十小時〉，卻編在「雜品」，且在很後面才出現。

（五）北大的台灣學生是主要的供稿者：由 6 個教授的回答，可知他們問的問題是 1、台灣發生二二八事件，各界的觀感如何？事件發生的原因爲何？是否如中央社報導「台胞排斥外省人」所致？2、二・二八事件處委會提出的 32 條要求是否合理？3、北平同學會應該如何做才能引起各界對此事的關心？4、對政府派兵到台鎮壓，有何看法？5、二二八事件如何善後？

四、延伸閱讀

要了解二・二八時北平同鄉會、同學會的活動，光讀這本小冊是不足的。至少還要再看 1946 年 2 月 15 日在北平創刊的《新台灣》，這是台灣省旅平同鄉會的機關刊物，而該會在1945年9月9日成立，當時有500多人參加。由於戰後在中國的台灣人有大麻煩，一是以懲治漢奸條例來治台人之罪，在北平逮捕一些台人，[22] 更兼政府於1946年1月14日發佈「關於朝鮮及台灣人產業處理辦法」，依該辦法，凡是台灣人的私產，得用處理局依照行政院處理敵僞產業辦法之規定，先行接收保管及運用，除非提出確實籍貫，證明並未擔任日軍特務，或憑藉日人勢力，凌害本國人民，或幫同日人逃避物資；或並無其他罪行者，經證明確實無誤，私產經行政院核定後，才能予以發還。[23] 此一辦法最引起台人反感，北平同鄉爲上述兩事決定發行《新台灣》爲喉舌刊物。也因爲在北平台人的水平高，因而才有能力辦雜誌。本誌的第二期在1946年2月28日發行，第三期發行於4月1日，第四期發行於5月1日，前後4期。《新台灣》第四期刊登了1946年4月14日〈台灣省旅平同學成立總會記錄〉，所謂會長、副會長與各部人員名單，和王宏（王康緒）說的有極大的落差。[24] 該學會也在同期刊登〈台灣省旅平同學會的使命〉，指出其目的「志在相互砥礪學術思想，以爲台省與內地各省文化交流之橋樑，並謀解決學生本身之問題，使各得專心研讀以備將來得於貢獻國家社會耳。」[25]

---

22 江文也、柯政和、謝廉清、彭華英、林廷輝、林文龍、謝呂西、黃南鵬。參見許雪姬，〈1937至1947年在北京的台灣人〉，《長庚人文社會學報》，1卷1期，2008年4月，頁63-77；秦賢次，〈《新台灣》導言〉，收入《新台灣》（台北：傳文文化事業有限公司覆刻，未著出版年），頁7。

23 林鷹（林子瑾），〈就台人處置而言〉，《新台灣》，3期，頁2。

24 〈台灣省旅平同學會成立總會記錄〉，《新台灣》，4期，頁10-11。

25 同學會，〈台灣省旅平同學會的使命〉，《新台灣》，4期，頁12。據王宏言，除了本冊子之前出版的《新台灣》外，1948年3月28日，台灣省旅平同鄉會、天津市台灣同鄉會再編印了《二二八週年誌》（簡稱《週年誌》），本刊唐羽已有專文介紹，[26] 但該文作者似未見過《台灣二・二八大慘案》，因此未能上溯說明，一年後出版的《週年誌》，和前者有何不同。《週年誌》分成八項，分別是1、痛憶二、二八；2、二、二八殉難烈士追悼會概況；3、祭文；4、輓聯；5、二、二八事變犧牲者名單（一少部分）；6、名人感想；7、國立北京大學教授訪問記；8、報、雜誌轉載。其編排方式和《台灣二・二八大慘案》類似，仍出自王碧光之手。[27]《週年誌》的發刊，在鑒於大慘案經過一年後，對死亡者必須予以追悼，對台灣的政治仍需改善，因此呼籲「實行中央諾言，實施台灣地方自治，省縣市長民選，撤消公賣局，開放日產耕地！保障台胞的最低生活，讓每一個台胞都要有飯吃。」[28]

在二二八殉難烈士追悼會中，主席（當時旅平同鄉會會長梁永祿）致詞後，有台灣旅平同鄉會、天津市台灣同鄉會、台灣旅平同學會、台灣革新同志會的祭文，接著是事件中殉難的宜蘭中學教師趙桐[29] 之父趙鴻年致詞，其弟也隨後致詞；又

會長是鄞石城，副會長是他本人。

26 唐羽，〈評介《二二八週年誌》〉，《台灣史料研究》，第3號，1994年2月，頁45-52。本文除前言、結論外分為本誌內容簡介、略評書名編輯與發行背景、內容之探討與研究方向四部分。

27 王宏，〈我所經歷的平津台胞對"二・二八"起義的聲援鬥爭〉，頁19。

28 〈痛憶二二八〉，《二二八週年誌》，頁12。

29 趙桐（1920-1947），北平人，1947年3月19日被軍隊逮捕，約在2天後被槍殺於南方澳海邊。被捕的原因不詳，「可能與同樣被派來接收學校事務的

有另一殉難之延平大學教授徐征，[30] 其友林光翟致辭，最後由武訓中學教務主任、校長致詞。輓聯則除四大會外，還有由張東蓀、梁秋水一起具名、台灣省政治建設協會理事長張邦傑具名，及由長春台灣省同鄉會、台灣省旅青同鄉會、瀋陽台灣省同鄉會合送的。至於二二八犧牲者名單自然不夠完備，而且包括被捕者；亦有人名的常見錯字，如王添燈[灯]、許秋綜[粽]、吳鴻棋[麒]、吳金練[鍊]、郭章樞[垣]、陳忻[炘]、黃阿純[統]。名人感想則有燕京大學教授張東蓀等 5 人的看法，[31] 至於北大教授許德珩、費青、楊人梗（楩）、聞家駟繼《台灣二・二八大慘案》後再度發言，《週年誌》則又增加王鐵崖、吳之椿、周炳琳、馮至、賀麟、蔡樞衡、樊弘等教授。[32] 自報章雜誌轉載文章，是《新台灣》、《台灣二・二八大慘案》以來的常套做法，《週年誌》也不例外。此次的內容固然與二二八有關，但重要的是反對台灣給美國託管，如李純青[33] 以「阿山」的資格寫的〈提醒一個錯

校長李祖壽有關，由於學校財務上處理的立場與意見不同而惹禍上身。」張文義，〈趙桐〉，張炎憲，《二二八事件辭典》（台北：國史館，2008），頁 627。

30 徐征（1908-1947），北平人，北京師範大學畢業，1937 年來台任中文老師，一度被台北帝國大學聘任，開中國語文講座。戰後參與接收工作，曾檢舉福州幫的貪污。1947 年 3 月 15 日傍晚被捕。官方認為其為中共台灣省工作委員會委員，真正死因尚待探查。何義麟，〈徐征〉，《二二八事件辭典》，頁 307。

31 台灣省旅平同鄉會、天津市台灣同鄉會編印，《二二八週年誌》（北平：該會，1948），頁 8-10。

32 《二二八週年誌》，頁 11-17。

33 李純青（1908-1990），台北人，幼年回福建原籍，1933 年畢業於南京中央政治大學。1934 年加入中國共產黨，歷任教師，《大公報》主筆、天津《進步

誤〉，刊於 1947 年 10 月 25 日的《公論報》上；[34] 另一篇則是 1948 年 3 月 6 日《北平日報》的社評〈台灣「易長」與「託管」之謠〉。[35] 另一篇引自 1947 年 4 月 20 日《新旗》15 期，由穆德所撰〈我們應當怎樣看台灣事件！〉最爲重要，似爲左翼人士的言論。其重要論點有二：

1、「我們應當把台灣人底反抗看做殖民地反帝國主義運動，現在尚在進行的殘酷迫害看做帝國主義對於殖民地的迫害。台灣和中國的關係是殖民地和帝國主義的關係。台灣的鬥爭，應當看做同印尼、越南、緬甸、菲律濱等地正在進行的鬥爭一樣的。」

2、「我們當把此次台灣事件看做一個革命，與大陸各地進行的種種反對政府的運動一如上海攤販事件，勸工大樓血案，諸城市抗議美軍暴行運動，工人經濟罷工，農民反對徵兵、徵糧甚至各地進行的內戰，一都不同。」

亦即二二八不是和歷代民變一樣是「官逼民反」，而是殖民地反帝國主義運動、是革命。如此明晰地對二二八事件定位，誠屬不易。更重要的是作者主張台灣人有自決的權利。[36]

日報》副總編輯。1945 年 8 月回台參加日本的受降典禮，自稱「小唐山客」，出版《獻曝》，主編《台灣評論》，二二八事件後在上海為文聲援台灣。許雪姬，〈李純青〉，許雪姬總策畫，《台灣歷史辭典》（台北：文建會、遠流、中研院近史所，2005，3 版 1 刷），頁 385。

34 《二二八週年誌》，頁 17。

35 《二二八週年誌》，頁 19。

36 〈我們應當怎樣看台灣事件！〉，《二二八週年誌》，頁 24-30。

五、前衛重刊《台灣二・二八大慘案》的意義

本次前衛出版社在許毓良教授的推介、導讀下要重刊並重排這本48頁的小冊子，在我看來相當有意義。這是要瞭解二二八當時東北、華北台灣人少數珍貴的資料之一。許教授可能是台灣少數對中國所藏相關台灣史料認識最多的學者之一，觀其著作如《台灣在民國（1945-1949）—以大陸期刊、雜誌報導所做的研究》[37] 可窺其一斑。觀此冊稿上所加的註解，多半利用當時大陸發行的期刊雜誌而論及台灣的加以說明，做爲延伸閱讀，以增加此冊的可讀性。

本書並未就原本原樣掃瞄重刊，而是按篇重新打字，這就要費更多的時間做校對，所以雜誌中不同字體大小、及編排的格式，重刊本就無法一一呈現，這是較爲可惜的地方，尤其是將出版雜誌的名字、期號放在最頂端，而非放置在題名後。由於是重刊，因此除了要慎重校對外，對於文中某些錯誤，必須一一指出，避免以訛傳訛，如陳儀當時兼「台灣警備司令」就可在後訂正爲「台灣省警備總司令」，又比如說延平北路事件「殺傷小孩一人」，並無其事；〈台灣憲治的解剖〉一文爲楊「杏庭」所撰，應予訂正；〈誤天下蒼生者皆此輩〉此文將台灣省黨部主委的名字誤爲「林」（李）翼中，而 "*Reforms For Taiwan*"，也因此錯而將之譯爲 Lin Chi-chung（又將「翼」誤讀爲「冀」，故譯成「chi」）；王添灯，都當

37　許毓良，《台灣在民國（1945-1949）—以大陸期刊、雜誌報導所做的研究》（新北：輔大書房，2012）。

成「燈」；梁秋水的〈哀台民〉，有一句「已酉寇降伏」，應爲「乙酉」（1945年）；陳「碧」笙寫成「璧」；在《日誌》中3月2日「嚴一鶴」應爲「周一鶚」、趙「蓮初」應爲「連芳」；又3月5日的記事似應爲3月6日之事；3月11日劉「兩」卿，應爲「雨」；3月22日，葉「春」木應爲「秋」；3月22日，蘇「秦策」應爲「泰楷」，上述之誤一定要修改；更遑論打錯字必須校出。另一可商榷之事則爲頁37（第265頁），有「續接第39頁（第271頁）」有關〈教授答學生意見〉「因時間關係移排於此」，應使之歸位，才能突顯重刊本的意義。[38]

上述指出的這些錯誤，是當時供稿的中央社等通訊社供稿錯誤所致，因爲上海的報刊亦出現同樣的錯誤。

六、我何以答應寫序

許毓良教授在7月底將這部小冊子的重刊本寄給我，要我寫序，而且限定2,000字。我在5月才剛忙完《保密局台灣站二二八史料彙編》的編輯工作，[39] 接著續編六然居主人（楊肇嘉）典藏的台灣重建協會上海分會與二二八文書，以及有關二二八的剪報資料4冊，預計（2016年上半年）出版，實在抽不出時間寫序。但因這本冊子和《二二八週年誌》都在楊肇嘉的「六然居典藏台灣史料」之中，兩本都品相良好，因此我在編完最難編的二二八報紙剪貼資料後，乃先處理二二八史料，得以將北平台灣同鄉會、台灣重建協會上海分會留下來

38 經作者提醒，都已做必要的修改和說明。

39 許雪姬主編，《保密局台灣站二二八史料彙編（一）》（台北：中央研究院台灣史研究所，2015）。

的資料加以比較，並比較他們在戰後以及二二八事件中扮演的角色。大體而言，他們戰後、工作的重點有三：

1、協助華北、華中的台人返鄉：由於戰後由陸軍發出的消息，並不歡迎台人留在大陸，[40] 因此大半台人都決定返鄉，但陳儀並不積極幫助台人返 ，而華北、東北離台又遠，台人由東北、華北回台，不得不向聯合國善後救濟總署求援，並集中到北京、上海，因此在北京、上海成爲台人返台的集中地，爲了等船的台人，北京、上海同鄉會必須張羅食、宿，交涉補助與船期。

2、被中央政府依「關於朝鮮及台灣人業處理辦法」沒收的產業展開交涉。這部分台灣重建協會上海分會留下了一些材料。[41] 吃到嘴裏的肉怎會容易吐出？取回財產不僅曠日時久，往往要不回，以致要回台的台人，比被遣返的日人情況還要狼狽。

3、依「懲治漢奸條例」在京滬、平津被捕的知名台灣人必須援救。當年北京有江文也等人已如上述，上海有板橋林家的林勤、陳杏村、蔡壽郎、梁廷清等 19 名。[42] 楊肇嘉本人

---

40 《民主報》，1946 年 1 月 20 日，4 版，〈留居內地台人處理辦法　在日軍服務者暫不區分〉。此則新聞為 1 月陸軍總部擬具的「台灣人處理辦法」五項，由行政院轉飭各省照辦。這五項中的第四項為：「對良善的台人願在中國、或台灣居住者聽其自由，但以大部分送回台灣交台灣省行政長官安置為原則。」

41 楊肇嘉，〈六然居典藏台灣史料〉，LJK-06-01-0330753，〈蘇柴林案具呈文稿〉，中央研究院台灣史研究所檔案館藏。

42 林獻堂著、許雪姬主編，《灌園先生日記（十八）一九四六年》（台北：中央研究院台灣史研究所、近代史研究所，2010），頁 350，9 月 23 日；葉榮鐘著、林莊生主編，《葉榮鐘日記》（台中：晨星出版有限公司，2002），

也在 1946 年 9 月 25 日被捕，入獄 37 天，1946 年 11 月 1 日獲交保，1947 年 9 月才獲不起訴處分。[43]

至於上海、北京同鄉會，兩者間的不同點在於，上海同鄉會的人數多於北京，且以商人爲多，更有派系糾紛，即上海台灣同鄉會（1945 年 11 月 10 日成立）會長選舉有楊肇嘉與李偉光之爭，楊肇嘉雖在理事長選舉中勝出，[44] 但因被左翼份子所迫無法進行業務，而由李偉光（屬左翼）在 1946、1947 年都擔任旅滬台灣同鄉會會長；楊肇嘉轉而出任台灣重建協會上海分會（1946 年 2 月 18 日成立）理事長。[45] 由於上海到南京近，因此在上海的台灣人、福建人的團體常聯合起來，爲陳儀在台的腐敗統治，而到南京中央政府及其他單位請願，並舉行記者招待會，尤其二二八事件發生後，對陳儀造成很大的壓力，[46] 而陳儀也必欲去楊肇嘉而後快，楊因而被捕。[47]

在北京的同鄉會沒有地利之便，無法到南京去抗議，只能集會、開記者會，來反對陳儀的暴政。不過華北、東北是在中國大陸台灣人中水準最高的，誠如秦賢次所言：「文化

上冊，9 月 23 日，頁 234。

43 全宗號 179，案卷號 988，〈楊肇嘉（台灣新竹［台中］）戰犯案〉，〈國防部審判戰犯軍事法庭處分書三十六年戰偵字第二十號〉，中國南京第二歷史檔案館藏；楊肇嘉，《楊肇嘉回憶錄》（台北：三民書局，2007 年 4 版 2 刷），頁 354-355。

44 Q130-57-1，社、團、會全宗彙集，〈台灣旅滬同鄉會〉。上海市檔案館藏。

45 許雪姬，〈1937-1947 年在上海的台灣人〉，《台灣學研究》，第 13 期，2012 年 6 月，頁 14-15。

46 許雪姬，〈1937-1947 年在上海的台灣人〉，頁 20-25。

47 許雪姬，〈楊肇嘉在上海的活動與其涉入的「戰犯」案（1943-1947）〉，投稿中，頁 36-42。

水準最高的為華北及東北。除了商人之外，在華北及東北的台灣人中，工程、技術人員、醫生、文人、專家學者、政府官吏等佔有相當的比例。以終戰前夕的北京大學來講，其中台灣人擔任教授講師的，就不下十二、三位之多，這也是為什麼戰後初期，大陸各主要地點均有台灣同鄉會的組織，而單獨僅北平一地的同鄉會有能力發行刊物，為地位不明的台灣同胞爭取權益。」[48] 不過，旅京滬台灣七團體二二八慘案聯合後援會在 1947 年 4 月 22 日印發〈台灣大慘案報告書〉（18 頁），以及《台灣事變之眞相》（27 頁），[49] 亦未比平津台胞遜色。而楊肇嘉為上海地區的台灣重建協會上海分會與二二八事件留下的文書、剪報資料，其原手史料的數量相當多，甚至還保留了「天津市台灣同鄉會印發公開信」（二封），也保留了〈台灣旅滬同鄉會電文〉、〈呈文〉，[50] 為後代留下極為珍貴的史料。

我個人對戰後上海的台灣人團體、行動，藉由〈六然居典藏—台灣重建協會與二二八事件文書〉而有所瞭解，也曾為文敘之；[51] 對日治時期在平津一帶的台灣人活動，雖亦曾

---

48 秦賢次，〈《新台灣》導言〉，《新台灣》，頁 6。

49 LJK-06-03-0390844，《台灣大慘案報告書》（1947 年 4 月 12 日），又由《文萃》轉載張琴〈台灣真相〉。LJK-06-03-038040，《台灣事變之真相》，包括 1947 年 3 月 5 日，為〈台灣「二．二八」慘案告全國同胞書〉；〈旅滬台灣六團體二二八慘案聯合後援會聲明〉（約在二．二八事件發生半個月時所提出）、〈關於台灣事變意見書〉；與〈輿論專載〉，乃採自當時各報的特稿或專論。

50 LJK-06-03-0090815、LJK-06-03-0090816、LJK-06-004-0010760 ～ 763。

51 許雪姬，〈1937-1947 在上海的台灣人〉，頁，17-20。不過本文未曾參考吳茂仁，《在華中台灣同胞寫真年鑑（附商工名人錄）》（上海：上海美術社，

撰文；[52] 但對戰後平津台灣同鄉的情況理解較少，更何況〈六然居典藏台灣史料〉中有《台灣二・二八大慘案華北輿論集》、《二二八週年誌》，以及上述天津市台灣同鄉會的公開信，爲了補強對平津台灣同鄉會、同學會的了解，因此在2015年3月到上海訪問北平台灣同學會的要角王康緒（王宏），就其就讀的華北學院、參加的北平台灣同學會、二二八的情況請教，承蒙91歲的他接受訪問，並致贈其所寫的〈我所經歷的平津台胞對"二・二八"起義的聲援鬥爭〉與〈耄耋回顧〉[53] 兩文對我的研究幫助甚大，特此謝謝他。

七、結語

在我所指導的39篇博碩士論文中，[54] 以戰後台灣爲研究主題的幾乎沒有，如果說一個指導教授希望他的研究主題得有學生接棒，在這個角度上我是有所遺憾的，不過我的學生們各自有其發揮的主題，也是我所欣慰的。許毓良、陳韻竹在清代軍事史上的傳承，可謂最爲直接。我原未料到我的戰後台灣史，許毓良也有所發揮，並且要編輯相關史料以嘉惠

1943），共145頁。

52 許雪姬，〈1937至1947年在北京的台灣人〉，《長庚人文社會學報》，1卷1期，2008年4月，頁33-88。

53 王宏，〈耄耋回顧〉，上海外國語大學日本文化經濟學院，《日語專業單獨設系30周年暨首任系主任王宏90壽辰座談會紀要》（上海：該院，2014），頁18-28。

54 李力庸、張素玢、陳鴻圖、林蘭芳主編，《新眼光：台灣史研究面面觀》（台北：稻鄉出版社，2013），頁559-562，〈附錄：許雪姬指導博碩士論文（1993-2013）〉。但這不包括在政大民族學系所指導的碩士論文。

研究者，不僅如此，還加了大量的註，展示其對戰後台灣史研究的力道。我既欣喜於他的努力與貢獻，復想預告今年年底，這本重排的小冊子將以原刊本的型式出版，[55] 故寫了這篇不算短的序。

2015.08.23 於中央研究院台灣史研究所

附記：爲了讓本書更爲精確，我曾前後校對兩次，最後一次在 2016 年 2 月 6 日，是日台灣南部發生六．四級大地震。

55 將由本人主編、曹永和基金會贊助、中央研究院台灣史研究所出版，由於相關業務拖延，預計在 2016 年上半年出版，敬請期待。

導論

台灣，一個西太平洋的島嶼，從十六世紀以後，重要性才逐漸登上歷史舞台。此後該島成為四戰之地，而歷史泰半都與軍事有關。這影響到我們對於它分期的思考。現在所熟知的五個時期— 1624 至 1661 年的荷西、1662 至 1683 年的鄭氏、1684 至 1895 年的清治、1895 至 1945 年的日治、1945 年迄今為戰後，每個時期的轉折都與戰爭、談判、條約相關連。值得注意的是不同階段，因主、客觀政治環境的改變，分期用語也出現變化。如 1990 年代日據改成日治（其實 1948 年的用語就是日治），[1] 以及光復改成戰後，加上現今鄭氏與明鄭用法的爭議。[2] 在在都顯示研究台灣的歷史，不僅要討論史事與史實，甚至於連史識與史評也要注意政治立場。當中作者認為最有趣的段落，則是 1945 至 1949 年的歷史。這段時期是國民政府接收台灣的四年，如果從「中國史」的角度來看，它是民國最後的四年。可是若從「台灣史」的角度來看，卻是戰後最初的四年。從「最後」與「最初」來審視，不同的歷

1 台灣省參議會秘書處，《台灣省參議會第一屆第六次大會特輯》（台北：台灣省參議會，1948 年 12 月），頁 93、94。

2 林曉雲，〈老師怒批錯用明鄭．鬧國際笑話〉，《自由時報》，A3 版焦點新聞，2015 年 2 月 15 日。

史觀點竟然可以造成極大的落差，彰顯出台灣史的特殊性。

本文所使用與介紹的史料，都是 1945 至 1947 年在大陸出版的雜誌，報導台灣被接收後的經過。由於當時候的人不知道以後台灣與中國會出現巨大的變化，故遣詞用字仍然以「民國」自居。當然，從史觀而論難免會有「中國史」的味道。不過這也說明歷史絕非一言堂，只要能言之成理、以史料的論證爲基礎，有些成果仍具有參考價值。當中所有的一切，還是要從 1947 年 2 月 28 日台灣發生的動亂說起。時論這起動亂，在當時被稱爲二二八事件、二二八事變、二二八民變、台灣事件、台灣事變、台灣暴動、台灣騷動。不過以二二八事件最常被使用。此事件已經過六十餘年，或許有人認爲在台灣一隅發生的騷動，不是民國時期重要的大事。如此的看法是錯誤。因爲二二八事件發生時，大陸有許多雜誌、期刊，紛紛視爲重要新聞。如 1947 年 4 月在上海創刊的《人文》，自詡進行現代史料編纂的工作，即把二二八事件列爲當代的大事。[3] 該雜誌以台省發生騷亂、台省騷動擴大、蔣主席指示處理台省事件方針、台事變主犯傅學通處死（改判十年有期徒刑），做爲編年大事記的內容。[4]

按照作者的研究，二二八事件發生的前因後果，實際上與當時台灣人如何「認識中國」有關。日治時期，特別是皇民化運動階段，在總督府的宣傳下，台灣人對於中國的認識

---

3 黃天培，〈復刊詞〉，《人文》，上海，第 1 卷第 1 期，1947 年 4 月，頁 1。

4 編輯部，〈大事類纂（民國三十六年一至三月）〉，《人文》，上海，第 1 卷第 1 期，1947 年 4 月，頁 37；編輯部，〈大事類纂（民國三十六年四至六月）〉，《人文》，上海，第 1 卷第 2 期，1947 年 7 月，頁 9。

不免受到渲染。然而中國政治的混亂與險惡，諸如國共鬥爭、國民黨各派系互相傾軋、軍隊素質良莠不齊、官場上貪污腐化習氣太重，都遠超出台灣人的理解。故 1945 年 10 月後國府官員與國軍陸續來台接收，台灣民眾張燈結綵、興高采烈地歡迎，可以證明台灣人對於當時的中國懷有太多想像。而這些想像的基礎，即是建立在中國為世界四強之上。往後一年多的日子，由於台灣人已接觸到官員、軍隊，才明白先前想像與實際有極大落差，正確地說台灣人正透過長官公署來認識中國。二二八事件後的綏靖與清鄉，終於讓台灣人深刻體會到中國官場秋後算帳的無情，以及軍隊鎮壓、濫捕濫殺的腥風血雨。

令人詫異是歷史發展，總有它意想不到的一面。1949 年國府因內戰失利播遷來台，之前「二二八」殘酷的作風非常不利於收攏人心。所以當權者的作法選擇用噤聲與掩蓋，企圖讓人們忘卻那時的恐怖，藉此捍衛自己統治台灣的正當性。這使得該事件在戒嚴時期（1949-1987）成為禁忌話題，凡是觸碰「二二八」等於直接挑戰當權者的威權。它造成二個影響：其一，凡敢於與國民黨當局抗爭者，「二二八」提供一個題材可以揭露國民黨在台統治的黑暗。這可以從 1950 年代開始的黨外運動，以及海外獨立運動尋找到答案。其二，在台灣近四十年的時間，不能公開談論「二二八」，的確也達到某種程度淡忘的效果。因此當解嚴後可以講述「二二八」的故事，各種不同觀點的討論孕育而生。從學術的角度來看，這本是一件好事，無奈此等發展常與政治操作做連結。「二二八」就變得不是單純的歷史事件，而是不同政黨、政治人物的資產或負債。

作者注意到2000年以後，「二二八」議題在台灣社會的變化；大眾關注的焦點，可以透過報紙整理出一個脈絡。這當中最值得注意的是2005年，開始出現國民黨悼念「二二八」的新聞。當時中國國民黨主席連戰，接受「台灣民主聯軍」突擊隊長陳明忠的「和解之鑰」。[5]另一則是台北市長馬英九參加二二八紀念活動，有受難者家屬拿著照片請他簽名並要求合照。[6]最特別的是首次出現翻案研究，中央研究院院士黃彰健（1919-2009）利用新史料，反駁時任高雄要塞司令彭孟緝（1908-1997）非「高雄屠夫」。[7]昔日黨外前輩與民進黨掌握的「二二八」詮釋權，在此刻出現質變；而這個質變，悄悄在當時國民黨明日之星—馬英九身上發酵。

2006年「二二八」出現討論誰是元兇的問題。緣由是二二八事件紀念基金會完成《二二八事件責任歸屬研究報告》，直指國民政府主席蔣介石（1887-1975）是元兇。[8]此舉立刻受到中央研究院二二八研究增補小組的反擊，同時他們也批評馬英九為二二八事件道歉。原來國民黨舉辦追思活動，

---

5 蕭旭岑，〈228受難者贈連戰和解之鑰〉，《中國時報》，A2版焦點新聞，2005年2月28日。

6 何博文，〈小馬哥低姿態化解仇恨〉，《中國時報》，A5版焦點新聞，2005年3月1日。

7 林志成，〈中研院士：228歷史對彭孟緝太不公平〉，《中國時報》，A13版政治綜合，2005年3月3日；陳洛薇，〈學者：彭孟緝非高雄屠夫〉，《中國時報》，A11版政治綜合，2005年3月7日。

8 李欣芳，〈國民黨．受難者家屬告定了〉，《自由時報》，A4版政治新聞，2006年2月27日。

首度與二二八受難家屬正式面對面，這被黨主席馬英九形容爲「重要一步」。[9] 然而最受媒體關注的是馬英九公開指陳「二二八」不是族群衝突，而是「官逼民反」。同時爲了呈現與《二二八事件責任歸屬研究報告》不同史觀，首次和香港鳳凰電視台合作拍攝紀錄片─春蟄驚夢 ‧ 二二八還原紀事。[10]

2007 年正逢「二二八」六十週年，朝野一連串的活動更使得新聞熱鬧異常。首先國民黨「前主席」馬英九談及二二八事件，重申「官逼民反」的論調。[11] 其次國民黨文傳會主委楊渡在台北市長馬英九卸任前夕，拍攝完成一部紀錄片─尋找二二八沉默的母親，其內容主要以事件導火線林江邁，以及林氏的女兒林明珠爲串場主軸，重新解讀這一段歷史。[12] 事實上早在 2004 年楊渡就曾拍攝二二八相關紀錄片─還原二二八。台北市議員黃向群指控片中呈現的六個觀點不符合史實，如光復後台灣人歡欣迎接「祖國」、二二八不是外省人欺負本省人、二二八是統治者欺負被統治者、二二八是偶然事件、二二八是國共內戰延續、二二八當時本省人與

---

9 林庭瑤，〈中研院學者批二二八基金會扭曲史實〉，《中國時報》，A5 版焦點新聞，2006 年 2 月 26 日；何博文，〈家屬：「恁阿公殺人」蔣孝嚴沉默聆聽〉，《中國時報》，A5 版焦點新聞，2006 年 2 月 26 日。

10 蕭旭岑，〈馬英九定義二二八「官逼民反」〉，《中國時報》，A2 版焦點新聞，2006 年 2 月 22 日；蕭旭岑，〈春蟄驚夢 ‧ 國民黨拍 228 紀錄片〉，《中國時報》，A2 版焦點新聞，2006 年 2 月 22 日。

11 王寓中、傅潮標，〈馬談二二八 ‧ 重申官逼民反〉，《自由時報》，A2 版焦點新聞，2007 年 2 月 25 日。

12 陳曉宜、劉榮、鄭學庸，〈議員批馬「造史」曲解 228〉，《自由時報》，A2 版焦點新聞，2007 年 2 月 28 日。

外省人語言不通。[13] 不料楊渡的「尋找二二八沉默的母親」一出，立刻又引起軒然大波。「二二八」目擊者王桂榮、黃守禮，以及受難者家屬阮美姝相繼指出該片內容不實或扭曲。[14] 其三國民黨秘書長吳敦義強調，國民黨高度重視受難家屬的心聲。該黨立法院黨團將邀請內政部、法務部進行座談，研議註銷戶籍中「暴民」、「暴徒」等不名譽字眼。[15] 其四民進黨政府將前美國在台新聞處建物（亦是台灣省參議會建物），改設爲二二八國家紀念館，並委託二二八事件基金會經營管理。[16]

然而在這週年紀念的活動中，有異於以往對於「二二八」的討論顯得特別。有云二二八事件是一個「國際事件」。肇因於 1947 年基隆市和平島有琉球人聚落，群居的沖繩漁民近三百位，均在當地從事漁業相關工作。不料國軍登陸上岸首當其衝，由於無法分辨台灣人與沖繩人，造成無辜受害者可能有三十餘名。[17] 另一是「二二八」延伸出去的議題—轉型正義。按此解釋一個社會要誠實面對過去，實現正義方能有明

---

13 陳曉宜、劉榮、鄭學庸，〈議員爆料：「還原 228」疑中國贊助〉，《自由時報》，A2 版焦點新聞，2007 年 2 月 28 日。

14 黃忠榮，〈目擊者駁北市府紀錄片不實〉，《自由時報》，A3 版焦點新聞，2007 年 2 月 27 日；蘇永耀，〈阮美姝：教育民衆知道二二八〉，《自由時報》，A3 版焦點新聞，2007 年 2 月 27 日。

15 蕭旭岑，〈戶籍註記「暴徒、暴民」國民黨將協助去除〉，《中國時報》，A3 版焦點新聞，2007 年 2 月 26 日。

16 羅添成、申慧媛，〈二二八國家紀念館今揭牌〉，《自由時報》，A3 版政治新聞，2007 年 2 月 28 日。

17 凌美雪，〈228 是一個國際事件〉，《自由時報》，B12 版藝術文化，2007 年 2 月 28 日；又吉盛清，〈二二八琉球證言〉，《自由時報》，A15 版自由廣場，2007 年 3 月 1 日。

亮的未來。特別是以往的錯誤、暴行與不公不義作爲，需要矯正彌補癒合，才能讓眾人攜手向前。[18] 故當時在台北市中山足球場由多個音樂團體，舉辦「正義無敵」演唱會；會中諸多政治人物簽署轉型正義宣言，當時所邀請的六位貴賓唯獨馬英久沒有簽署。[19] 不過馬英九另有新的主張，除了要調查二二八事件讓其眞相大白外，也要追查 1980 年林宅血案與 1981 年陳文成命案。[20]

只是當「二二八」六十週年活動，舉辦如火如荼之時，一般社會大眾的想法是什麼？當時台灣智庫公布「族群關係與二二八」民調，竟然高達 57.3% 受訪者認爲當時台灣社會族群問題嚴重。[21] 民進黨前主席林義雄亦撰文指出，二二八事件是外來政權爲了確保戰利品，所實施的鎮壓手段，是征服者對被征服者的屠殺。如果把二二八事件簡化爲族群衝突，不但忽略了眞正元兇的責任，也使無辜的外省族群背負了二二八的原罪。[22] 誠然林義雄的一番話，道盡了台灣社會的心聲。當時的朝野局勢對於民進黨極爲不利，由於民進黨自

---

18 盧世祥，〈沒有二二八真相哪來轉型正義？〉，《自由時報》，A4 版綜合新聞，2007 年 2 月 24 日。

19 Freddy、許建榮，〈正義無敵〉，《自由時報》，A15 版自由廣場，2007 年 2 月 26 日；邱燕玲，〈轉型正義宣言．馬不簽名被批〉，《自由時報》，A3 版 22860 週年特別報導，2007 年 3 月 1 日。

20 蕭旭岑，〈馬：林宅血案、陳文成案也應追查〉，《中國時報》，A3 版焦點新聞，2007 年 2 月 26 日。

21 曾薏蘋，〈台灣智庫民調 57% 認族群問題嚴重創新高〉，《中國時報》，A2 版焦點新聞，2007 年 2 月 26 日。

22 高有智、嚴培曉、林美忠，〈林義雄：利用族群獲政治利益應唾棄〉，《中國時報》，A3 版焦點新聞，2007 年 3 月 1 日。

黨外時期以來，長期關心二二八的議題。2000、2004 年民進黨總統大選勝選後，開始有媒體質疑利用族群（或民粹）取得政權的合法性。馬英九以政治明星之姿席捲政壇，之前對於「二二八」所下的功夫，轉眼之間成爲他個人的政治資產。現就等著坐上總統大位，然後再以國民黨史觀對二二八重新解讀，有如戒嚴時期黨版的中國近現代史處理一樣。

2008 年台灣出現第二次政黨輪替，馬英九如大眾所預期當選爲總統，直到 2012 年第一任任期結束。「二二八」對於台灣社會的影響，有先前的延續，亦有新的話題出現。「致歉」仍然是他每年要做的事，有報紙社論評述馬英九過去一再扮演二二八事件同情者的角色，積極參與相關活動，亦多次代表國民黨道歉。因此這種形象的形塑，有助於化解外界對他統派色彩的疑慮，爭取本土民眾的選票。可是一旦贏得選戰，便如前行政院長蘇貞昌所稱，馬英九是在消費「二二八」，對之「用過即丟」。否則不會一面指示政府應支持「二二八事件紀念基金會」持續運作，另一方面卻坐視他所能掌控的國民黨立委刪除該基金會的預算（二二八和平基金）。[23] 若說馬英九對二二八事件死難者有任何感情的話，他曾公開表示張七郎（1888-1947）、張宗仁（1917-1947）、張果仁（1923-1947）父子，則是他所接觸「二二八」個案中，最悲慘也是最沒有公義的虐殺事件。[24]

---

23 蘇貞昌，〈馬英九用過即丟的二二八〉，《自由時報》，A13 版自由廣場，2009 年 2 月 25 日；本報，〈社論—揭穿馬英九對二二八的兩面手法〉，《自由時報》，A2 版焦點新聞，2009 年 2 月 26 日。

24 曾韋禎，〈馬：無法停止向張七郎家屬致歉〉，《自由時報》，A4 版政治新

2009年馬英九首度公開表態「蔣介石有責任」，不過不同於先前責任歸屬報告稱之的「元兇」，他認爲「蔣故總統」在過程中說過不要報復，但他是國家領導人當然有責任。[25]不料到了建國百年的時候，蔣介石在「二二八」的歷史定位，又有極大的翻轉。原因是台北市二二八紀念館對於蔣介石角色，形塑爲「寬大爲懷」。這使得「二二八」的歷史悲劇變成只有受害者，沒有加害者的懸案。[26]無怪乎當年台灣教授協會舉行「二二八大屠殺與國民黨統治暴力」座談會，與會學者認爲國民黨要對二二八負最直接的責任，受難者的損失應由加害者國民黨賠償才對。[27]故從2010年開始，二二八受難家屬聯合控告國民黨，要求國民黨公開登報道歉、公布黨史館存放的二二八檔案資料、由國民黨提出二十億元做爲二二八國家紀念館修建營運基金，但遭到台北地方法院駁回。[28]

馬英九總統的第一任任期，很少再聽到他未擔任總統前，自我定調二二八爲「官逼民反」事件。台灣史學者李筱峰認爲，馬英九願意承認「官逼」已是一大突破。但僅止於官逼

聞，2011年4月5日。

25 王寓中，〈馬：228事件蔣介石有責〉，《自由時報》，A9版政治新聞，2009年2月25日。

26 盧世祥，〈含冤莫白二二八〉，《自由時報》，A14版財經綜合，2011年2月27日。

27 曾韋禎，〈學者：228大屠殺國民黨應負責賠償〉，《自由時報》，A4版焦點新聞，2011年2月27日。

28 李欣芳，〈向國民黨嗆賠．今天228大遊行〉，《自由時報》，A2版焦點新聞，2011年2月28日。

民反的解釋，無異把責任全部推給主政者陳儀（1883-1950），如此的解釋並不周延也欠公允。[29] 然而環繞在馬英九身上，關於「二二八」的新話題沒有止息。2011 年馬英九出席台北市二二八紀念館之王添灯 110 週年特展時，首度提到對於人權的保障是二二八事件教訓。[30] 馬英九若在其他場合發表此一聲明，或許沒有人注意。可是在王添灯的紀念特展說出這一番道理很奇怪。原因是上文所提到的中研院院士黃彰健出版《二二八事件眞相考證稿》，其中一篇內容即是要揭穿王添灯欺騙台灣人民的醜陋行徑。黃彰健過世後，馬英九明令褒揚，肯定黃氏畢生專研史學，以及發掘二二八事件眞相的努力。故有云王添灯的歷史評價，紀念館的長遠打算，都將成爲我們是否認眞在意「歷史正義」的一部分，否則台灣的轉型正義將遙遙無期。[31]

2012 年馬英九總統競選連任，選前雖有民調預測爲五五波，但最後還是輕騎過關，將續任到 2016 年結束。勝選之後的國民黨，或許已經沒有選戰的壓力，故黨內人士旋有「眞心之論」。前行政院長郝柏村針對高中歷史課本，指出「二二八」死亡逾萬並不正確。爲此馬英九公開表示，

29 李筱峰，〈二二八事件的歷史解釋〉，《自由時報》，A15 版自由廣場，2010 年 2 月 28 日。

30 林相、王寓中，〈緬懷王添灯 · 馬：保障人權勿重演悲劇〉，《自由時報》，A8 版政治新聞，2011 年 2 月 26 日。

31 王寓中、曾韋禎，〈馬褒揚黃彰健 228 研究 · 學者有意見〉，《自由時報》，A8 版政治新聞，2010 年 2 月 5 日；曹欽榮，〈二二八紀念館在意歷史正義嗎？〉，《自由時報》，A15 版自由廣場，2011 年 2 月 28 日。

二二八焦點不在人數。[32] 二二八遺族的反擊，就是批判郝柏村「人權」停留在六十五年前。[33] 馬英九仍不改紀念「二二八」致歉本色，只不過與幾年前相較，說法更爲「謙卑」。他認爲必須透過這一代努力，讓上一代損失，變成下一代資產。[34] 毫無疑問，郝柏村的一番話在學術界是站不住腳，國史館長呂芳上表示（1990 年初）行政院提出的二二八研究報告，係以人口學方法來計算受難人數逾萬人。雖也是推測數字，但受到學界普遍接受。他還特別指出研究二二八唯有充分發掘史料，透過不同的研究來追求二二八眞相。[35]

若說「二二八」從國民黨的負債，變成馬英九的政治資產；到了 2013 年，這項資產可能又要變成負債。馬英九已經很久沒有提到歷史詮釋權，突然在 2013 年有新的動作。彭孟緝之子彭蔭剛寫信給馬總統，認爲有二點理由必須替父親平反。一是「二二八」的解釋醜化「蔣公」，二是否認其父有所謂殺了萬人的情況。馬英九旋函示中央研究院重公布「二二八」史實，此舉被民進黨籍立法委員指控，想要透過翻案竄改歷史。[36] 此外「二二八」又出現新的連結，或許將成

---

32 余雪蘭，〈郝柏村質疑死難人數．228 家屬批傷口灑鹽〉，《自由時報》，A4 版焦點新聞，2012 年 2 月 25 日；林相美，〈馬：二二八焦點不在人數〉，《自由時報》，A4 版焦點廣場，2012 年 2 月 25 日。

33 連線報導，〈不滿郝柏村「死不足千人」言論〉，《蘋果日報》，A10 版政治，2012 年 2 月 29 日。

34 王光慈、邱瑞杰，〈馬 228 再致歉：讓上代損失變下代資產〉，《聯合報》，A4 版要聞，2012 年 2 月 29 日。

35 仇佩芬，〈二二八受難者官方認定逾萬人〉，《中國時報》，A2 版焦點新聞，2012 年 2 月 28 日。

36 蘇永耀、林恕暉、黃維助，〈馬函示中研院重公布 228 史實〉，《自由時報》，

爲日後的延伸議題，非常值得觀察。前考試院長、時任台灣國家聯盟總召姚嘉文，表示紀念二二八已進入「記取歷史教訓，抵抗新的外來政權—中國，佔領台灣的新階段」。[37] 而且該聯盟在當時舉行的大遊行中，首次把主題設定在「勿忘三月屠殺」。主因爲二二八事件雖發生在二月底，但國民黨大規模軍事鎮壓行動是在三月。[38] 特別是「二二八」六十六週年紀念活動中，許多跨校大學生社團齊聚在台北市自由廣場，合辦「共生音樂節」，分享對二二八活動的感想。有年輕學子認爲紀念二二八事件，應結合反媒體壟斷、非核家園、支持圖博（西藏）等公民運動，展現時代新意。[39] 這一群年輕人很快就會表現強大的公民意志，其程度會讓國民黨領教到「二二八式」的震撼。

2014 年正値台灣舉行「九合一選舉」，雖然二二八紀念日距離年底（11.29）大選還有一段時間，但當時公民力量逐漸整合成第三勢力，民進黨的聲勢也從谷底上揚。當然朝野仍在「二二八」的議題上互別苗頭。馬英九的主張沒有獨到之處，依舊是還原眞相、謙卑反省。民進黨與台聯等獨派團

A4 版政治新聞，2013 年 2 月 27 日；曾韋禎，〈翻案陳情函轉中研院 · 綠轟馬想竄改歷史〉，《自由時報》，A8 版政治新聞，2013 年 2 月 28 日。

37 李欣芳，〈姚嘉文：記取 228 教訓抗中佔領〉，《自由時報》，A2 版焦點新聞，2013 年 2 月 25 日。

38 李欣芳，〈228 大遊行蘇蔡響應〉，《自由時報》，A2 版焦點新聞，2013 年 2 月 25 日。

39 陳璟民，〈紀念二二八賦予時代新意 · 新世代：結合反媒體壟斷、非核家園〉，《自由時報》，A4 版焦點新聞，2013 年 3 月 1 日。

體，還是選擇用大遊行來紀念。[40] 不過藍、綠不約而同受到質疑。如馬英九前往花蓮縣鳳林鎮張七郎父子墓前獻花弔祭時，張七郎之孫張安滿對官方將二二八事件定位爲「官逼民反」表達不滿。[41] 又歷史學者陳儀深指出民間有一股聲音，認爲二二八已是國定假日，爲什麼媒體報導的是「獨派團體」舉行遊行，或者舉辦音樂會。難道來參加的人必須是台獨立場？[42]

這樣針鋒相對的意見，也轉移至教科書的編寫，成爲「二二八」的新戰場。教育部課綱微調檢核小組召集人王曉波，在二二八事件六十七週年座談會擔任主持人，並回答聽眾問題。他表示蔣介石在大陸清黨就殺了四十幾萬人，你台灣二二八家屬主張（受害罹難）兩萬人，兩萬人相對四十萬人小 case。[43] 此話一出輿論大譁，時任教育部長蔣偉寧在立法院答覆民進黨委員質詢時，坦言王的發言不合適。[44] 國民黨籍立法委員也口徑一致痛批、譴責，王在家屬傷口灑鹽。發人深省是張七郎的孫女張芳滿，感慨地表示二二八的死不只兩萬人，而是兩萬名台灣菁英。如果他們沒遇害，台灣現在會不

---

40 顧佳欣、阮迺閎、徐子晴、舒子榕，〈異樣 228〉，《中國時報》，A4 版焦點新聞，2014 年 3 月 1 日。

41 綜合報導，〈悼 228．郝：勿站在人民對立面〉，《蘋果日報》，A18 版政治，2014 年 3 月 1 日。

42 陳儀深，〈台獨立場才能紀念二二八？〉，《自由時報》，A15 版自由廣場，2014 年 3 月 6 日。

43 陳彥廷，〈228 殺 2 萬人小 case〉，《自由時報》，A1 版焦點新聞，2014 年 3 月 1 日。

44 蘇芳禾、曾韋禎，〈王曉波發言蔣偉寧坦言不合適〉，《自由時報》，A2 版焦點新聞，2014 年 3 月 5 日。

一樣。[45] 由於之前王曉波主導的課綱微調，已經受到台灣史學界強烈的質疑與批判，故王此話一出很快讓學界、師生、民間團體找到施力點。[46]

不同於台北的政治氣氛，3 月 13 日台南市長賴清德於議會，宣布此日為「台南市正義與勇氣紀念日」，紀念二二八烈士湯德章律師在民生綠園慷慨赴義。[47] 賴市長的決定，是為「二二八」成為地方政府單獨設立紀念日的首例。然從歷史觀點上來看，不同的政治立場看待同一起個案，卻衍生出迴異的解讀。一是公投護台灣聯盟總召蔡丁貴教授表示，「台南市正義與勇氣紀念日」不等於是湯德章紀念日，所以必須正名訂為「湯德章紀念日」。[48] 另一是中華文化總會秘書長楊渡撰文，特別把湯德章的身世考證一遍。指出湯德章的父親是日本警察，媽媽是鄒族原住民，結果湯德章的父親死於噍吧哖事件，搭救湯德章的人是簡娥（農民運動花木蘭之稱）同母異父的哥哥。爾後湯德章因放棄父姓坂井，改回母姓才姓湯。楊渡要說的是歷史的複雜，在於用簡單的民族認同、國族認同，無法一刀兩切把人歸類。[49]

---

45 陳彥廷，〈王曉波小 case 說 · 藍委：傷口灑鹽〉，《自由時報》，A2 版焦點新聞，2014 年 3 月 2 日；何宗翰，〈張七郎孫女駁「小 case」說：228 死的是兩萬名台灣菁英〉，《自由時報》，A7 版政治新聞，2014 年 3 月 3 日。

46 林曉雲，〈反黑箱課綱 · 文史學者今發聲〉，《自由時報》，A4 版政治新聞，2014 年 3 月 9 日。

47 洪瑞琴，〈表彰 228 烈士湯德章 · 南市訂 3.13 紀念日〉，《自由時報》，A4 版政治新聞，2014 年 3 月 13 日。

48 洪瑞琴，〈民團南市遊行：我們要湯德章紀念日〉，《自由時報》，A4 版政治新聞，2014 年 3 月 16 日。

49 楊渡，〈湯德章與簡娥的前世今生〉，《聯合報》，A19 版民意論壇，2014

當然想要用政治去化解歷史仇恨，完全是緣木求魚的事。幸好台灣社會對此仍不放棄希望，而且選擇用另一個方法—藝術來找尋可能性。[50] 由國立故宮博物院、中央研究院台灣史研究所、台南市政府、陳澄波文化基金會共同主辦「藏鋒」特展，把二二八受難者陳澄波生前 103 幅畫作、18 封書信、28 件遺物舉行聯展。策展人藝術史學者蕭瓊瑞用「慈悲才能化解冤仇、藝術才能贏得千秋」，來詮釋陳澄波的一生。[51] 陳澄波到底有多重要？他被譽爲「台灣梵谷」，2015 年 2 月 2 日正是他 120 歲的冥誕。當天他的畫作—淡水夕照，被放在 Google 首頁向其致敬，同時也是第一位登上 Google 首頁的台灣人。[52]

「二二八」六十七週年時，台大醫師柯文哲以受難者家屬第三代發表談話，認爲二二八事件就讓歷史走進歷史。[53] 柯的一席話在當時沒有激起多大的漣漪，但沒想到「九合一選舉」台北市長選戰，柯文哲以 85 萬多票，大勝國民黨候選人連勝文 24 萬多票，括起一陣「柯 P 旋風」。隔年的「二二八」

年 2 月 28 日。

50 楊媛婷，〈陳澄波百二歲誕辰特展 · 最後作品化解仇恨〉，《自由時報》，D6 版文化藝術，2014 年 12 月 8 日。

51 吳垠慧，〈藏鋒隱智 · 陳澄波畫中點墨〉，《中國時報》，A15 版文化新聞，2014 年 12 月 5 日；陳宛茜，〈慶 90 前夕 · 故宮迎陳澄波〉，《聯合報》，A14 版文化，2014 年 12 月 5 日。

52 周美惠，〈陳澄波淡水夕照 Google 首頁致敬〉，《聯合報》，A16 版文化，2015 年 2 月 3 日；張兆烜，〈台灣梵谷陳澄波之死〉，《蘋果日報》，A16 版論壇，2015 年 2 月 4 日。

53 陳璟民，〈柯文哲談 228：讓歷史走進歷史〉，《自由時報》，A7 版政治新聞，2014 年 2 月 25 日。

新聞，柯文哲可以說取代馬英九成為媒體焦點。

2015 年柯文哲首度以台北市長身分，參加「二二八」紀念活動。原來柯文哲的祖父柯世元，在二二八事件發生時曾無故被逮捕、毆打。幸好當地三百名民眾陳情，才從監獄被釋放出來。不過柯世元已經遍體鱗傷，最後一病不起。[54] 二二八事件六十八週年中樞紀念儀式時，柯文哲致詞特別強調二二八的痛到底有多痛？應該是痛到無法言語。不希望上一代痛苦，下一代去承擔。然這起紀念活動媒體捕捉的花絮，竟是馬英九總統二次想要向柯文哲握手致意，柯文哲僅以揮手回應。[55] 此次場合馬英九指出，二二八事件已經過去六十八年，當時的衝突已經成為歷史。政府在大家共同努力下，已成為眞正的民主政府。但是我們永遠不要忘記二二八的教訓，永遠不容許歷史重演。[56]「二二八」決不能重演第二次，可是馬英九先前定調「官逼民反」的主張，仍有人不曾忘記。二二八事件基金會董事長陳士魁曾向馬英九表達，很多受難者家屬都無法接受「官逼民反」的說法。[57] 然而自從「九合一選舉」敗選後，馬英九辭掉國民黨主席，現媒體光環不

54 李欣芳、郭安家、蔡彰盛，〈二二八將屆民團籲政府追討元凶〉，《自由時報》，A5 版政治新聞，2015 年 2 月 25 日。

55 吳政峰，〈柯文哲憶祖父：228 的痛痛到無法言語〉，《台灣時報》，A1 版要聞，2015 年 3 月 1 日；江慧珺，〈憶及 228 柯 P 淚崩〉，《中國時報》，A1 版要聞，2015 年 3 月 1 日。

56 李欣芳，〈道歉補償勿忘 228 教訓 ‧ 馬：不容歷史重演〉，《自由時報》，A2 版焦點新聞，2015 年 3 月 1 日。

57 吳政峰，〈陳士魁：無法接受官逼民反說法〉，《台灣時報》，第 2 版政治，2015 年 2 月 26 日。

再自是當然。倒是新北市長朱立倫首度以黨主席身分，發表二二八的談話引人側目。他認爲「二二八」不論對國民黨好或不好，都應公布事件所有事實。[58]

作者觀察 2015 年「二二八」的新聞不同於以往，除了媒體青睞的政治人物已被取代外，最重要的是「九合一選舉」那一股青年力量，如何解讀與悼念二二八的歷史傷痕。用音樂來抒發情感，從「正義無敵」演唱會後都沒有中斷。今年南北各有活動，高雄舉辦的是「我們一起」二二八草地音樂會。節目進行最特別是流行樂團高唱「島嶼天光」、「撐起雨傘」學運與佔中時期歌曲。現場年輕學了也跟著哼唱，彷彿回到太陽花學運與雨傘革命當時。最後會中萬人合唱「蕭泰然 1947 序曲」，向過世的本土音樂大師蕭泰然（1938-2015）致敬。[59] 台北舉辦是第三屆共生音樂節，根據主辦單位表示「共」正好由「二、二、八」字組成。共生是希望台灣人能找到一個和平方式一齊共同生活下去。[60] 今年的主軸是「青年再起」，在緬懷二二八事件受難者外，也希望傳承當時追求自由與正義的精神。法律學者吳豪人在短講中痛批，二二八紀念館已經變成歡樂館。應該學習蒙古大屠殺紀念中心，讓觀眾看看骨骸等歷史證據，感受到追求民主的眞諦。[61] 至於

58 吳宇軒，〈公布 228 事實 ‧ 朱：那是絕對的〉，《台灣時報》，第 3 版焦點，2015 年 3 月 1 日。

59 黃良傑，〈高雄 228 音樂會飆唱台港學運歌曲〉，《自由時報》，A4 版政治新聞，2015 年 2 月 28 日。

60 楊媛婷，〈共生音樂節以行動永懷 228〉，《自由時報》，D8 版文化藝術，2015 年 2 月 24 日。

61 陳炳宏、蘇芳禾，〈共生音樂會緬懷 228 受難者〉，《自由時報》，A3 版焦

「去蔣」則是今年最目不暇給的新聞，主要是對校園或公園蔣介石銅像的噴漆、破壞或移除。如交通、陽明、東吳、輔仁等大學的蔣介石銅像，分別被貼上「兇手」、「爲亡靈懺悔」等字眼牌子，期望在二二八和平紀念日前夕，喚醒民眾對威權統治的記憶。[62] 台灣史學者薛化元認爲，針對「二二八」歷來總統道歉了，政府用收來的稅金賠償了，但蔣介石與國民黨的責任卻沒有被探究。[63] 作者認爲未來十年「轉型正義」、「去蔣」、「抵抗中國」將成爲紀念「二二八」三個最重要的延伸主題。

不可否認對於歷史研究來說，史料才是一切討論的基礎，上述僅是對於十年來報紙的綜述。然學界對於「二二八」相關史料蒐集、整理與出版，已經有諸多成果。在官方檔案方面，1991 年中國第二歷史檔案館，利用館藏編纂《台灣二二八事件檔案》。內容分別有中國國民黨中執會文件、中央駐台機關與台灣省行政長官公署檔案、監察院閩台監察使署調查文件、蔣介石與白崇禧（1893-1966）的講話、廣播詞等。[64]1991 至 1994 年台灣省文獻委員會亦出版一套《二二八文獻輯錄》，內容包括文獻會在 1988、1989、1990、1991 進行的口述歷史，以及「大溪檔案」、監察院福建台灣監察區

點新聞，2015 年 3 月 1 日。

62 吳柏軒、李雅雯，〈勿忘 228 多所大學老蔣銅像被噴漆〉，《自由時報》，A10 版政治新聞，2015 年 2 月 27 日。

63 薛化元，〈究責二二八台灣才能共生〉，《蘋果日報》，A22 版論壇，2015 年 2 月 28 日。

64 參閱中國第二歷史檔案館編，《台灣“二 · 二八”事件檔案史料》（北京：檔案出版社，1991 年 12 月）。

監察使署檔案、國防部史政局檔案、台灣高等法院檔案、台灣省行政長官公署檔案、中國國民黨中央委員會黨史委員會檔案、台灣省警備總司令部記事、台灣軍管區司令部檔案、台灣省警務處檔案、成功大學檔案、英國國家公共檔案局檔案等。[65]

1992 至 1997 年中央研究院近代史研究所，亦出版一套《二二八事件資料選輯》。內容檔案類除了有「大溪檔案」之外，也收錄台灣省警備總司令部、基隆要塞司令部、高雄要塞司令部、陸軍整編 146 旅、陸軍整編 21 師 145 旅 434 團、空軍台灣區司令部、台北綏靖區司令部、台灣省基隆綏靖區司令部、嘉義市政府等檔案。專著類包含柯遠芬，《台灣二二八事變之眞相》；彭孟緝，《台灣省二二八事件回憶錄》；李翼中，《帽簷述事》等。[66]

1997 年國史館編有《國史館藏二二八檔案史料》，內容與上述有很大不同。國史館收錄檔案不少是中央級，如行政院檔案、國民政府檔案、資源委員會檔案、司法行政部、財政部、鹽政總局檔案。地方級的有嘉義縣警察局、彰化市政

65 參閱台灣省文獻委員會二二八事件文獻輯錄專案小組，《二二八文獻輯錄》（台中：台灣省文獻委員會，1991 年 11 月）；魏永竹主編，《二二八文獻續錄》（台中：台灣省文獻委員會，1992 年 2 月）；魏永竹、李宣鋒主編，《二二八文獻補錄》（台中：台灣省文獻委員會，1994 年 2 月）。

66 中央研究院近代史研究所，《二二八事件資料選輯 (一) (二)》(台北：中央研究院近代史研究所，1992 年 2 月)；中央研究院近代史研究所，《二二八事件資料選輯 (三) (四)》(台北：中央研究院近代史研究所，1993 年 6 月)；中央研究院近代史研究所，《二二八事件資料選輯 (五) (六)》(台北：中央研究院近代史研究所，1997 年 6 月)。

府檔案、台灣省行政長官公署農林處檔案、台灣省貿易局檔案、台灣省專賣局檔案、台灣省專賣局樟腦公司檔案、台灣省氣象局檔案、台中縣政府檔案。[67]2002 年台灣因政黨輪替，對於國家檔案使用更趨開放。國史館又以立法院、國家安全局、台灣高等法院、新竹、台中、台南、高雄、台北、嘉義地方法院、台灣糖業公司、中國石油公司、台灣電力公司、台灣大學、台灣師範大學、成功中學、嘉義中學、高雄中學等史料，再編纂一套二二八事件檔案。[68]2007、2008 年檔案管理局出版二本檔案選輯，事實上都是既有的成果再做補充。不過也有參考價值，特別是針對賠償與救卹。[69]2010 年彰化縣文化局出版《彰化縣二二八事件警察檔案》，內容有新公開彰化縣警察局偵訊筆錄、田中青年十二條要求、黃仁山向田中派出所借槍借條，內容頗爲珍貴。[70]

在回憶錄與口述歷史方面，可以用 1987 年台灣解嚴做爲分水嶺。解嚴前以回憶錄爲主，舉其要有《韓石泉回憶錄》、《（丘念台）嶺海微飆》、《楊金虎回憶錄》、《杜聰明回憶錄》、《吳新榮日記》等。事實上在 1980 年末，二位台灣

67 參閱侯坤宏編，《國史館藏二二八檔案史料（上、中、下冊）》（台北：國史館，1997 年 2 月）。

68 參閱簡笙簧主編，《二二八事件檔案彙編（一～十八冊）》（台北：國史館，2002 年 3 月）。

69 參閱檔案管理局編，吳若予撰文，《二二八事件與公營事業：二二八事件檔案專題選輯》（台北：檔案管理局，2007 年 5 月）；檔案管理局編，黃富三撰文，《二二八事件的鎮壓與救卹：二二八事件檔案專題選輯》（台北：檔案管理局，2008 年 12 月）。

70 呂興忠，《彰化縣二二八事件警察檔案（下冊）》（彰化：彰化縣文化局，2010 年 2 月）。

史學者張炎憲（1947-2014）、李筱峰，就已經節錄前述部分人物的記錄。[71] 約十年之後李筱峰教授，再針對這回憶錄做出綜述性的討論，包括：吳新榮（1907-1967）之《震瀛回憶錄》、吳濁流（1900-1976）之《無花果》與《台灣連翹》、鍾逸人之《心酸六十年》、黃朝琴（1897-1972）之《我的回憶》、許曹德之《許曹德回憶錄》、洪炎秋（1899-1980）之《三友集》、朱昭陽（1903-2002）之《朱昭陽回憶錄》、黃武東（1909-1985）之《黃武東回憶錄》、古瑞雲之《台中的風雷》、黃順興（1923-2002）之《走不完的路》等。[72]

本文再列舉近年發表與上述做一對照。楊逸舟（即是楊杏庭，1909-1987），教育界出身，其著作《二・二八民變》對於事件前後，國軍來台的行爲舉止有細膩的描述。[73] 林木順（1904-?），台灣共產黨領導人之一，編有《台灣二月革命》（眞正作者是楊克煌與蘇新）。[74] 本書撰寫的目的，主要是駁斥掃蕩報《二二八事變始末記》、台灣省宣傳委員會《台灣月刊（二二八事變專輯）》、軍統《台灣事變眞相與內幕》、正氣社《台灣二二八事件親歷記》。[75] 紐西蘭人 Allan J. Shackleton（1897-

71 參閱張炎憲、李筱峰合編，《二二八事件回憶集》（台北：稻鄉出版社，1989 年 1 月）。

72 李筱峰、林芳微，〈回憶錄與自傳中的二二八史料〉，《台灣史料研究》，台北，第 11 期，1998 年 5 月，頁 23-45。

73 參閱楊逸舟，《二・二八民變》（台北：前衛出版社，2007 年 4 月十三刷）。

74 蘇新與楊克煌利用已故林木順之名發表，參閱龔晉珠、安陽編文，方今河等繪畫，《畫說台灣民主自治同盟》（福州：福建人民出版社，1998 年 9 月），頁 25。

75 參閱林木順編，《台灣二月革命》（台北：前衛出版社，1997 年 7 月六刷）。

1984），聯合國救災及重建署駐台人員，他對台灣光復的看法是「古代人管理現代人」。[76] 王桂榮（1931-2012），FAPA 創立者之一，他的回憶錄中也提到國軍軍紀渙散，以及「阿山」有嘲笑外省人是鄉下人之意。[77]

至於在口述歷史進行上，台灣史學者許雪姬很早完成成果。1992、1993 年她分別進行台北、嘉義、台南、高雄、屏東、澎湖、的口訪。對象包括被捕、受傷、坐牢、通緝、逃亡的受害者，及其家屬、親友或見證人。[78]1994 年她更主持高雄市政府與中央研究院近代史研究的合作計畫，完成高雄市二二八相關人物訪問記錄，成爲此領域重要的奠基者。[79] 另外，已經結束營業的自立晚報，也於 1990 年代出版許多跟二二八相關的口述歷史，實爲此領域當中最重要的成果。特別是當時的採訪，都是按照二二八事件嚴重死傷區域而作。計有《基隆雨港二二八》、《悲情車站二二八》、《台北都會二二八》、《淡水河域二二八》。[80] 之後由吳三連台灣史

---

76 參閱 Allan J. Shackleton 著，宋亞伯譯述，《福爾摩沙的呼喚—一位紐西蘭人在台灣二二八事件的親身經歷》（台北：望春風文化事業，1999 年 5 月）。

77 參閱王桂榮，《王桂榮回憶錄—一個台美人的移民奮鬥史》（台北：遠流出版事業，1999 年 12 月）。

78 參閱許雪姬，《口述歷史第 3 期—二二八事件專號》（台北：中央研究院近代史研究所，1992 年 2 月）；許雪姬，《口述歷史第 4 期—二二八事件專號》（台北：中央研究院近代史研究所，1993 年 2 月）。

79 參閱許雪姬、方惠芳訪問，吳美慧記錄，《高雄市二二八相關人物訪問記錄（上中下）》（台北：中央研究院近代史研究所，1995 年 2 月）。

80 參閱張炎憲、胡慧玲、高淑媛採訪記錄，《基隆雨港二二八》（台北：自立晚報社文化出版部，1994 年 2 月）；張炎憲、胡慧玲、高淑媛採訪記錄，《悲情車站二二八》（台北：自立晚報社文化出版部，1994 年 1 月三刷）；張炎憲、胡慧玲、黎澄貴採訪記錄，《台北都會二二八》（台北：自立晚報社文化出

料基金會接棒，再出版《嘉義北回二二八》、《花蓮鳳林二二八》。[81]2008年財團法人二二八事件紀念基金會亦出版一本口述歷史，採訪地區爲雲林縣虎尾、斗六、北港、林內與南投竹山地區受難者家屬與耆老。[82]最新的成果則是彰化縣文化局出版《彰化縣二二八事件口述歷史》，其中有不少是「二七部隊」成員的訪問。[83]

再者，海外的成果也值得注意。如旅日學者戴國煇（1931-2001）化名梅村仁，在紐約出刊的中文雜誌《台灣與世界》，編校註釋「二二八史料舉隅」，其史料都是1947年出刊《新聞天地》、《世紀評論》、《台灣月刊》、《正氣月刊》、《中美週報》等。1988年前衛出版社更是大手筆出版「新台灣文庫」，重印江文也（1910-1983）、楊逵（1906-1985）、郭雨新（1908-1985）等傳記。1991年之後官方檔案、民間史料大量湧現。可以說是戰後初期議題研究中，史料成果最豐碩。[84]

最後是二二八事件報刊資料輯錄，中國與台灣都有成果發表。前者有大陸學者李祖基，以廈大圖書館館藏「國防剪

版部，1997年2月二刷）；張炎憲、胡慧玲、黎澄貴採訪記錄，《淡水河域二二八》（台北：自立晚報社文化出版部，1997年2月二刷）。

81 參閱張炎憲、曾秋美主編，《花蓮鳳林二二八》（台北：財團法人吳三連台灣史料基金會，2010年4月二版）；張炎憲等採訪記錄，《嘉義北回二二八》（台北：吳三連台灣史料基金會，2011年3月）。

82 參閱陳儀深計劃主持，《濁水溪畔二二八—口述歷史訪問錄》（台北：財團法人二二八事件紀念基金會，2009年3月）。

83 參閱呂興忠，《彰化縣二二八事件口述歷史（上冊）》（彰化：彰化縣文化局，2010年2月）。

84 陳翠蓮，〈二二八事件史料評述〉，《台灣史料研究》，第22期，2004年2月，頁148-187。

報」、「海疆剪報」爲基礎蒐集。[85]後者有新聞學者林元輝，利用《台灣新生報》、《和平日報》、《重建日報》、《民報》、《人民島報》、《大明報》、《興台日報》、《中外日報》整理。[86]其他如《二二八事件資料集》、《新二二八史像》，收錄事件中部分原始文告、新詩、謠、小說、報導文學、《文匯報》與《華商報》的社論等。[87]

至於本文公開的史料—台灣二二八大慘案華北輿論集，跟上述比較起來到底有哪些重要性？[88]可以分成二個層面來討論，一是這本輿論集是台灣人在大陸編輯完成。在〈發刊詞〉封面中名列的編者是台灣省旅平同鄉會、天津市台灣同鄉會、台灣省旅平同學會。不過在〈爲台灣二・二八大慘案敬告全國同胞書〉一文中，又有六個台灣人團體署名—台灣省旅平同鄉會、天津市台灣同鄉會、長春台灣省同鄉會、瀋陽台灣省同鄉會、台灣省旅青同鄉會、台灣省旅平同學會。加上輿論集也收錄不少東北的新聞消息，因此在東北的台灣人應該也參與相關工作。由此可知1945至1947年，當時台灣人在華北與東北集中的五個城市，最重要的就是北平、天津、

85 參閱李祖基編，《「二・二八」事件報刊資料彙編》（台北：海峽學術出版社，2007年2月）。

86 參閱林元輝編註，《二二八事件台灣本地新聞史料彙編（一～四冊）》（台北：財團法人二二八事件紀念基金會，2009年6月）。

87 參閱鄧孔昭編，《二二八事件資料集》（台北：稻鄉出版社，1991年2月）；曾健民編，《新二二八史像—最新出土事件小說、詩、報導、評論》（台北：台灣社會科學出版社，2003年3月）。

88 2009至2011年作者為撰寫升等副教授論文，曾在北京大學圖書館過刊閱覽室，找尋1945至1949年的台灣相關史料，無意中發現這本《台灣二二八大慘案華北輿論集》，遂以付費拍照的方式，帶回整本書的影像資料。

青島、瀋陽與長春。東北的二大都市瀋陽與長春，早在滿洲國時期就有不少台灣人前往發展。台灣史學者許雪姬長年致力於此議題口述歷史的研究，整理出有前往滿洲國行醫者、在中央部門任職者、在教育界或私人公司任職者。[89] 他們在1945 年 8 月 15 日日本戰敗後，仍居留東北而組織同鄉會彼此照顧實屬自然。同樣的道理日治時期前往華北，並在當地求學或經商者亦不乏知名人士，如王民寧（北平）、江文也（北平）、吳子瑜（北平）、吳坤煌（北平）、宋斐如（北平）、李金鐘（北平）、洪炎秋（北平）、張我軍（北平）、彭英華（北平）、楊英風（北平）、廖文毅（北平）、吳三連（天津）、李純青（天津）。[90]

二次大戰結束之後，台灣因長官公署不當接收，島上的台灣人開始過著昏天暗地的日子。然而同一時期在大陸的台灣人，也沒有得到較好的待遇。1946 年 1 月行政院公佈〈朝鮮與台灣人產業處理辦法〉，最重要是凡屬兩者之私產，由處理局依照辦法接收、保管與運用。台灣人民凡能提出確切籍貫，證明未擔任日軍特務工作，或憑藉日人勢力迫害本國人民，或幫同日軍逃避物資，亦無其他罪狀，經確實證明後私產呈報行政院核定，即可交還。[91] 由此過程可知，戰爭結束以後所有台灣人在中國的產業要被先行接收，並且自己要提

---

89 參閱許雪姬訪問，《日治時期在「滿洲」的台灣人》（台北：中央研究院近代史研究所，2002 年 3 月），〈序〉，頁 v-vii。

90 參閱許雪姬策劃，《台灣歷史辭典》（台北：行政院文化建設委員會，2004 年 5 月），頁 206、305、343、345、349、366、381、385、587、739、879、969、1023。

91 編者，〈人的呼聲—關於處理台灣人產業之意見書〉，《人言週刊》，北平，創刊號，1946 年 1 月，第 6 版。

出證據，證明自身產業的清白才能由行政院核准還產。先不說台灣人本身有無能力拿出證據，即便拿出證據也要有一連串的公文旅行，最後能拿到總私產的幾成讓人懷疑。於是衍生出另一問題，即是「台灣人是否爲吾國同胞」？

因此當時不少報導，均討論台灣人是否爲中國人的問題，特別是上海與北平。例如上海市黨政委員會、上海市公用局的作法，就激起許多旅滬台人的不滿。因爲上海有關當局認爲台灣人原在日本統治之下，在吾國未有明文承認其中華民國國民以前，自應以「敵僑」待遇，其財產應視同爲「敵產」。[92] 在北京大學附屬醫院擔任醫師的梁永祿，以自身爲例說明不願意待在日本人統治下的台灣，並在 1938 年舉家遷徙到北平。可是戰後當局處理台胞財產之事，讓梁氏充滿挫折。他甚至於不惜以自己年幼女兒、兒子，身著中國服飾的照片，大聲疾呼正視台胞的愛國熱忱。[93] 那時的梁永祿就是台灣省旅平同鄉會的成員之一。

中國現代文學研究者秦賢次曾撰文對「台灣省旅平同鄉會」做出討論。他指出當時台灣人旅居平、津者共有二千餘人，期中居住在北平者近千人，居住在天津者一千二百餘人。1945 年 9 月 9 日旅居北平者五百餘人，假西單大光明戲院成立台灣省旅平同鄉會。隨即選出執行委員七名—梁永祿（1910-?）、洪炎秋（1902-1980）、林朝棨（1910-1985）、張我軍

92 編者，〈確定台灣同胞的身份〉，《人言週刊》，北平，第 8 期，1946 年 3 月，第 3 版。

93 梁永祿，〈台灣人的傾訴〉，《人言週刊》，北平，創刊號，1946 年 1 月，第 6 版。

（1902-1955）、張深切（1904-1965）、吳敦禮（1905-1986）、洪耀勳（1903-1986）。該會成立的宗旨，即是讓旅平的台灣同鄉儘早回台。故又與天津市台灣同鄉會聯絡，成立台灣省平津同鄉會聯合會。[94] 因此有理由相信，這些旅居在華北、東北的台灣人，雖遠離故鄉千百里之遙，但思鄉心切的他們，對於台灣的新聞一定頗為關心。加上對中文讀聽說寫的使用，能力上都遠比故鄉的台灣人還來的好，故投稿於報章雜誌或者聯絡新聞界，應較容易形成一股輿論。最重要的是二二八事件後，台灣各報紙、雜誌社自動停刊者比比皆是，僅存者不過事前十之一、二。[95] 當時有外省記者表示，說來慚愧由於台灣新聞檢查嚴密，住在台灣的人想要知道台灣的眞相，有時需要從省外報刊得知。[96] 這說明了《台灣二二八大慘案華北輿論集》一書，在 1947 年二二八事件前後做為重要史料的時代背景與意義。

二是本書的內容有哪些重要記錄，可以補充現有「二二八」公開史料的不足。事實上《台灣二二八大慘案華北輿論集》從今日研究的角度視之，可以說是報章雜誌與宣傳品的合集。而極少部分的內容，已經在其他關於「二二八」的文獻中公開。如〈為台灣二二八大慘案敬告全國同胞書〉、

---

94 參閱秦賢次，〈台灣舊雜誌覆刻系列四—新台灣導言〉；摘自吳三連台灣史料基金會圖書出版品介紹 http://www.twcenter.org.tw/a02/a02_09/a02_09_07_2.htm

95 本社，〈台灣造紙工業〉，《工人週刊》，天津，第 21 期，1948 年 8 月 8 日，頁 5。

96 本刊特約記者，〈紙包著火的台灣〉，《大學評論》，南京，第 2 卷第 7 期，1946 年 11 月 16 日，頁 12。

〈爲台灣二二八大慘案敬告全國同學書〉。[97] 另外輿論集也收錄四篇上海《觀察週刊》的文章，包括〈隨時可以發生暴動的台灣局面〉、〈台灣事件的分析〉、〈台灣民變眞象鈎沉〉、〈論台灣的動亂〉，亦可見於該週刊之二二八事件史料匯編。[98] 故再從華北輿論集審視，它的史料價値可以分成三方面論述。

其一，二二八事件發生後華北與東北的台灣同鄉極力奔走。從〈發刊詞〉來看，開宗明義認爲「二二八」的發生，肇因於「官迫民反」之故。並且如此的「民反」，是從無組織的行動變成組織化。根本性的原因是台胞的積憤，以及台灣省行政長官公署一味的屠殺；特別是雷厲風行的清鄉，導致台灣人與「祖國」產生鴻溝。3 月 12 日台灣省旅平同鄉會、天津市台灣同鄉會、長春台灣省同鄉會、瀋陽台灣省同鄉會、台灣省旅青同鄉會、台灣省旅平同學會發表聲名，提到事件之初台北市的死傷即達四千人，並勸阻政府不要派兵赴台。[99] 台灣省旅平同學會還撰文聲明，提出 8 項主張，如反對武力鎮壓、撫卹傷亡與釋放台胞、嚴懲開槍兇手、撤辦陳儀與貪官污吏、實行台灣自治、廢除台灣省行政長官公署、撤銷貿易局與專賣局、反對官僚資本。[100] 由於這些團體的聲明，並

97 參閱鄧孔昭編，《二二八事件資料集》，頁 317-324；王曉波編，《台盟與二二八事件》（台北：海峽學術出版社，2004 年 2 月），頁 37-44。

98 參閱張維邦、黃文雄，《二二八事件後的台灣─觀察周刊的報導》（台北：一橋出版社，2004 年 8 月）。

99 編者，〈為台灣二 · 二八大慘案敬告全國同胞書〉，《台灣二 · 二八大慘案─華北輿論集》，北平，特刊號，1947 年 4 月 20 日，頁 2。

100 編者，〈為台灣二 · 二八大慘案敬告全國同學書〉，《台灣二 · 二八大慘案─華北輿論集》，北平，特刊號，1947 年 4 月 20 日，頁 3。

沒有阻止國軍的行動，故他們又在大陸各城市舉行記者會，希望透過輿論制止血腥鎮壓。3 月 6 日台灣省旅平同鄉會會長梁永祿，聯絡北大、清華、燕京大學學生社團，做為奧援的力量。3 月 9 日長春台灣省同鄉會會長郭松根（1903-1982）發表談話，向輿論說明台灣人愛國的熱忱，以及政府接收不當。3 月 13 日天津市台灣同鄉會理事長吳三連（1899-1988）招待記者，向輿論披露長官公署不法情事。[101] 3 月 19 日這些團體在北京王府井大街京華酒家，舉行國際記者招待會，會中有美國（領事館）新聞處、合眾社、聯合社，以及英國、法國、瑞士等記者出席。當時記者提問，諸如「台灣人民所要求的是獨立或自治」、「外傳此次民變由共黨及日人煽動」、「諸君（台灣各同鄉會）之活動是否與 C.C. 反政學系有關」，都顯示出第一時間，大陸收到的訊息非在意死傷規模，反而是台灣的治理與國共或國民黨派系鬥爭有無關係。[102] 較特別的是這次外國記者招待會，擔任翻譯的是任教於北平女子高等師範學院的趙麗蓮（1896-1969）博士。趙博士一般給人的印象是透過廣播，大力提倡台灣的英語教學。沒想到在 1949 年以前，趙博士與華北的台灣人早有往來。

其二，剪報的內容。這本輿論集使用的報章雜誌，包括上海《文匯報》、北平《平民日報》、瀋陽《瀋陽新報》、北平《世界日報》、天津《大公報》、北平《經世日報》、

101 編者，〈台胞在華北及東北二．二八大慘案發生後的活動經過概述〉，《台灣二．二八大慘案—華北輿論集》，北平，特刊號，1947 年 4 月 20 日，頁 6-7。
102 編者，〈聯合招待外國記者概況〉，《台灣二．二八大慘案—華北輿論集》，北平，特刊號，1947 年 4 月 20 日，頁 7-8。

北平《華北日報》、天津《民國日報》、天津《益世報》、北平《太平洋月刊》、上海《觀察週刊》、北平《紀事報》。特別的是這些報紙的報導，大多是在台灣不容易找到的資料。因此它們不失為提供出一種訊息，讓我們了解平津與瀋陽的新聞界如何看待「二二八」。而在這些內容中，包括五個部分一二二八前夜的台灣、社論與評論、善後處理、外國人眼中的二二八、雜品。

我們從標題可以略知，這些大陸記者對於台灣的處境，抱著相當同情的心態，如「台灣百病齊發」、「『算』台灣的『命』」、「台灣人的悲哀」、「台灣在殺聲震撼中」等。顯示出台灣人對國府接收後，期望從殖民地的人民，搖身一變成為中華民國新國民，從此有著光明未來的前途徹底落空。北平《平民日報》記者秉筆直書，不顧傳統中國人最在意的面子問題，坦承說到台灣人認為新的統治者，貪汙驕矜勝過日本人，但能力技術卻不及日本人，佔著高位實一無所能。又說除了國語之外，內地人實無勝過台灣人的地方。[103] 值得注意的是記者可以不顧面子，但官員卻都是最在意面子的人，故「政府威信」四個字也是觀察政府處理「二二八」的指標。北平《經世日報》記者指出，統治者可以藉政府威信不惜殘民以逞，可以藉政府威信倒行逆施，說到底政府哪有什麼「威信」。[104] 時任燕京大學的知名歷史學者齊思和（1907-1980）也

103 北平平明日報，〈台灣騷動的善後〉，《台灣二・二八大慘案—華北輿論集》，北平，特刊號，1947年4月20日，頁20。

104 北平經世日報，〈誤天下蒼生者皆此輩也〉，《台灣二・二八大慘案—華北輿論集》，北平，特刊號，1947年4月20日，頁22。

撰文，認爲台灣二二八事件全島騷然，其事態之嚴重不下於辛亥革命初起時之四川。若不斷然處置、徹底刷新，其結果必超過想像所及，萬勿再蹈清季之覆轍。[105] 當然與同時期台灣出刊的報章雜誌內容相比較，這些剪報無太多突破性、關鍵性的史料。不過現今台灣學界對於「二二八」研究，使用的大陸資料大多以上海出版的書刊爲主，現在輿論集的公開或許可以帶給我們另一側面的參考。

3 月 8 日國軍陸續來台鎮壓，台灣省旅平同鄉會、天津市台灣同鄉會、台灣省旅平同學會，獲悉後聯合署名提出要求十分重要。其中對於當前措施有七點，作者認爲最重要的是第五點，即要求政府組織調查團，公開調查事件死傷人數與責任。並主張對於死傷內、外省人，該撫卹者即撫卹之；對於激發人民公憤的貪官汙吏，該處罰者即處罰之。如果當時官方能夠順從民意，或許迄今對於二二八的爭議能降至最低也說不定。至於所提的六點政治改革意見，爾後有輕重緩急次第實施，如施行省制、取消專賣局與貿易局、提前施行地方自治、勇於登用台省人士，以及日產的土地與輕工業部門工廠，合理分配給農民與民間工商業者。只有第五點應維持司法獨立，可說到今天爲止都一直是社會大眾的理想。[106] 然而在輿論集中，也刊出三篇外國報紙報導的「二二八」較爲特別。作者認爲舊金山紀事報（*San Francisco Chronicle*）一則新

105 天津益世報，〈台灣變亂的教訓〉，《台灣二．二八大慘案—華北輿論集》，北平，特刊號，1947 年 4 月 20 日，頁 27。

106 編者，〈台灣善後問題意見書〉，《台灣二．二八大慘案—華北輿論集》，北平，特刊號，1947 年 4 月 20 日，頁 32-33。

聞頗值得注意。文中先不確定二二八事件時的死傷人數，但如果這些死傷都是官方造成，就與第二次世界大戰時期，日本人的帝國主義大屠殺很類似。[107]

其三，大學校園對二二八的迴響。當時台灣旅平同學會找到幾位聲援「二二八」的知名學者，都是在北京大學與清華大學任教，如北大西語系馮承植教授（1905-1993）、北大西語系亦是聞一多之弟的聞家駟教授（1905-1997）、法學家亦是費孝通之兄的北大費青教授（1906-1957）、社會學家北大許德珩教授（1890-1990）、美學家北大朱光潛教授（1897-1986）、政治學家清華張奚若教授（1889-1973）。[108] 最特別的是馮承植、費青、許德珩，都對「二二八事件處理委員會」公布的三十二條表示意見。馮氏大部分贊同，費氏認爲大體上還可以，許氏認爲有些地方過火，但這也是民主運動的試金石。[109]

現在的問題是當時這些旅平的台灣學生，拿給北大與清華大學教授看的是什麼版本的三十二條？華北輿論集在隨後的內容，刊登出3月8日《台灣新生報》報導二二八事件處理委員會的處理大綱內容。即是爲人所熟知（一）二二八事件的原因，（二）二二八事件的經過，（三）二二八事件應

107 編者，〈美報評論台灣事件〉，《台灣二・二八大慘案—華北輿論集》，北平，特刊號，1947年4月20日，頁37。

108 北大的台灣學生會訪問這些教授，除了他們都是開明派，反對國民黨發動內戰外，有可能也是比鄰而居採訪較易。如馮承植、朱光潛、聞家駟都住在中老胡同的北大教授宿舍。參閱蔣勤國，《馮至評傳》（北京：人民出版社，2000年8月），頁347。

109 編者，〈教授答學生的意見〉，《台灣二・二八大慘案—華北輿論集》，北平，特刊號，1947年4月20日，頁39。

如何處理—對於目前的處理之七條，以及根本處理的軍事方面三條，最後才是根本處理政治方面二十二條。[110] 這可以說是本輿論集最特殊的地方，因爲當天《台灣新生報》還有刊登所謂〈本報訊〉十條條文，然而該輿論集卻不知何故沒有收錄。因此台灣學生的三十二條，按內容解釋就是三加七加二十二，形成所謂的三十二條。然這是事實的三十二條嗎？歷史學者陳君愷對於三十二條的考證，認爲應該是二十二條加上十條。[111]

令人好奇的是既然用了 3 月 8 日《台灣新生報》，爲何輿論集不收錄另外十條條文？難道學生們不知道嗎？其實學生們是知道的。因爲後面的〈二 · 二八大慘案日誌〉，在 3 月 7 日的事由中記下「台灣省二二八事件處理委員會，除原來二十二項外，再追加十項方案，及有關軍事方面三點。」所謂的「再追加十項方案」，應該就是〈本報訊〉的十條條文。[112] 這是台灣學生們的「輿論」策略運用嗎？恐怕是永遠也不會知道的答案。最後從慘案日誌內容來看，本輿論集收錄的資料到 4 月 15 日爲止。當中 4 月 10 日台灣省旅滬六團體，假上海八仙橋青年會舉行記者招待會。會長陳碧笙（1908-1998）報告台灣大屠殺情形，從 3 月 8 至 16 日屠殺人數約有萬人以

110 台灣新生報，〈處委會闡明事件真相 · 向中外廣播處理大綱〉，《台灣二 · 二八大慘案—華北輿論集》，北平，特刊號，1947 年 4 月 20 日，頁 44-45。

111 參閱陳君愷，《解碼 228：解開二二八事件處理大綱的歷史謎團》（台北：玉山社，2013 年 3 月）。

112 參閱陳君愷，《解碼 228：解開二二八事件處理大綱的歷史謎團》（台北：玉山社，2013 年 3 月）。

上，屠殺方法或對象竟有九種之多。陳氏所提認爲遇害者以青年學生最多，其次是一般平民，再次是社會中堅，而新聞記者亦不能免。[113]

以上就是作者對於《台灣二二八大慘案華北輿論集》的介紹。而輿論集本文的內容，作者在校註時用了大量同時期大陸出版的雜誌、期刊做爲參考，其中有許多都是當今台灣學界甚少注意到。除了史料的新鮮感外，也有許多雜誌、期刊報導深具價值，可以跟輿論集做對照。再者，校註的內容部分是我的恩師—許雪姬教授斧正之處。特別是她建議參考典藏於中央研究院台灣史研究所之台灣民主運動前輩楊肇嘉（1892-1976）的「六然居典藏台灣史料」，因爲其中收錄了一本品相更好、字跡更清楚的《台灣二二八大慘案華北輿論集》，讓校註的工作更加完善。而書中還有二篇英文史料，其校訂工作由作者在輔大的同事，亦是老師—英國語文學系教授鮑端磊神父（Daniel J. Bauer）幫忙，我要表示感謝。至於校對與排版的工作，就交由林社長的公子林君亭先生完成，均在此致上十二萬分的謝意。當然本輿論集中的內容，因時局紛亂故在傳遞消息上不免有些錯誤。如報導林江邁（1907-1970）被槍殺、新竹縣長朱文伯（1904-1985）被人民毆打致死，以及誇大二二八事件後，當局逮捕大批政治受難者，全部押往綠島「新生訓導處」看管（1951年5月17日才有第一批人士被押往）。可是輿論集內容既然以新聞報導爲主，仍可以反映出華北與

113 編者，〈二・二八大慘案日誌〉，《台灣二・二八大慘案—華北輿論集》，北平，特刊號，1947年4月20日，頁48。

東北新聞界、知識界，對於台灣二二八事件的看法與態度。這就如同作者使用 2005 至 2015 年台灣的報紙，反映了這十年來二二八事件對於朝野政黨，以及各方政治人物的處理方式一樣。巧合的是對於慘案，台灣同鄉們定調爲「官迫民反」，竟然與 59 年後馬英九主張的「官逼民反」有那麼一點相似。日後這會讓什麼人物沾沾自喜，作者並不知道；作者只知道挖掘新的史料，用以學術研究本是歷史學者的職責。同時也希望本輿論集的出版，帶給「二二八」研究一點貢獻。

出版凡例：

1. 錯字：原文中如有錯字，則以〔 〕將正確的字更正於後。
2. 漏字：原文中如有漏字，則以【 】補之。
3. 原文中無法辨識的字或確定缺字者以「□」代之。
4. 原文中無法確認的字以「□」框之。
5. 原文中的贅字（包括重複字）以｛｝示之。
6. 原書的標點符號和目前使用的方式不同，悉仍其舊，除非錯誤不予更改。

台灣
二·二八大慘案

華北輿論集

台灣省旅平同鄉會
天津市台灣同鄉會　編印
台灣省旅平同學會

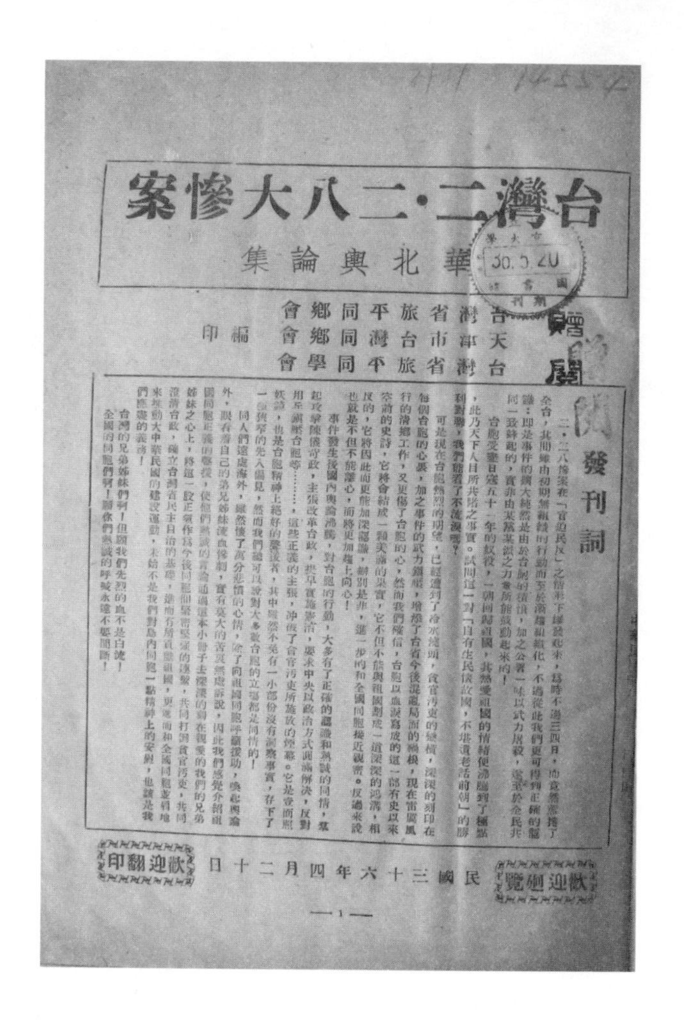

台灣二·二八大慘案

華北輿論集

台灣省旅平同鄉會
天津市台灣同鄉會　編印
台灣省旅平同學會

贈
50.5.20

發刊詞

二・二八慘案在「官逼民反」之情形下爆發起來，爲時不過三四日，而竟然席捲了全台，其間雖由初期無組織的行動而至於漸趨組織化，不過從此我們更可得到正確的認識：即是事件的擴大純然是由於台胞的積憤，加之公署一味以武力屠殺，遂至於全民共同一致蜂起的，實非由某黨某派之力量所能鼓動起來的！

台胞受難日寇五十一年的奴役，一朝回歸祖國，其熱愛祖國的情緒便沸騰到了極點，此乃天下人目所共睹之事實。試問這一對「自有生民懷故國，不堪遺老話前朝」的勝利對聯，我們能看了不流淚嗎？

可是現在台胞熱烈的期望，已經遭到了冷水澆頭，貪官汚吏的蠻橫，深深的刻印在每個台胞的心裏，加之事件的武力鎭壓，增添了台省今後混亂局面的禍根，現在雷厲風行的清鄉工作，又更傷了台胞的心，然而我們確信，台胞以血淚寫成的這一部有史以來空前的史詩，它將會結成一顆美滿的果實，它不但不能與祖國劃成一道深深的鴻溝，相反的，它將因此而更能加深認識，辨別是非，進一步的和全國同胞携近親密。反過來說也就是不但不能離心，而將更加趨上向心！

事件發生後國內輿論沸騰，對台胞的行動，大多有了正確的認識和熱誠的同情，羣起攻擊陳儀苛政，主張改革台政，提早實施憲治，要求中央以政治方式調處解決，反對用兵鎭壓台胞等……，這些正義的主張，冲破了貪官汚吏所施放的煙幕。它是當面照妖鏡，也是台胞精神上絕好的慰援者，其中雖然不免有一小部份沒有洞察事實，存下了一個偏頗的先入偏見，然而我們總可以說對大多數台胞的立場都是同情的！

同人們遠處海外，雖然懷了萬分悲憤的心情，除了向祖國同胞呼籲援助，喚起輿論外，眼看着自己的弟兄姊妹流血犧牲，實有莫大的苦衷無處訴說，因此我們感覺介紹祖國同胞正義的聲援，使他們熱誠的言論通過這本小冊子去深深的刻在親愛的我們的兄弟姊妹之心上，將這一股正氣作爲今後同胞們緊密堅强的連繫，共同打倒貪官汚吏，共同澄清台政，確立台灣省民主自治的基礎，進而有所貢獻祖國，更進而和全國同胞並肩地來推動大中華民國的建設運動，未始不是我們對島內同胞一點精神上的安慰，也該是我們應盡的義務！

台灣的兄弟姊妹們啊！但願我們先烈的血不是白流！
全國的同胞們啊！願你們熱誠的呼喊永遠不要間斷！

歡迎迴覽　民國三十六年四月二十日　歡迎翻印

—1—

北京大學圖書館過刊閱覽室典藏《台灣二・二八大慘案華北輿論集》封面，發刊詞與內文皆由台灣省旅平同鄉會、天津市台灣同鄉會、台灣省旅平同學會編印。請注意右下角寫著「歡迎迴覽」，左下角寫著「歡迎翻印」，正是本書再版的重要原因。

隨時可以發生暴動的台灣局面

農民過四下鄉歸勞，糧食問題逼出行動，
台銀驅案牽連頗廣，匯率提高久滯攔淺，
台胞恢復中國國籍，英國尚未完全同意，

由台灣寄到北平一封信

「算」台灣的「命」

—11—

—10—

由儲安平（1909-1966）在上海創辦的《觀察週刊》，曾在1947年3月8日第二卷第二期刊登一篇聳動性的文章—〈隨時可以發生暴動的台灣局面〉。因爲該雜誌是週刊，所以從雜誌社作業流程來看，至少二週前就要完成本文文稿。故文稿完成時台灣應該還未發生二二八事件，然該文作者精確預測、不幸言中。

台灣人的悲哀

薛綏之

三月八日 北平世界日報

當完了五十年的奴隸如今又沒有飯吃了

[illegible]

無米可炊二家自殺

[illegible]

失業人數約六七十萬

[illegible]

—13—

台灣憲治的解剖

[illegible]

—12—

1994年3月前總統李登輝在總統府，接見日本名作家司馬遼太郎時，提到「生爲台灣人的悲哀」。此話一出日後常在不同政治場合，受到不同政治立場人士的解讀。然而早在1947年3月8日，二二八事件發生不久，署名薛綏之的記者，即發表〈台灣人的悲哀〉一文於北平《世界日報》。看來當時有正義感的外省記者，早就以這句話形容台灣人的處境。

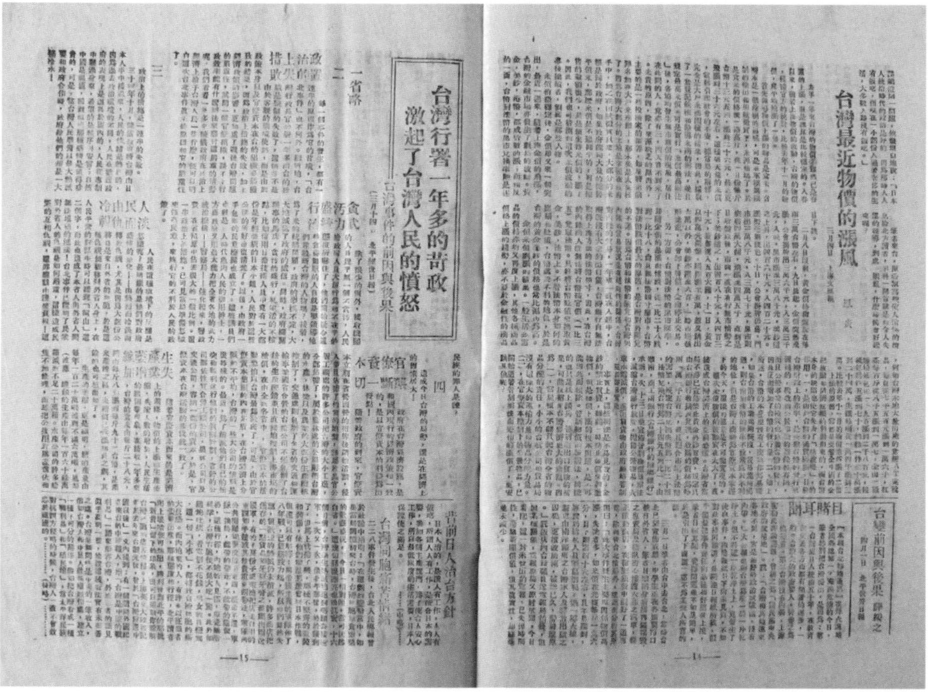

台灣最近物價的漲風

三月四日 上海文匯報

[illegible]

台灣行署一年多的苛政
激起了台灣人民的憤怒
台灣事件的前因與後果

（三月十四，北平經世日報）

一 省⋯⋯

二 貪污盛行 武力統治

[illegible]

三 人民由冷淡而仇視

[illegible]

四 官僚資本壟斷一切

[illegible]

現今台灣學界對於二二八事件發生時，大陸各省報刊報導與評論的掌握，多以京滬一帶爲主。可是同時期平津的報刊也相當關注台灣動態，而且遣詞用字十分大膽、一針見血。照片中是北平《經世日報》的標題，直指台灣省行政長官公署「苛政」激起台灣人的憤怒。內文小標如貪污盛行、武力統治、人民由冷淡而仇視、官僚資本壟斷一切，無不一語道破台灣被接收後的問題。

論處理台灣事

柯台山

[illegible]

台灣善後問題

方秋葦

[illegible]

「半山」身分的柯台山，知名度雖不如謝東閔、黃朝琴等人，但早在 1945 年他與陳民耿（福建人，來台後於中國文化大學任教）出版《台灣概覽》一書。爾後也留下口述歷史記錄，提供學界研究。

目次

參、社論・評論

肆、善後・處理

伍、外國人眼中的二・二八

陸、學生・教授和二・二八

柒、雜品

捌、

發刊詞

二・二八慘案在「官迫民反」之情形下爆發起來，為時不過三四日，而竟然蓆〔席〕捲了全台，其間雖由初期無組織的行動而至於漸趨組織化，不過從此我們更可得到正確的認識：即是事件的擴大純然是由於台胞的積憤，加之公署一味以武力屠殺，遂至於全民共同一致蜂起的，實非由某黨某派之力量所能鼓動起來的！[1]

台胞受盡日寇五十一年的奴役，一朝回歸祖國，其熱愛祖國的情緒便沸騰到了極點，此乃天下人目所共睹之事實。試問這一對「自有生民懷故國，不堪遺老話前朝」的勝利對聯，我們能看了不流淚嗎？

可是現在台胞熱烈的期望，已經遭到了冷水澆頭，貪官污吏的蠻橫，深深的刻印在每個台胞的心裏，加之事件的武力鎮壓，增添了台省今後混亂局面的禍根，現在雷厲風行的清鄉工作，又更傷了台胞的心，然而我們確信，台胞以血淚寫成的這一部有史以來空前的史詩，它將會結成一顆美滿的果實，它不但不能與祖國劃成一道深深的鴻溝，相反的，

1　中國共產黨與二二八的關係，通常是被認為蔣介石派兵鎮壓的關鍵性因素。針對於此，當時中共否認在台設有聯絡人，也不承認煽動此次事件。參閱編者，〈短評—用不著「煽動」〉，《羣衆週刊》，香港，第8期，1947年3月20日，頁4。

它將因此而更能加深認識，辨別是非，進一步的和全國同胞接近親密。反過來說也就是不但不能離心，而將更加趨上向心！[2]

事件發生後國內輿論沸騰，對台胞的行動，大多有了正確的認識和熱誠的同情，羣起攻擊陳儀苛政，主張改革台政，提早實施憲治，要求中央以政治方式圓滿解決，反對用兵鎮壓台胞等………，這些正義的主張，沖破了貪官污吏所施放的煙幕。它是壹面照妖鏡，也是台胞精神上絕好的聲援者，其中雖然不免有一小部分沒有洞察事實，存下了一種狹窄的先入偏見，然而我們總可以說對大多數台胞的立場都是同情的！

同人們遠處海外，雖然懷了萬分悲憤的心情，除了向祖國同胞呼籲援助，喚起輿論外，眼看著自己的弟兄姊妹流血慘劇，實有莫大的苦衷無處訴説，因此我們感覺介紹祖國同胞正義的聲援，使他們熱誠的言論通過這本小冊子去深深的刻在親愛的我們的兄弟姊妹之心上，將這一股正氣作為今後同胞間緊密堅強的連繫，共同打倒貪官污吏，共同澄清台政，確立台灣省民主自治的基礎，進而有所貢獻祖國，更進而和全國同胞並肩地來推動大中華民國的建設運動，未始不是我們對島內同胞一點精神上的安慰，也該是我們應盡的義務！

---

2 當時的報導稱二二八事件後，讓台灣人學會謹慎。他們大多對現狀不願再表示意見，只以沉默表示抗議。或者說話萬分小心，如提到中國時，就會刻意強調「我們中國」，語氣是那麼的不自然。於是外省人與台灣人的距離越來越遠，外省人帶著優越感走在台灣各地。參閱高超，〈「阿山」台灣人之間〉，《中建半月刊》，北平，第 1 卷第 4 期，1948 年 9 月 5 日，頁 22。

台灣的兄弟姊妹們啊！但願我們先烈的血不是白流！
全國的同胞們啊！願你們熱誠的呼喊永遠不要間斷！

民國三十六年四月二十日

爲台灣二・二八大慘案敬告全國同胞書

親愛的全國各界同胞們！

台灣自馬關條約劃歸日寇以來，台灣忍受了五十一年的牛馬生活，幸賴我們的革命先烈以及全國抗戰烈士一致的英勇戰鬪犧牲終於獲得了最後的勝利，台省重歸祖國的懷抱，從日寇鐵蹄下解放了出來，當消息傳出，台胞莫不舉手加額擁抱歡舞，悲喜交集。[1] 我們猶記得當陳儀長官於三十四年十月二十五日在台北揭起青天白日旗，正式向全世界宣言台灣回復中華民國版圖之日，全台家家戶戶皆張燈結彩，祭祖宗吃晚宴以為賀，互慶恢復民族的自由，這種偉大熱烈的情景，當時各報皆有記載，諒同胞們尚能記憶吧！

豈知僅僅相距十六個月之後，霹靂一聲，轟動全國全世界大慘案大暴動就發生於省垣台北，並且一兩日之間波及全島的都市和鄉村！我們旅華北東北台灣同鄉和同學，聞此凶耗，不勝悲憤，特將慘案真相敬陳於全國同胞之前，求同胞們瞭解台胞的苦衷，以愛國家，民族的熱情向台胞伸出拯救的援手，俾台灣能真正做個中華民國的一行省，做個不折不

1 事實上以當時情況來說，抗戰是「突然」勝利的。西安《秦風日報》社論評析，因為突然勝利，促使政府不及準備，三個月來各地的接收弄得不成樣子。參閱編者，〈我們的話（創刊詞）〉，《大地週報》，北平，創刊號，1945 年 12 月 1 日，頁 2。

扣實行三民主義治下的國土！

據三月五日台北廣播電台報告；二月二十七日在台北市內延平路邊，有一老嫗因零賣上海造香烟，被經濟警察認為違犯烟捲專賣法，而大加苛責，並欲將老嫗依以為生的紙烟沒收處罰，經老嫗再三哀求，而警察置之不理，終而演至語言衝突，不論理的警察為老嫗不服從命令，於盛怒之下一槍竟將老嫗打死，[2] 當時在附近傍觀的台胞數人，因抱不平即質問警察何以非法槍斃老嫗，瘋狂的警察不但不悔悟，又開槍對此數人射擊，致復傷亡多人。[3] 翌日死傷者家屬赴省長官公署請願要求懲兇，但是不幸得很，公署措置失當，把殺人為兒戲，衛兵架起機槍開始掃射請願民眾，致當場演出數百男女的死傷，同日警備總司令部即下戒嚴令，但是民眾之激昂情緒已達極點，而省公署一味以高壓手段來對付民眾到處開槍射擊，所以光只台北市死傷已達四千人之多，以上事實是這次台灣官迫民變的導火線。

親愛的全國同胞們！

我們以血淚呼籲，我們以十二分懇摯的熱誠，要求全國同胞來對手無寸鐵的台胞加以後援！任何離間的中傷不足以阻碍我們同胞間的血緣的連繫，台胞暴動的對象是貪官污吏，

---

2 老嫗指的就是才四十歲的林江邁，林江邁（1907-1970），其夫林克清為台北龜山望族，但因夫早逝，遂隻身照顧三子一女。二二八事件後，仍居住在台北市圓環附近，繼續販賣香煙過活。其女林明珠，嫁給陳誠（1898-1965）的侍衛曾德順。參閱楊渡策劃監製，《尋找二二八的沉默母親—林江邁》（台北：南方家園文化，2007 年），頁 9、24。

3 由於 2 月 27 日當天消息混亂，以至於傳言林江邁被槍斃，以及緝私人員開槍「傷亡多人」。其實林江邁仍然存活，被槍亡者僅市民陳文溪一人。

他們絕不能是仇恨外省人！[4]

光復後台灣省一年來，政治經濟的全部破產，埋伏了此次事件的全部前因。政治的包辦，社會的黑暗，貪污舞弊的層出不窮，使台胞激起了傷心的波浪！尤其使台胞由「奉公守法」之民，而轉變到反抗的邊緣上的就是繼續了日本遺留下來的總督式統治制度，即長官公署制，且盡量登用私人親戚故舊排除台省人士。不但在政治上如此，在經濟上竟採取了比日人更加厲害的貿易包辦，設立了貿易局，繼續了專賣制，工廠閉鎖的結果八十萬失業台胞無處尋找生計，米倉的台灣竟鬧糧荒，物價高漲，民不聊生，私娼到處猖獗，教育方面即廢止了國民義務教育制，讓成千成萬的學齡兒童失學，難道台胞五十一年來的抗日鬥爭所換來的結果將能是永遠如此嗎？[5]

此次慘案的擴大到全省的每個村落，便是台胞對台省一切惡政的總清算也就是台胞年來積憤的總爆發！我們一致要求全國同胞，站在民族的立場上，站在正義的立場上，對此

---

4 台灣文學大師鍾肇政（1925-）曾提到「外省人」一詞不知始於何時？他云戰後初期台灣人稱大陸來台者有長山人、やまさん（山桑）、おやま（阿山）、阿山仔、長山仔、ぶた（豬）、外省人、ちゃんころ（張科羅 / 清國奴）、支那兵、兵仔、阿兵哥等說法。參閱鍾肇政，〈向寬容之道邁進—「外省人台灣獨立協進會」成立有感〉，《外省人 · 台灣心》（台北：前衛出版社，1992 年 12 月），頁 9-11。

5 1946 年夏季台灣對時局流行說有"三望"—希望、失望、絕望。希望指的是戰後國府接收，讓台灣人民做一個「自由的中國人民」。沒想到光復之後政府接收人員的無能，外省人的傲慢，本省人與外省人的差別待遇，這些都是讓人失望。但真正絕望的是盛產米糧的台灣吃不到白米，平生可以吃飽（小康）的民眾淪落到乞食（乞丐），許多自殺案件在報紙上憂鬱的報導，民眾更聽到某局長、某縣長貪污舞弊。參閱台籍一郵工，〈從台籍同胞眼中看「二 · 二八」事變〉，《上海郵工月刊》，上海，第 13 期，1947 年 6 月，頁 6-7。

次台省的大慘案加以正確的認識，共同確立起打倒貪官污吏的陣線，對台省同胞血的犧牲加以熱烈的支援！

我們相信中華民國頒布的憲法應是一部民主的憲法，台胞既是中國的國民亦應享受國民應有的權利義務，在 國父的民權主義之下，一切人民都享有平等自由，而台胞竟遭此無辜屠殺，難道台胞不是人類而是該殺的奴隸嗎？

親愛的全國同胞們！

此次大慘案的發生純是出於省方無視人命，一意施行屠殺恐怖政策的結果，台胞前既堪稱為「奉公守法」之民，而現在又怎能任意騷擾呢？[6]我們一致認為台胞的犧牲是剷除貪污的鐵錘！台胞的犧牲是爭取民主的先聲！

我們一致要求中央尊重台省民意，千萬不可派兵彈壓，須知台胞的愛國心是純正坦白的，台胞不但不願參加任何黨派的內戰，也不願坐看祖國的毀滅，台胞願超然於黨爭內戰之外，而以萬分的熱誠來參加新中國的建設！

如果中央派兵彈壓，其結果只有造成台灣的分裂局面！武裝彈壓的結果，也只有增加局面的紛亂，和台胞的抵抗！[7]

6　2015年6月9日是噍吧哖事件百週年，當我們在指摘日本殖民者的殘暴時，也應該知道二二八事件，在當時亦稱為「噍吧哖事件第二」。參閱修瑞瑩、吳淑玲，〈噍吧哖百週年受難名單首曝光〉，《聯合報》，A7版話題，2015年6月9日；蕭鐵，〈我在二二八暴風雨中〉，《新聞天地月刊》，上海，第24期，1947年6月1日，頁30-32。

7　台灣人的抵抗包括追求台灣獨立，有云1928年台灣人就有建立台灣共和國的想法。可是台獨嚆矢且付諸行動，則是二二八事件後台灣青年同盟成員黃紀男（1915-2003）等的主張。參閱施正鋒總編，《台灣獨立建國聯盟的故事》（台北：前衛出版社，2000年2月），頁10。

我們一致要求事件的和平圓滿解決，我們相信也只有如此台省方能走上真正的建設軌道！

全國同胞們！一致團結起來！

後援手無寸鐵的台胞！

要求中央不要派兵彈壓台胞！

陳儀應撤職查辦！

廢止長官公署，實行省制！[8]

台灣省長縣長市長應由省民公開直接選舉！

公教人員盡量登用台省人員！

取消貿易局專賣局經濟警察等一切特殊制度！

嚴懲兇手由省民推選代表參加裁判！

釋放被捕台胞！撫恤被難烈士！

保證此後不再發生類似慘案！

台灣省人民勝利萬歲！

蔣主席萬歲！

中華民國萬歲！

台灣省旅平同鄉會　長春台灣省同鄉會

台灣省旅青同鄉會　天津市台灣同鄉會

瀋陽台灣省同鄉會　台灣省旅平同學會

民國三十六年三月十二日

8　1945 年 9 月 21 日國民政府經立法院會議通過，才公佈〈台灣省行政長官公署組織條例〉。雖然第一條條文開宗明義寫出台灣省「暫設」行政長官公署，但行政長官權力極大。除了指揮所屬各機構外，對於台灣省之中央各機關，也有指揮監督之權。最重要的是在職權範圍內，台灣省行政長官可以發佈署令，並得以制定台灣省單行規章。參閱立法院祕書處，〈台灣省行政長官公署組織條例〉，《立法專刊》，南京，第 24 輯，1946 年 1 月，頁 110。

爲台灣二·二八大慘案敬告全國同學書

親愛的全國同學們！

請注意在台灣所演出的大慘案吧！我們再也不能沈默了。

我們相信有理智有正義感的同學們，一定會諒解台胞的苦衷，以愛國，愛民族的熱情對台胞予以援助來嚮（響）應台胞正義的呼籲。

台灣！說起來也可憐，一八九五年腐敗無能的滿清政府竟放棄這個美麗富庶的寶島，任日本帝國主義者侵略肆意蹂躪；從此以後孤獨無援的台胞受盡了悲慘的奴隸生活。但是我們的愛國心並沒有因此而減低，反而增加了熱愛祖國的情緒。日寇的壓制雖嚴厲苛酷，但我們的先烈，以堅忍不拔的精神，孤立奮鬥，前仆後繼先烈的鮮血染遍了全島；反抗日本帝國主義之壯烈運動未曾中斷一日，造成了五十一年光榮的奮鬥史！

八·一五勝利的消息傳出，我們的感激，我們的興奮是不可言狀的。全台灣家家户户莫不懸燈結彩，揭旗祭祖，流淚歡迎國軍到來，互慶光復民族的自由得以解放，高唱光復的樂曲；感謝祖國解除了我們的鎖鏈。

不幸得很台胞的歡喜變成幻想。一年多來，殘酷混亂的現實，完全打破了我們的美夢。我們由希望變成懷疑失望而趨於絕望。陳儀者流賜予重回祖國懷抱的台胞是完完全全襲用了日本殖民地的極端統治政策。政治上，實行了法西斯的「行政長官公署」制，陳儀且兼台灣警備司令，[1] 台灣軍政大權總攬於一手；而以獨裁壓制來對付台胞。台胞沒有一點自由可言。經濟上，長官公署專掌，以台胞之血和肉構成的財富，並佔台灣產業組織百分之八十的日大工廠和公司，又強佔五十年來日寇從台灣農民手中強奪去的台灣百分之七十的耕地，儼然以台灣唯一大資本家，大地主自居。[2] 一方面藉發展國家資本的美名，繼承日人的「專賣局」，更獨創了「貿易局」，統制了煙，酒，火柴等物品的買賣，壟斷了一切進出口貿易，發展官僚資本，緊握了人民的生命。在這種政治上，經濟上的壓迫剝削之下，台胞依然是一羣可憐的奴隸，對這種殖民地政策，一年來我們屢次反對過，但當局給我們的回答是敷衍，欺騙和壓制在這種制度下，貪官橫行，公開舞弊，工廠封閉，機器生銹，造成了八十萬的失業者；耕地荒蕪，徵實日增，號稱米倉的台灣竟鬧米倉荒；物價飛漲，生活日苦，終日牛馬的勞動不得一飽。這種剝削搾取的政策，給六百萬台胞只留下一條路——死！

同學們！這應該是五十一年抗日鬥爭所換來的結果麼？

---

1 陳儀兼任的是台灣省警備總司令，參謀長即是柯遠芬（1908-1997）。

2 陳儀在台灣實施統制經濟，這套經濟政策的啓蒙者，即是陳儀主閩時代的財政廳長兼銀行行長徐學禹（1903-1984）。雖然徐氏在台任職是交通處長，表面上看來跟財經無關。但陳儀在台實施經濟手法，就是抄襲當年徐學禹起草治閩的藍本。參閱遺民，〈財神菩薩妙計可用—陳儀治台依其藍本〉，《島聲旬刊》，青島，第 7 期，1947 年 5 月 30 日，頁 4。

我們雖有滿腹的不平，尚期望明日的光明，始終含淚忍耐到今天。可是現在我們再也不能忍耐了，台灣人民的生命，不但沒有最低限度的保障，且在大都市裏白天公開被槍殺了四千多人！

親愛的全國同學們！

請看所謂二・二八大慘案的真相吧！

二月二十七日在台北市延平路邊，「專賣局」以卡車裝載大批經濟警察，取締販賣上海香煙攤販，並欲沒收其依此為生的香煙，致演成語言衝突；不講理的警察認為攤販不服從命令，遂開槍打死數人。[3] 翌二十八日死傷者家屬赴長官公署請願要求懲兇，但公署置之不理，而衛隊竟用機槍向民眾掃射；致請願民眾當場演出數百男女的死傷。同日警備司令部即下戒嚴令，全市軍警出動，持機關槍駐紮要道，見人行走即開槍掃射。因此台胞之激昂達至極點，而省公署一味以高壓手段對付民眾，這樣殺傷了四千多無辜的台胞而造成了轟動全國的二・二八台灣空前大慘案，事實是很明顯的在人民面前這到底是誰的罪過？[4] 這便是人民爭取正義運動的導火線。此次慘案擴大至全島的每一角落，各地皆充滿了激昂忿怒的巨浪，至今兩週事態尚未能平媳（息），除台北基隆外，

3 由於2月27日當天消息混亂，以至於傳言林江邁被槍斃，以及緝私人員開槍「傷亡多人」。其實林江邁仍然存活，被槍亡者僅市民陳文溪一人。

4 當時大陸的雜誌、期刊，報導二二八事件時，多以「一個擺煙攤的老太婆被捕」做為開端。初始懷疑一件小事可以闖下滔天大禍，爾後才知道事情沒那麼簡單。台灣人民在二戰勝利後，原本寄望回到祖國懷抱過好日子，沒想到事情完全相反。參閱本社，〈時事評論—台灣事件〉，《半月新聞》，上海，第4、5期合刊，1947年3月25日，頁1-2。

幾為激昂民眾所占有。這是台胞對於法西斯統治者的總清算，爭取民主的火炬。

我們一致要求，台灣政治經濟政策的澈底改革。此次台胞要求的動機是純繫於愛國之至情，並不是什麼工作浪人政治性份子的煽動，乃是合理的正義的要求，決不是排斥外省同胞的運動，更決不是背叛祖國。我們都是黃帝的子孫，台胞五十一年血淋淋的死鬥，豈不是完全為著重回到祖國的懷抱嗎。我們為的是與這腐敗無能的統治掙扎！

我們一致要求事變的和平合理解決，反對政府派兵武力鎮壓。要深想以武力鎮壓，對待甫回祖國的同胞該是多麼慘虐無人性的行動，其後果又究竟如何？

親愛的全國同學們！站在民族國家前途的立場上，站在正義的立場上，對此次台灣大慘案加以正確的認識，向台胞伸出援助的手來！

我們的口號是，

（一）要求事件的合理解決，反對武力鎮壓。

（二）撫卹傷亡，立即釋放被捕台胞，保證以後不再發生類似事件。

（三）嚴懲開槍兇手。

（四）撤辦陳儀及貪官污吏。[5]

---

5 時論台灣省行政長官公署有所謂的「四兇」──秘書長葛敬恩（1889-1979）、工礦處長包可永（1907-?）、財政處長嚴家淦（1905-1993）、民政處長周一鶚（1905-1984），有時會再加上教育處長范壽康（1895-1953），原因是一般的貪官污吏都是他們的下屬。參閱劉乃光，〈「劫收」下之台灣〉，《青年與婦女》，上海，第1卷第6期，1946年9月，頁9。

（五）實行台灣自治，省縣市長一律民選。

（六）廢除「行政長官公署」之特殊制度，實行省制。

（七）撤消貿易局，專賣局。

（八）反對藉發展國家資本而來發展官僚資本的政策。[6]

台灣省旅平同學會啓

6 當時對官僚資本有三種定義：其一，利用公款做投機事業。其二，利用職位走私漏稅。其三，壓制私人企業，以發達同質性的政府企業。參閱編輯部，〈經濟新辭典—官僚資本〉，《工商經濟月刊》，廣州，第1卷第2期，1947年6月16日，頁19。

A PROCLAMATION OF NORTH AND NORTHEAST CHINA FORMOSAN RESIDENTS ON THE FEBRUARY 28th. 1947. TRAGEDY.[1]

For fifty-one years Formosa has been under the Japanse yoke and the people lived the lives of cattle. Fortunately, the spirit of our forefathers and the untold sacrifice of our brave brethren has gained for us the final victory over our enemies and Formosa was returned to the bosom of her Mother Country, China.

When the news of the victory spread abroad, there was universal rejoicing and prayers of thanksgiving for our deliverance.

Unfortunately, sixteen months later, a shot rang out that ushered in the Tragedy of Formosa, a tragedy that has aroused the whole world.

We, the Formosan residents of North and North East China, wish to place the facts of the atrocity before the world at large and beg our fellowcountry-men that their democratic spirit and love

1 本篇英文經過天主教輔仁大學英國語文學系教授鮑端磊神父（Daniel J. Bauer）的審閱，鮑教授稱道其英文寫作文筆流暢，用字遣詞文法毫無錯誤，實為 A slightly older English 的佳作。最重要的是閱聽到這篇文章的人，一定會引起共鳴。雖然本篇英文沒有署名作者為何人，但校註者推測應為趙麗蓮（1899-1989）女士所作。因為 1947 年 3 月 19 日華北台灣人團體，假北平市王府井大街京華酒家召開外國記者招待會，會中即是請趙女士擔任翻譯（參閱第 103 頁）。當然英文解讀上若有任何問題，仍是校註者的責任。

of justice and right, will aid us in opposing the evil abroad in our beloved island and bring true government of the people, by the people and for the people to her shores.

According to the Taipei broadcast of March 5th. 1947 the following was announced.

"On Feb. 27. 1947, on Yen Ping Road, Taipei. an old woman was selling Shanghai-made cigarettes. The Economic Police accused her of illegal practices and confiscated her wares. Upon this, the old woman begged for the return of her livelihood, but a deaf ear was turned on her earnest pleas. When she continued her pleas, she was shot down and killed. The bystanders in protest against the outrage remonstrated with the police and were shot down for their pains, the police seeming to think that the killing of people was child's play.

The families of the killed and wounded joined together and went to protest to the authorities but were shot down by machine guns by the guards as many as four thousand innocent people lost their lives on that day, February 28th. 1947, never to be forgotten day in the history of Formosa.

Fellow country-men! With tears of blood and the deepest sincerity, we beg your brotherly help in our dire distress!

Our enemies, the unscrupulous corrupt officials that have been sent to govern our beloved island have ruined it by their greed and incompetency. During the year of their incumbency, they have destroyed all law and order bringing the whole island into starvation and bankruptcy. These are the basic reasons for the "Tragedy". A strong wave of indignation arises in every one of our hearts when we view the ruin that they have wrought.

We, Formosans, are law-abiding and peace-loving people but the unjust and corrupt authorities have goaded us to rebellion. The iron heel of Japan is still crushing us but now, it is the heel of our own blood brothers. There Lyricists criticize the natives of Formosa giving all the high positions and lucrative work to their own friends and relatives. Their control of our Island's economies is even worse than that of our sworn enemy Japan! Their wild speculation and unsatiated greed have brought ruin to all industrial enterprises and 800,000 people have been left without a livelihood . The prices of food and commodities have risen to such a height that the people are starving. The educational system that they have introduced into our Island has caused thousands of youths and children to lose every chance of education.

Is it possible that Formosa who suffered fifty-one years of Japanese oppression should come to such a pass when she returns to the bosom of her Mother-Country, China?

We believe that China is a democracy and her people are the people of a democratic country. We implore our fellow-countrymen for the just and democratic treatment that is due to them as well as to every member of our vast country.

Fellow-countrymen!

The Tragedy of Formosa was due to the utter blindness to the lives and property of Formosa's people by those in authority!

We are peace-loving people and have no background of party or ism.

We believe that this sacrifice of our brethren is for the cause of true democracy!

We appeal to our central Government to understand and remedy our ills and not to use brute force to coerce us!

We appeal for a peaceful and just settlement of this case!

Our rellow-Countrymen!

Join together for the peace and justice of our whole nation!

We beg that brute force shall not be used against us peace-loving people!

We appeal for justice against our murderers!

We appeal for our own government!

We appeal for the use of Formosans in Formosan Government!

We appeal for economic and industrial freedom!

We appeal for justicc and punishment for our murderers!

We appeal for systems of economics industry and education that will be a benefit and not an obstacle to our people!

We appeal for a trial of the murderers with Formosan representatives as well as other Chinese judges!

We appeal for the release of the imprisoned brethren!

We appeal for redress for our dead comrades and their families!

We appeal for assurance that such atrocities shall never again occur!

Long life to the people of Formosa!

Long life to President Chiang Kai-shek!

Long life to the Republic of China!

台胞在華北及東北二・二八大慘案發生後的活動經過概述

北平

旅平同鄉會及旅平同學會接到二・二八大慘案的消息，便立刻由梁會長永祿及鄞石城王康緒兩君召開連席會議，討論對此次慘案旅平同鄉同學所應取的態度，旋經全體一致贊成發表告全國同胞書，闡明慘案眞相以喚起全國各界人士之同情，爲愼重表明決心與責任，遂全體簽名。同時由各會員自動踴躍捐欵，以爲印刷費，並當場一致通過致電蔣主席，要求撤辦陳儀，釋放被捕台胞。三月十一日告同胞書印就，乃由學生及同鄉乘載重汽車歷訪各報社，懇求各報主持正義，爲台胞伸寃，並於重要街要道粘貼宣言。是日行動由晨九時起至晚六時始解散。一方面是日派往天津之代表則在津歷訪各報社及北洋南開各大學學生自治會，懇請其作正義的聲援，各報社學生自治會均甚表同情。

學生們以北大華北學院爲中心，[2] 於三月六日即根據上海

2　今天北京市海淀區的北京大學，在民國時期是燕京大學的校地。燕京大學是一所教會學校，1949 年中華人民共和國成立後，越二年由其教育部接管。1953 年再把位於市中心的北京大學遷往此處。民國時期的北京大學，舊址在今東城區內。蔡元培（1868-1940）擔任校長時，北大一院（文科、校部、圖

方面同學寄來的消息，揭起正義的義旗，將慘案的眞相，連續製成壁報，粘貼於該校，祖國青年學生復立刻響應，有黃河社聲流社聲援，另一方面清華周刊燕京新聞復將壁報資料予與轉載，且有同情言論多篇。至此北平學生界對台省事件之態度已明確表示同情和後援。旅平同學會爲求取祖國文化界人士對二・二八慘案的意見，於三月十一十二兩日派代表歷訪各教授，將其對此次事件的寶貴意見記錄下來，發表於壁報，各教授之言論咸可概歸爲「台胞眞勇敢，台灣的民主自治必須聯合國內人民共策共勵共同打倒貪官污吏」云云。

天津

天津市台灣同鄉會，獲悉台省大慘案後，立刻召開理事會，旋即決定致電 蔣主席及白部長，懇求其對台變寬大處理，毋用兵力。同時決定於十三日下午三時與台灣省旅平同鄉會聯合招待天津報界人士。

記者招待會概況。

日期三月十三口（日）下午三時，地點，天津銀行公會。

到會者津市各報社各通訊社記者二十餘人

首由吳理事長三連[3]致詞稱：台灣光復，台胞咸慶從此得

書館）位於沙灘，北大二院（理科）位於景山東街，北大三院（法科）位於北河沿。

3 吳三連（1899-1988），台南學甲人，台灣總督府國語學校畢業後，赴日就讀東京商科大學（今一橋大學）。曾加入台灣文化協會、台灣議會設置請願運動，也曾擔任《台灣新民報》東京支局長。1940 年因反對日本對台米穀統制政策，前往天津經商為生。1945 年中日戰爭結束後，協助滯留平、津的台灣同鄉三千餘人返台。參閱許雪姬總策畫，謝國興撰，〈吳三連〉，《台灣歷

享太平日子，對祖國之期待復甚殷切，不意勝利僅只年餘，而今台省竟鬧得烏煙瘴氣，民不聊生！回顧五十年來台灣與及祖國革命先烈，前撲後繼，不斷與日本帝國主義爭鬥換來的光榮代價，而今竟在這班貪官污吏的淫威下把它沾〔玷〕污了！吾人每當回憶，實有無限之感概！

此次事件的發生，純由些小之事而引起。二月二十七日適爲數日大雨初晴，台北市延平路烟市恢復，有一老婦因販賣上海造烟捲，被經濟警察將其貨錢一概沒收，老婦哀求發還未准，反而被擊身死，[4]市民見狀大譁，死質何以非法殺人，不意該警竟復再開槍射擊，致又傷亡多人。第二天（二十八日）死傷家屬請願懲兇，長官公署衛兵又以機槍掃射，因此台北市內隨即到處發生流血慘案。按此次事件純係民眾激於義憤，開頭激動了台北全市，次又波及全台。觀其情，既無組織，復無計劃性的挑動行爲。外間盛傳奸人鼓動，[5]實無其事，此不過爲一般貪官污吏爲欲掩飾其失政和屠殺人民的罪責而造

史辭典》（台北：行政院文化建設委員會，2004 年 5 月），頁 343-344。

4 老嫗指的就是才四十歲的林江邁，林江邁（1907-1970），其夫林克清為台北龜山望族，但因夫早逝，遂隻身照顧三子一女。二二八事件後，仍居住在台北市圓環附近，繼續販賣香菸過活。其女林明珠，嫁給陳誠（1898-1965）的侍衛曾德順。參閱楊渡策劃監製，《尋找二二八的沉默母親—林江邁》（台北：南方家園文化，2007 年），頁 9、24。

5 當時誰是「奸人」？如果以陳儀的立場而言，最讓他失去面子的是二二八事件處理委員會的成員。根據雜誌報導他們包括地方仕紳、學生、職業青年、商人、退役軍人、浪人、婦女。可是當國軍鎮壓時，從被捕的對象來看，所謂的奸人又加上外省青年。參閱許毓良，《台灣在民國（1945-1949）—以大陸期刊、雜誌報導所做的研究》（新北：輔大書坊，2012 年 8 月），頁 128、133。

出來的謠言！

任何黨派在台灣尚未能得到台胞之全面支持，此爲我們所敢斷言者，設事件有背景，有計劃，則此次事件當更複雜，更嚴重了。最低限度，恐怕陳儀也保不了生命，可是當陳長官發表對民眾的諾言，情勢即見緩和，由此點察之，則謠言殆可不攻自破。

台灣人民爲了反貪污，反封建，一定要求換陳儀，取消專賣局！希望政府切不可以武力彈壓，應以政治方式解決，也只有如此方堪稱爲根本之解決辦法！

台胞所盼望於國內同胞者，當爲祖國愛國正義人士之援助與指導！本人對諸位熱望能站在正義之立場，正確認識此次事件的眞因，而予台胞以輿論上的援助，同時對於貪官污吏加以無情的筆誅口伐！

繼由甫由台抵津之陳禹洲〔氏〕報告當時情形「略謂：慘案發生時，余適在台北候船回津，目擊慘案之發生，因而對當時民眾之激昂情緒，知之頗詳，因公署架起機槍殺傷民眾此事隨即擴大不可收拾，民眾激情難抑，遂羣起抗議，乃至於見諸行動，國大代表謝娥[6]因廣播公署沒有殺傷民眾代公署掩飾罪狀，遂被人民將其家具悉數搬到街上加以燒燬，可

6 謝娥（1918-1995），台北市萬華人，台北第三高女畢業後，前往日本東京女子醫學校深造。1942 年學成歸台，受聘台北帝大醫院第一外科服務。戰後謝娥投身婦女工作，先後組織台北市婦女會、台灣省婦女會。之後又投入政壇，當選台北市參議員、制憲國民大會代表、立法委員。然而 1949 年因對國共內戰局勢感到失望，遂前往美國發展，取得哥倫比亞大學公共衛生博士學位，直到 1991 年才返回台灣。參閱台灣女人 / 婦女運動 / 台灣政壇第一女謝娥 http://women.nmth.gov.tw/zh-tw/Content/Content.aspx?para=351&Class=88

知人民情緒之一班〔斑〕，由此亦可知此次事件，非如報上所言之排斥外省人運動，謝娥爲台胞而遭人民之處罰，豈非明證。至於教育人士皆受到學生方面的保護，獨貪官污吏則台胞亦不能幸免，如新竹朱縣長被人民打死亦是一個好例。[7]總之，人民之情緒已達到不能抑壓之程度了。」

其次由旅平台灣同鄉會代表陳魁元報告謂：「台灣之經濟基礎本來堪稱安定，要較之祖國，尤其是與華北情形比較起來，可稱世外桃源，不過一年來台胞之生活狀態已大有改變，物價高漲，米荒嚴重，工廠緊閉，失業人員增加，到處盡聞嘆聲，青年找不到出路，只好在家賦閑，一方面貪官污吏層出不窮，人心盡失，公務人員又都不用本省人士，致有才者復不能施展其能，怨聲載道。且當地駐軍常與民爲敵，曾有一次在宜蘭市至花蓮港間臨海道路上，有軍隊多人欲把旅客趕下汽車，後司機因拒絕遭毒打，乃悲憤塡胸，直將汽車駛進海裏，同歸於盡，此乃台胞一種無抵抗主義之反抗表現。」

繼又由林當權氏報告謂：「台胞之處境，實甚可憐，前以鄭成功之抗清反滿，台灣即爲抗清之根據，因而傳統之革命精神至今猶存。一八九五年馬關條約，台灣劃歸日本，清廷以之稱爲彈丸之地，毫不介意，而台胞則不願日寇統治，

7 當時新竹縣長為朱文伯（1904-1985），此人為戰後第三任新竹縣長，二二八事件時並未被打死，於 3 月 16 日向陳儀提出辭呈，陳儀立即批准，3 月 24 日改調台灣省行政長官公署參事。1947 年底回故鄉江蘇競選國民大會代表並當選，1949 年隨國民政府撤退來台。參閱新竹市文化局 / 藝文旅遊 / 人物志 http://www.hcccb.gov.tw/chinese/05tour/tour_f02.asp?titleId=131

起而組台灣民主國，以之反抗戰到底。雖終而失敗，然此一段可歌可泣之歷史已足千秋，及至勝利到來，方慶重歸祖國懷抱，而今竟又遭此浩劫，余實不能不爲台胞痛哭，（大哭）！我們但願今後台灣政治有所改進，上可以慰救延平郡王及　國父之靈於天，下可以慰諸死難烈士於地！吾人當互相携手邁進，爲新中國爲新台灣之建設而努力」。各代表報告時皆甚興奮咸痛哭流涕，會場頗爲之感動。五時半閉會。

東北

長春台灣省同鄉會於三月九日得知慘案消息後，郭會長松根[8]立即於翌日（十日）發表談話稱：

余籍台省，以桑梓攸關，對於此次台灣省二二八事件之發生頗有不能已於言者。余以爲此次事件之發生，各報或廣播所陳述之原因乃屬皮相之談，實際尚有遠因在焉。

回憶台胞過去五十年間，在日本帝國主義鐵蹄下，呻吟轉側，備嘗艱辛。然於精神上，未曾忘卻祖國，敵人壓迫愈深，而台胞之反抗意識愈烈，此與東北同胞淪陷時期之心境無異。一旦祖國光復，凡有心肝者能不觀〔歡〕欣鼓舞，以慶更生

8　郭松根（1903-1982），台南市人，1926年台北醫學專門學校畢業後，輾轉前往新加坡維多利亞醫院就職。1929年回台擔任台灣總督府中央研究所衛生部技手。爾後向京都帝國大學提出學位論文，1933年得到博士學位。旋考取公費留學法國，專攻公共衛生學，二年後得到理學博士學位。1939年前往滿洲國擔任新京（長春）醫科大學教授。1945年以後郭松根在長春擔任台灣省同鄉會長。回台後於1948年進入國立台灣大學醫學院任職。參閱許雪姬，〈日治時期台灣人的海外活動—在「滿洲」的台灣醫生〉，《台灣史研究》，台北，第11卷第2期，2004年12月，頁47。

者乎，如熱心學習及研究向為日人所例禁之國語，並總理遺教以及祖國史地，此實在皆足以表現其衷心愛戴祖國之赤誠。當國軍進駐台境時，舉凡男女老幼絡繹於途，無不喜淚交併，簞食壺漿，以迎勝利之師。比及接收官員蒞台時又何異嬰兒之見慈母，大旱之得甘霖耶。竊幸復歸祖國懷抱，重見天日，由此可掃除過去五十年間之苦楚，受眞正三民主義祖國之恩澤曷期事與願違，所謂接收大員到台後，一言以蔽之，仍繼承敵人五十年間所持之政策，如專賣制度之續存，官場之獨占，此其顯例。營私舞弊，暗無天日，台胞脂膏剝削殆盡。而失業者，幾滿台省，以致民不聊生。塗炭益深，較在敵人鐵蹄下尤有過之。台胞由失望而絕望，乃此次舉動之發生。

台灣與東北不同，既無共軍之擾亂，又未經蘇軍進駐，其復員工作並無障碍，較為易舉。[9] 但至今，接收已年餘，猷無眉目之可尋，僅以此點觀之，其治理之不善，達於如何程度，不言可喻。

夫台胞性本誠實而溫順，教育普及文化尙能達於水準，故如能有公正廉明之官吏，則甚易治理。如 蔣主席所談：「模範省」之建設，亦不難實現。故本事件之解決根本方針，當由此點作起，不然，則姑息一時，徒自彌縫，又何濟於事。此次台胞所要求之省政改革，乃屬當然，吾人深願支持，同

9 外國評論員以「台灣—國民黨中央政府的實驗地」，來說明台灣對南京國民政府的重要。關鍵在於台灣沒有內戰、糧食可以自足、電力相當充足、有一個最完好的交通系統、二個完善的港口、愛國的台灣人民。參閱文達譯，〈（密勒氏評論周刊）台灣—國民黨中央政府的試驗地〉，《民主星期刊》，重慶，第 61 期，1946 年 11 月 23 日，第二、三版。

時吾人以爲此事件之動機，乃本於愛護台省，亦即愛護祖國所致。既無赤化之背景，又非離叛祖國之妄動，更決非排斥外省人士之企圖，吾人願當局容納｛。｝台胞之要求。對於黑暗政治勵行改革，則台胞幸甚，祖國幸福。

最後，更希台胞自重，萬不可輕舉妄動，宜平心靜氣，以合理方法與當局交涉，促其反省，從速削除弊害，革新治理之方針，此實爲余之所切望者也。

該會復於十二日發表宣言，與平津同鄉取一致之態度。

台灣省旅平同鄉會
天津市台灣同鄉會
台灣省旅平同學會

聯合招待外國記者概況

日期三月十九日下午三時，地點北平市王府井大街京華酒家到會者美國新聞處二人合眾社一人聯合社一人其餘英國法國瑞士記者因事遲到。

首由梁會長致開會辭，其全文如下：

「諸位女士諸位先生：今天台灣省旅平同鄉會，天津市台灣同鄉會及台灣省旅平同學會，共同聯合招待諸位，諸位或許還有其他更重要的事情，可是諸位把他置之不顧，而將寶貴的時間特別爲本會提了出來，我們同人感覺得非常榮幸，非常感謝。

諸位都是我們盟邦先進民主國家的人士，也都是我們愛好和平愛好民主的中國同胞的朋友，同時我們更相信。諸位也都是住在美麗台灣島六百五十萬同胞的朋友！

世界各先進國家，目前都正在努力於戰後的復興，整個的世界正在向著民主的潮流邁進的時候，很不幸的台灣竟然在退步與悲慘的呻吟中挨了一年多的時光！

開羅宣言和波茨坦宣言決定了台灣的命運，因此台灣從五十一年的日本帝國主義壓迫下解放了出來。[10] 固然我們感謝

10　開羅會議討論問題有二─政治問題、軍事問題。東北四省與台灣歸還中國，

我們的先烈和抗戰八年的死難烈士，可是我們也一樣的感謝我們盟邦及全世界反法西斯的人士！

但是我們的歡迎竟然在很短的時間裏消失，生活的困迫及一切黑暗跟著就籠罩了整個台灣！

此次二、二八大慘案的發生，是台灣同胞以血淚寫成的歷史悲劇！任何正義的人士都不能不爲台胞一洒同情之淚！

事件的演變正在日趨嚴重，全島和平的恢復尚難期待，陳儀已下令逮捕人民，和平美麗的台灣已經不是我們溫暖的故鄉了！

今天我們想對諸位說明慘案的眞相，並希望諸位主持正義公道，喚起全世界輿論及愛好和平民主人士的同情！

我們相信諸位一定能正確的把握慘案眞相，而將事實向全世界宣佈出去！最後我們誠懇地希望諸位的援助和指導！」

繼由王碧光氏發表慘案經過謂：

「諸位女士先生們！我現在以最悲痛的心情來壓住我的熱淚，將慘案發生的經過簡單地向諸位報告：首先我須附帶報告的是當慘案發生前數日，東部台灣臨海道路曾發生過如下的一件事，國軍卅六名，將民營汽車扣留，擬將已買票坐在車上的旅客悉數趕下，好讓他們來坐。可是台灣向來無此蠻不講理的軍隊，因此司機當即拒絕。可是這麼一來軍隊就

起先由美方霍浦金斯（Harry L. Hopkins, 1890-1946）起草，以宣言書方式公佈。一開始起草內容僅提到台灣，未提到澎湖島。中國方面予以修正，但記不得澎湖島的英文名字，經過查閱字典才解決。參閱楊宣誠，〈參加開羅會議經過—應台省警備司令部新聞處之邀在中山堂講〉，《建國月刊》，台北，第 1 卷第 5 期，1948 年 2 月，頁 10-11。

動起武來，將司機毒打，乘客睹此慘狀，乃相率自動退下，讓軍人坐上。司機悲憤塡胸，直將汽車由千尺斷涯〔崖〕之上開入海裏，同歸於盡。此一消息立刻傳遍全台，人心沸騰，人民到處皆準備召開追悼會。這是二、二八前數日的一段前奏曲！

現在進入本題：二月二十七日於台北市延平路，警察因取締煙販，將一老嫗之煙捲扣押，復將其現金悉數沒收，老嫗向其爭辯，遂被以槍桿擊倒，血流如注。斯時傍觀羣眾咸抱不平，互詰警察之非理，不料該警察復又開槍殺人。同日下午於台地〔北〕市永樂市場，亦有類似事件發生，殺傷小孩一人。[11] 翌日死亡家屬及羣眾數百人赴長官公署請願，公署不但不予接見，反令衛兵架起機鎗掃射。同時全市立刻宣布戒嚴，軍警到處開鎗，故死傷頗眾，據合眾社電識已達四千多人！因此台省各地，到處人民與軍警發生激烈衝突，全省除一部都市之外，廣大鄉村皆在人民控制之下。此一星星之火，在省公署的武裝高壓下，遂至於如此燎原！

三月三日長官公署成立二二八處理委員會，由民眾派代表參加，至七日處委員提出所謂卅二條件，因陳儀表示不接受，善後之處理乃形停頓，八日因國軍上陸，陳儀態度轉硬，宣佈戒嚴，解散二、二八處理委員會，逮捕台胞，開始實施玩〔頑〕固的恐怖政策台北遂變成死城。

據十三日各報載滬台胞六團體代表陳碧笙氏[12]說稱：渠等

11　許雪姬教授指出在相關史料中，並未有在今延平北路永樂市場「殺傷小孩一人」之事。

12　陳碧笙（908-1998），福建福州人，日本早稻田大學政治學部畢業，曾擔任於抵台北尚未被監視前，獲悉諸親友或已被殺或失踪或逃亡。某教授與學生廿餘人且均被殺，台北已成一死城等語，當可獲悉其一端！」

以上是對慘案爆發經過至最近情勢推移的簡單報告。

記者團問：「台灣人民所要求的是獨立或是自治？」

答「台胞所要求的純然是根據國父民權主義原則下的民主自治，台省人民深刻的明瞭，只有和全國同胞團結起來，方能爭取到國際上的地位！目前台胞所要求的不是獨立，而是提早實施憲治！」

問「外傳此次民變，是由一部共黨及日人遺孽煽動起來的，未知事實如何？」

答「目前在台灣省，無論國民黨共產黨，尚無領導全體人民之力量，且此次事件之發生純係出於省方屠殺無辜民眾激發起來的，安能指爲共黨煽動。觀事態於兩三日間即擴大至全省，試問共黨有如是之力量否？至於日人間諜浪人云云，顯係造謠，日人絕無此能力！」

問「諸君之活動是否與CC之反政學系有關？」

答：「我們是台胞的一份子，也是中國國民的一份子，我們以台胞的身份，站在國民的立場上，說我們應當說的話，既沒有背景，亦沒有攻擊某派擁護某派之企圖！」

上海暨南大學經濟系教授。1930至1940年代與在大陸的台灣人互動密切，曾組織閩台建設協進會。1956年以民盟福建省委身分調任廈門大學任教，1980年擔任廈大台灣研究所首任所長，是為大陸學界研究台灣史最重要的學者之一。參閱陳碧笙，《台灣人民歷史》（台北：人間出版社，1993年9月），頁I-III。

問：「設外間有此誤會，你們作何辦〔辯〕解？」

答「我們眼看著島內同胞遭此浩劫，乃奮起向全世界人士呼籲，同人等皆無黨無派，對外間如何看法，毫不介意！」

問「台省此次事件的遠因如何！」

答「台灣自光復以後，生產停頓，工廠閉鎖，失業者已愈〔逾〕七十萬人，物價猛漲，如人民主要食糧之米即自每斤五角漲至三十六元一斤，況且時常發生青黃不接之奇現象，台省以米產著名，今竟鬧糧荒，此實人民所最難堪者，其他生活必需品亦皆仰賴上海，價格遠超國內，人民之生活已低無可低，全家自殺悲劇，時有所聞，他如台灣省土地百分之七十皆操於公署之手，人民無法問津，因而農民既無地可耕，又無工可作，（按台灣爲一糖業王國，今開工者寥寥無幾，於是農民之副業遂盡失）其生活之慘，當可想見。一面貪官污吏橫行，使人｛活｝看不起政府，從而看不起所謂外省人，到處流行天地歌則「轟炸驚天動地【，】光復歡天喜地，接收花天酒地，政治黑天暗地，人民呼天喚地」。教育方面則由百分之九十五的就學率降低到百分之六十以下，讓千萬兒童失學！總之是經濟政治社會建設官紀等的全部破產有以致之。如果我們不健忘，當能記起一年前密勒氏評論報之警告，今果應驗矣」

問「對台省此次事件的前途感覺如何？」

答：「誠然同人等咸未能抱過大之樂觀，蓋武力彈壓政策只有造成民眾之怨恨，官民感情之裂痕將更難以恢復，如政府接受人民要求，此事亦不至於鬧到如此地步。台省只有在合理的解決之下，方能走上建設軌道，一切武力鎮壓，其前途實不堪設想。」

問「中國政府是否正在台灣開避〔闢〕第二戰線？諸君感想如何？」

答「台省此次事件，在本質上完全是反封建反貪官污吏的舉動，他沒有資本家無產階級的分別，是全民一致的，記得司徒大使曾高呼過，中國須在 蔣主席的領導下再來一次第三次革命【。】此次台省民變雖然沒有標榜如是旗幟，但是客觀上它是肩負了剷除封建餘孽貪官污吏的任務的，因此如果政府處理適當，或不至於此，反是同人等亦不敢抱樂觀。」

至此學生代表陳威博陳說：「本人乃由本省抵平未及三月，現在北大肄業之公費生，因離台未久，故對省內青年學生知之較詳，今略陳數端於下，方日寇授首，國軍赴台，人民歡欣若狂，一般青年之學習國語熱，達到極點，殆至天地歌流行，黑暗之政治把戲，重要搬演後，一般青年大感失望，學習國語的熱度亦由極點而一瀉千里，蓋青年之神經極爲敏感，此等現象固不能贊同，然使青年至於此者，實亦貪官污吏所造成。」[13]

記者團後問：「設政府採取分化政策，台省人民之團結是否可能分裂？」

13 1945年8月15日日本投降未久，以台北為中心的學生運動很快展開，並且組織全島從中等學校至大學的「學生聯盟」。該聯盟的主旨是宣傳對祖國的認識，以及迅速接收祖國文化、排除日本思想。雖然陳儀蒞台一個月，旋命令該組織解散，但是解散後學生聯盟的成員，在半年內很快學會國語。參閱夏瓊，〈進步中的台灣青年〉，《青年知識半月刊》，上海，第18期，1947年9月15日，頁15-16。

答：「現在尚無此徵象，台胞經日寇施以長久之法治，頗能奉公守法，且已有四十年之法治經驗，對政治之認識亦頗清楚，此次事件原非抗拒中央，只求政治經濟之改革，設政府未能順應民意，恐團結不易破裂，要之在民心向背如何耳」。

以上說話均由趙教授麗蓮女士担任翻譯，女士於百忙中，特為本會不辭勞苦，抽暇駕臨，同人等實不勝感激之至，順此致謝。[14]

下午六時半散會。

14 趙麗蓮（1896-1989），中德混血，父親趙士北（1870-1944）為國民黨元老。趙女士出生於美國紐約州，8 歲返回中國，就讀上海的美國學校。爾後出國深造，取得德國萊比錫音樂學院碩士、美國哥倫比亞大學文學名譽博士。1949 年以前曾任教於北平女子高等師範學院，1950 年後任教於台灣師範大學、台灣大學、輔仁大學。參閱許雪姬總策畫，蔡說麗撰，〈趙麗蓮〉，《台灣歷史辭典》（台北：行政院文化建設委員會，2004 年 5 月），頁 1186。

致 蔣主席白部長電

國民政府主席蔣勛鑒：

請鈞座秉愛民之旨，千萬不可以武力鎮壓台變，順從民意，從寬處理，釋放被捕台胞，圖事件之圓滿解決，台民實已不堪陳儀苛政，應將其撤職查辦，以謝台胞，民等誠不願故鄉變成焦土，臨電依依，伏祈鑑核

台灣省旅平同鄉會
台灣省旅平同學會　泣血頓首

國民政府主席蔣鈞鑑

鈞座爲國爲民。擔憂日甚。此次台灣慘案。獨特關懷。吾民戴南山之德。失政肇禍陳長官責任，切莫推委〔諉〕。務須懲撤以明綱紀。台灣善政可安秩序。毋庸武力。伏望中央以仁政苟究其美幸甚

天津市台灣同鄉會叩

國民政府國防部部長白鈞鑒

鈞座受命處理台灣慘案至仰按此次慘案爲陳長官失政肇禍責任當譴台灣民意熱望善政毋庸武力伏望

革新政治，經濟，被捕民眾懇求釋放避免官民離反共圖建國大業國家民族榮幸

天津市台灣同鄉會叩

二・二八前夜的台灣

春天到了 台灣百病齊發

胡夫

三月一日上海文匯報

米倉裏的米荒

在日本人統治下，台灣是被作爲農業原料的供給地，同時也是一個米倉，五十年來，不知有多少米粮輸往日本，在台灣卽使怎樣窮吧，吃米總是不成問題，不會發生恐慌的，但，光復後，米荒卻成爲一個極嚴重的問題，去年三月間一次，今年，春天來了，它也來了！

一月以來，米價如斷線氣球，飄然上升，從十四五元一斤，一直飄升到二十七八元，折合成法幣來要到一千元一斤了。台灣秤雖說比較大點，但折算起來，怕仍算是全國第一的。[1] 這樣突飛猛漲的米價，一般人民及公教人員無不叫苦連天，據省粮食局發表，三十五年度全省食粮的收穫，共計六，二七九，○○○日本石，而本省全年需要粮，不過只六百萬

1　以全中國的食米價格而言，當時米價最便宜的地區是在貴州，最貴之處是在華北。價昂的城市有時天津奪冠，有時青島奪魁，但是長期居於米價首位的是北平。台灣的米價如果跟全中國相比，大抵是呈現「居中」的水準。但不要忘記台灣是產米之鄉，它的米價至少也要與同樣是魚米之鄉—南京、上海相當才對。可是從 1946 年 9 月至 1947 年 2 月，不管哪個月份，台灣的米價總比京滬還要貴上約四成。參閱許毓良，《台灣在民國（1945-1949）—以大陸期刊、雜誌報導所做的研究》，頁 115-116。

日本石而已，應該還有很多的餘粮，絕不會在此收穫期不遠的現在，就會發生米荒的。因此，粮食當局認爲全係大戶囤積所致，甚至於放了個空氣，說是有人漏海走私，偷運到日本去了，於是乎，在米價還只漲到二十元時，就在計劃著登記餘粮，登記粮商，說了千萬遍要管制，要抑平的話，但粮價並不聽話，仍然我漲我的，日日上升。[2]

當米價漲到二十八元的時候，人民蠢然思動，當局再也不能光喊口號，於是召集糧戶開會，警備【總】部參謀長柯遠芬直截了當表示：如果還要囤著不賣，將來惹起搶劫時，警備【總】部概〔不〕負保護之責，這些話也眞只有他說得出口，據本省對粮食情形熟悉之某專家談，粮戶雖有囤積，但如將今日粮價如此上漲之罪，全部歸咎於囤積居奇者，那未免看大了他們。據他表示：欲壓平粮價，首要在政府將徵購徵實所得的貯粮，放出平糴，然後可以再言其他，如果這一點做不到，那米價可望再漲十元，要迫近每斤四十元關了。

米倉裏偏鬧米荒，是誰使爲之？孰令致之？政府當局是

2　陳儀主政期間，作者查閱大陸期刊、雜誌，已經有台米走私到日本的消息，但僅止於輕描淡寫。不過到了魏道明時期，開始有深入新聞，至於報導最詳細是在陳誠時期。當時台灣有五大走私港—宜蘭蘇澳、嘉義布袋嘴、基隆港、台南安平、花蓮港。特別是蘇澳走私船前往琉球、日本，布袋嘴走私船前往福建廈門、廣東汕頭與香港。值得注意的是蘇澳出發的走私船，不是直接開往琉球或日本，而是前往與那國島。走私船抵達該島，只要向琉球警察交納10元的美國軍用手票，即可以入港登陸。至於交易物品台灣人要的是美式軍裝、罐頭、軍鞋、軍襪，琉球人要的是米糧、茶、糖、香烟。美國軍用票價值等於舊台幣100元，美金0.33元。故一艘走私船回到蘇澳，可以裝載舊台幣2、3億元的貨物。參閱牛夫問，〈走私在台灣 · 琉球 · 日本間〉，《新聞天地週刊》，上海，第64期，1949年3月31日，頁11。

明白的，人民們也明白的，明白這根本原因何在，但，有什麼辦法呢？一個台灣人說：「台灣是光復了啊！」[3]

金融恐慌

台灣自光復以來，一直維持台幣的通用，這是本省當局所堅持本省人民原先所擁護，也獲得中央合法的承認的。因為在法幣幣值江河日下的情況下，這一政策的實施，是可以作為經濟防疫的武器的。不過，這種假定的可能性能否實現，不僅取決於台幣本身的有關的運用，而且須與法幣保持合理的關係。去年八月十九日，當美匯改為三三五〇後，台省當局也將台幣與法幣的比率從一對三十提高到一對四十，但中央並不允准，幾經交涉，使奉准核定為一比三十五。[4]這樣一來，台幣對外匯價，間接亦被貶值百分之三十四，就在這一變動中，台幣的立足點已預伏著被法幣拖下水去的危機。

不過，話說回來，台幣雖被法幣拖累著，但它自己可也實在嫌骨頭兒欠硬，自己站不起來，我們知道，台幣的能夠

3 二二八前夕台灣的米價說法不一，如作者找到的資料有云，一斤米漲至 40 多元。如果按照 1 台幣兌換 35 元法幣匯率，一斤米漲至法幣 1,400 至 1,715 元左右。而度量衡的換算，一市石等於 100 斤。所以「一斤米」漲至 40 元，換算一市石等於漲至法幣 140,000 至 171,500 元。這與 1947 年 2 月上旬行政院糧食部調查處的數據有誤差。按此數據，台北的米價一市石是法幣 113,470 元，台中是 102,061 元，台南是 127,356 元，高雄是 117,399 元。參閱許毓良，《台灣在民國（1945-1949）—以大陸期刊、雜誌報導所做的研究》，頁 115。

4 當時黑市交易匯率是 1 元台幣兌換 27 或 28 元法幣。這種價位可以在上海北四川路一帶的小錢鋪，或者台北、基隆一帶的鞋鋪兌換。程文華，〈今日的台灣〉，《大中國月刊》，北平，創刊號，1947 年 6 月 6 日，頁 62。

存在，是基於台灣經濟生產的實力和穩定的社會經濟但光復這一年多來，生產事業陷於半死不活的狀態下，工廠很少開工，生產條件缺乏，一切距「復原」尙遠。農業及農產加工，雖說勉力維持著，但與戰前水準相差還遠，以量來說，還不足供給台灣自己眞正的需要，而成本高昂，物價飛漲，更窒息了生產事業的發展，在他方面，在省內外貿易上說，原料及接收物資大量外流，其收入價欵卻是行政院拿去了的。輸入的生產器材及民生必需品，消耗品，奢侈品等，又價極昂貴，爲數極多，這種不平衡的貿易現象，使台灣日窮一日。今年省縣龐大的預算（達八十億台幣），又需賴添發通貨來支持。再省際匯兌方面，統籌經辦匯兌的台灣銀行，僅僅依靠在墊付中央機關的經費和軍費，以及省營貿易在外的法幣存欵，作爲匯兌籌碼，未曾穫得中央金融機構的聯繫及支援。以這有限的法幣，自然不夠台省對外的匯欵，何況更有亦官亦商的人物，可以講交情，說面子，一大筆一大筆的匯，對外匯欵是一種資金外流，爲對外的一種負債，這樣，有限的法幣籌碼，遂使台灣銀行週轉爲難，商業匯欵乃不得不一律停止。商人們販貨來台的，總不能帶台幣回去，只有向黑市找出路，目前的市價是一元台幣換二十五元法幣，自貶其身價，台幣的前途命運，其慘況也就可想而知。台灣的金價漲到差近三萬台幣一兩，折合法幣（以法定價格算）達一百餘萬，這就是法幣籌碼不夠，商匯不通所造成的。

這樣下去，台幣還有什樣存在的必要，亦有什麼存在的條件呢？因有〔此〕有人提議索性廢止台幣，改用法幣好了，但也這只是一班人在說說而已，省當局是並不放棄這一「海外小王國」特徵之一的台幣政策的。有一個記者說過，陳儀自有他一套經濟理論的，那麼，他非至像福建時一樣的敗下台來，他自然有權一天，就搬演他的經濟理論一天的。[5]

財政處長嚴家塗〔淦〕便這樣奉了命令，風塵僕僕的奔走於京滬道上，他的任務是一在請求提高台幣對法幣的匯率，二是商借法幣頭寸，作爲對外匯欵的籌碼，以使台幣黑市接近法定比率，振作台幣的信用，近日消息傳來，有匯率將定爲一（台幣）比五十（法幣）的，有說法幣頭寸已借到五百億的，也有說希望毫無，當局不答應的。在這謠諑紛紜，山雨欲來的時候，台灣銀行放欵一律停止了，省外除公教匯欵外，也一律停止了。市場上亂烘烘的景象，即令不懂經濟的人，也知道大難將要臨頭！

現在，即令中央爲想保有台灣這一塊土地，慨然貸欵，並允諾匯率的提高，但如果台灣當局自己不爭氣，生產事業儘在停頓，貿易儘在入超，亦官亦商的人物儘在大做其單帮，則區區五百億法幣，即使借到了，又夠用多少時日？法幣籌碼一缺，商匯又趨向低價的黑市，黃金又必然大量外流，金價一馬當先，萬物飛漲，通貨膨脹，層層相因，你說，將伊于胡底！

---

5 二二八事件發生後，京滬一帶的報紙，快要把台灣報導成一個「獨立國」。關鍵是當時輿論把台省同胞的疾苦，及其對祖國的隔膜歸咎於台省當局的「特殊化」（行政長官制度、專賣制度、台幣使用）。然而支持陳儀的人卻說，這個特殊化政策是「特殊好」，不是「特殊壞」。而且這是中樞許可的特殊，並不是陳儀搶在前面的特殊。問題誰是中樞？原來陳儀受知於蔣介石，只聽命於蔣氏，不受行政院長宋子文節制。參閱汪留照，〈台灣與祖國〉，《觀察》，上海，第 1 卷第 13 期，1946 年 11 月 23 日，頁 23-24。

「祖國啊！祖國！」

筆一提，就寫得這麼多了，本來，我還要說上其他好幾方面的恐慌的，但為節省篇幅，一概從略了。因為，就從上面這兩種恐慌的影響，你可概念到其他一切的恐慌，台灣人民，此刻是在無望的水深火熱中，「祖國啊！祖國」多少熱誠有為的台灣青年們，是在這樣日夜呼號著，台灣當局，中央當局的袞袞諸公呀，你們為什麼儘在充耳不聞，不拿出點實在的辦法來呢！

（二月五日寄）

隨時可以發生暴動的台灣局面

三月八日觀察週刊第二卷第二期[6]

農民過節下鄉慰勞，粮食問題逼出行動，
台銀騙案牽連頗廣，匯率提高久遭擱淺，
台胞恢復中國國籍，美國尚未完全同意，

（本刊特約台灣通信）不久以前，因南京中央日報台北通訊「台灣人思獨立」一文，引起過國太〔大〕台灣代表聲明。最近又有一個更爲刺激的新聞，即外交部函覆台灣國太〔大〕代表，關於臺僑身份一節的公文，原函摘錄於次：

黃代表國書請轉全體臺灣國大代表勛鑒。上年十二月卅日大函敬悉：所稱在日本南洋各地台胞，常被本國外交官及當地政府歧視一節，查自臺灣光復後，本部即電飭駐外各使領館，將臺胞視同華僑，一律加以保護，並照會各訪駐在國政府，臺胞自三十四年十二月廿五日起，一律恢復中國國籍，

---

6 1946 年 9 月報人儲安平（1909-1966）在上海創辦《觀察週刊》，特別是台灣被國府接收後，該週刊關注並報導大量的台灣消息。可惜週刊言論觸怒當道，1948 年 12 月被政府查封。1949 年 11 月《觀察週刊》於北京復刊，但在 1952 年停刊，說明了儲氏言論不容於國、共二黨。文革期間儲安平被打為「右派巨犯」屍骨無存，2015 年 5 月 18 日鄉人在故鄉江蘇宜興特立衣冠塚。參閱章詒和，〈屠狗功名 雕龍文卷 豈是平生意—懷念儲安平〉，《中國時報》，D4 版人間副刊，2015 年 5 月 18 日。

前得英方答覆稱，於對日和約未簽訂前，將臺胞視同友邦人民待遇，美國政府對臺僑正式恢復中國國籍，亦未完全同意，正在交涉中。……王世杰元月十一日拜啓

這使憂心愛國的台胞，大爲驚訝。原來「台灣人的地位尚未決定！」「台灣人的國籍需要美國同意！」[7]在這前後，上海大公報發表了蕭乾的「冷眼看台灣」一文，也提到了「台灣將成爲中國的愛爾蘭？還是內向爲中國的一肢？」的問題。這使我們回憶到美國生活雜誌發表過一篇愛金生錯誤報導的消息，他說台灣人時思獨立，要受美國或日本的保護。台胞對於此一報導，時時加以嘲諷。依我看，台胞對目前政府措施，由不滿意到痛恨是事實，但就未必自絕於中國。然而台灣對此一問題的看法，我們估計已有若干轉變。他們說：「爲謀台灣人的福利，爲謀整個民族將來的繁榮，我們的國籍問題，是決定於我們自身，是由六百五十萬台灣人民的總民意來決定。……」

政治是最現實不過的東西。我們現在分析一切阻止台灣政治上傾心內向的因素：第一，中樞賦予龐大權限的長官制，

7　上海《現實新聞周報》對於台灣歸屬的二大宣言—開羅宣言（Cairo Declaration）、波茲坦宣言（Potsdam Declaration），提出的意見值得注意。它認為這類宣言都是原則性，如果在戰後沒有再簽訂國際條約，就缺乏法律上的依據。並舉例 1945 年美英蘇同意的雅爾達秘密協定（Yalta Agreement），如果中國不予同意，如果沒有後來的中蘇友好條約，蘇聯在中國東北所享受到的權利是沒有根據。當時中日和約尚未簽訂，雖然已知和約內容台灣必歸中國版圖，但以當時來說中國只做了事實的占領，法律手續猶未完備。參閱費澤，〈好似「一個主人的身份」飛到—魏德邁在台灣〉，《現實新聞周報》，上海，第 6 期，1947 年 9 月 5 日，頁 20、29。

長官制本身的優劣，我們暫不討論，但給台胞以不愉快之感的，便是中樞對於台灣，并不是用同等的眼光來衡量，一如對其他省份，最直覺的看法：這與日本在台灣採用總督制有什麼區別？這問題，心理的因素比政治的因素大。其次，台灣在言論出版及其他方面，很少自由。[8]政軍黨代辦了北（新生）中（和平）南（中華）的新聞事業。書刊出版，并不容易。至於言論稍激一點的，更不由談。一場震驚的蔣渭川案，結果是逼著他寫下一個悔過書。第二，高級官吏固然很少台胞，連地方自治，長官也要緊〔堅〕持經過三年的訓練。主要的理由是說「台灣沒有政治人才。」這使台胞最受刺激。台灣有完備的戶口登記，精確的土地測量，工業交通發達，衛生設備完善，教育普及，公民的訓練良好，我們實在沒有理由說他們不應享受相當的自治。

在台灣，經濟上所受的壓迫，比政治上的不自由，更為深刻普遍。許多工廠喘息了氣，失業的浪濤打擊著每一個快要泗沒的人。物價的猖獗，購買力的低微，因而引起了一切社會的不安，貪污，舞弊，搶劫，淫佚和走私等等問題。台灣現在正維持著一個特殊的經濟系統，採用著一個特殊的經濟統制政策，但此顯然並沒有解決她的經濟問題。如果我們

8　1947年二二八事件後，台灣各報者、雜誌社自動停刊者比比皆是，僅存者不過事前十之一、二。當時外省記者表示，說來慚愧由於台灣新聞檢查嚴密，住在台灣的人要知道台灣的真相，有時需要從省外報刊得知。參閱本社，〈台灣造紙工業〉，《工人週刊》，天津，第21期，1948年8月28日，頁5；本刊特約記者，〈紙包著火的台灣〉，《大學評論》，南京，第2卷第7期，1948年11月16日，頁12。

不忍對台灣此一特殊經濟統制和系統加以責難，那未〔末〕我們必然要歸之於行政的無能。使台胞最爲痛恨的事是專賣，貿易兩局貪污案件，至今將以不了了之。盜案累見不鮮。搶劫白晝舉行；走私是有規模和組織的；妓院酒館之多，如雨後春筍。最近省營印刷廠廠長石礎牽親引戚，大肆貪污，和牽累極廣的台灣銀行鉅大騙案，據云案情複雜，這又成了台民攻擊的目標。

經濟統制，表現於若干集權國家，曾有過相當的效果，譬如說德國，德國的經濟統制，後是從控制國際貿易和外匯入手。德國人民手中不得握有現金，外幣，在外國的投資和在外國銀行的存欵，申請外匯，需經過嚴格審查，國內則採用配給制。德國在第二次大戰前（一九三二），外匯管制極爲有效，在日本未投降前的台灣情形，生活水準比戰前雖然降低許多，但經濟上也頗爲安定。我國政治上處處倣效法西斯，但祇學了一個皮毛。現在的台灣，理論是完備的，執行可就發生了不少問題，單就台灣維持匯率一節言，即不能嚴格有效的統制或管理匯兌。匯率通常變爲兩種：一是法定匯率，一定匯率是一比三十五，而市場匯率是一法是自然或市場匯率，現在台灣與國幣的比二十七八，如果利用裁定（Abitrary）匯兌互相買賣（Reciprocal Sellorpurchase）方法，由台灣銀行匯出一千萬台灣〔幣〕到上海，就可得國幣三億五千萬，再將此三億五千萬的國幣匯票，賣與省內的進口商，用市場匯率一比二十八計算，就可淨賺台幣二百五十萬。去年年底台灣省紡織公司文書科長，串通某公司石炭調整委員會，匯出台幣二千二百萬，寄存駐滬工廠聯合辦事處，但如此鉅大的舞弊

規模，終被發覺，此公遂留下一封謝罪信，「安然」逃匿

再就維持匯率本身來看，台灣經濟似難尋求一相當的出路，兩三個月來，台幣一直下跌，報紙上雖然不斷用心理刺激方法發出提高匯率的消息，但並沒有生效。管理匯兌另一條件是要管理區域內的貨幣價值不生變動；而台幣則似乎一直在台灣。黃金，外幣（包括美鈔日幣港幣等等）莫不身價十倍，成為投機和領導物價的先驅。匯兌到了山窮水盡地步，遂正式於一月二十九日起暫行停止內地公務人員和商業的匯欵。嚴家淦處長，奔走京滬之間，一再與當局商洽提低匯幣，并以土產品抵價向中央中國兩行鉅額借欵，至今尚無滿意結果。據說當局允台銀採用人為方法謂節匯幣，隨時視情況將台灣提高或抑抵，並且允許人民團體如商會等，參加審查申請商匯。這是否生效，問題還多。此外生產停頓，通貨通脹，失業，儲蓄與投資的失衡，也是經濟上的主要問題。但如果國內沒有和平，中國經濟沒有出路，則台灣要維持一「特殊」的經濟統制，也是十分困難的，

經濟問題與社會問題相並而存，相伴而生。月來米價續揚，雖然報紙每天登載政府拋售粮食。平抑米價的消息，苦口婆心的向鉅商地主富戶請求與政府合作，並對粮食採用開購銷限制辦法，但依然無甚效果。查台灣上年產米量是六百二十多萬石，現在人口六百七拾萬，最多消費也不會超過六百萬石，台灣一直是米出口的地方，（日本時代民國二十三年，產米量曾達九百八十多萬石）。然則這些多餘的這是在甚麼地方去了呢？大家多數的說法是游資充斥，鉅商地主富戶操縱，走私（走私主要的是將米和糖運到日本和內地沿海一

帶）。[9]正月十五舊歷〔曆〕元霄〔宵〕節，省農林處農業推廣委員會與省農會，爲紀念並宣揚農民勞績，要開會紀念，並組織慶〔農〕家訪問隊，用意不爲不善。在這天之前，台北市貼遍了各種顏色的標語，來紀念這一農民節時，我們卻又在這些紅綠標語之間，發現了文辭不甚通順的「台灣民眾反對抬高米價行動團」的油印傳單。原文如次：

「半月來本省米價乘風狂漲，由十二三四元一斤突跳至三十元本關。民食所繫，影嚮〔響〕及我無產界（階級，生活頓受威脅，而起恐慌。本省爲產米巨區，全省所產米量，不僅供全台消費有餘，且可輸出外地，絕非粮荒之故，純乃各地奸商巨賈地主囤之操縱之故。企圖以少數量資產階級，而欲吮吸全台六百萬人之生活，既可痛恨，又極該殺。」

本團爲生活之驅使，爲全台民眾之生活爭鬧，決集全台無產民眾，向各該社會吸血鬼反擊，以積極手段，實施行動，決定於三日後，率導民眾實行搶米運動，並制裁囤集魁酋，以申正義，爲無產民眾申告不平。特於行動未實施前，先提出警告如下：

「一，速於本文告通知之日起，各囤戶應將囤量糶出。」

「二，米價應維持最高不得超過二十元」

「三，操縱奸商應將吸收孽財捐獻救餓濟〔濟餓〕死人

9 為什麼台灣米價會如此昂貴，是否因台灣缺糧所致？時論是資金的問題。由於台灣的工商業都已經被長官公署，以統制經濟壟斷所有的利益。因此民間沒有辦法競爭之餘，只能依靠囤積來累積資金。當時台灣最好囤積的貨品，又沒有被長官公署壟斷的就是稻米，故米價一路直線上升。龍在田，〈問題的台灣〉，《中國建設月刊》，上海，第 2 卷第 2 期，1946 年 4 月，頁 39。

民遺族及失業民眾。」

以上希各奸商巨賈地主囤戶接受本團忠告，痛改前非，勿作貪夢，否則本團遵諾言，採取有數行動，須勿悔莫及，此告！

台灣民眾反對抬高米價行動團啓

中華民國三十六年二月二日

這種恐嚇式的傳單，眞是紀念農民節的一大嘲諷。農民節這一天，米價仍在僵持，我也看見開出各鄉慰問農民的車子，幸好行動團並沒有眞正大規模的行動。倒是有另一種行動代替了，即是就在這一天，大批的「敬言」先生出現街頭，而且在先一夜之間，紅標語和行動團的傳單，一起都不見了。

最後，據我在台灣的觀察，我直【覺】地感到，今日台灣危機四伏，岌岌可危，是隨時可能發生騷亂或暴動的。

（二月二十日寄自台北。）

由台灣寄到北平一封信

碧光兄：

分別以來甚念，現弟已平安抵台，望放心，本當早日報告，無奈一切沒有安定，故延至今，於上月十五日來台北在教育處報到後，隔數日便派定在建國中學，（乃台北第一中學也）担任勞作和英文，每禮拜十六小時，還可以，不過近日物價高漲，公教人員待遇低大有不能維持現象，林先生和洪先生都不在台北，所以沒去拜見，今日台灣已大不如從前，國內一切不良習慣，風氣全帶來了，台灣人也會了，他們看不起長山人（內地人）眞是失望，機關，學校處處表現不合作，[10] 想起來我們國家的前途可怕……弟來此處熟人沒有，寂寞無聊，有時想回去，可是又怎麼能，惟望我兄常來信指教或介紹朋友別不多贅，望賜回音，問

閤府安好

愚弟劍秋拜上

二月二十七日

---

10 根據報導 1947 年二二八事件後，台北市建國中學全校千餘名學生，外省學生有 200 餘人。該校據稱沒有本省同學與外省同學之分。雖然言語隔閡讓彼此不能盡情的談吐，並且採分班上課的方式。但在閒暇之餘，外省學生與本省學生仍打成一片。外省學生盡量將祖國的一切，客觀地告訴本省學生。參閱王家儁，〈我們的學校〉，《建國月刊》，台北，第 1 卷第 3 期，1947 年 12 月，頁 57。

「算」台灣的「命」

三月十一日北平平明日報

當去年的觀光團蒞臨台灣時，團員們把官方的生產報告和生產計劃熟讀了，滿載而歸，直到現在還有人以此爲根據而謳歌著。且讓我們老實地來替台灣這可憐的「寶土」算一算命運吧。

在去年一年裏，台灣的經濟多少比內地（這指台灣以外的中國部份，以下同）安定些，而且他對於內地的貢獻也是不小的。其實這是台灣歷史上一段很壞的運道。去年一年台灣的經濟往來，實在可以說是「坐吃山空」，本地的消耗多而生產少可不必說，單講他對內地的關係，且查一查海關上轉口的數字看，內地對台灣的待遇太殘酷了，他貢獻內地十五萬噸的糖，不少的漂粉，鹹液，鹽酸與紙張，但內地換給他們些什麼呢？是很多的法幣。

台灣頂需要的是肥料。每年需要肥料六十二萬九千噸百十分之七要靠外而來。現在呢，本地的生產減少，而內地是不是能補他四十萬噸的不足呢？[11]

---

11 1946 年長官公署農林處預計當年肥料需求量，總計硫酸氫 262,003 噸、過磷酸鈣 140,830 噸、硫酸鉀 38,924 噸。可是台灣肥料公司產量無法供給需求，單單過磷酸鈣一年只產 50,000 噸而已。直到 1947 年省主席魏道明上任，向行政院善後救濟總署請求援助，才稍稍緩解問題。參閱陳調甫，〈重入慈母

頂嚴重的一點是去年所有台灣的出口大部份是存貨而不是新生產的剩餘，例如十五萬噸的糖就是。不是新的生產而又儘量的榨取，海也得有榨乾的一天啊。

那末再看他新生產的貧乏的嚴重情形吧，只一看生產減少的數字就非常可怕的。

最主要的是食粮，米穀產量從戰前的一千六百三十萬担降至去年的八百萬担，他本可輸出的，現在自己卻有了恐慌，以致粮價大漲，其次是糖。一九三八年產二千三百萬担，到去年就只有了一百萬担都不到了。七年前的造紙總額有一萬六千公噸，現在設備都壞了，今年長官公署的「計劃」也只有一萬二千噸。煤的產量最高紀錄是年產二百八十萬噸，去年接收時每月只能產掘萬噸，至今每月也未能超出十萬噸，糖和肥料工業都在儘量消耗原有的剩餘原料，只為製鹹〔碱〕工業還好，因為原料是海水，取之不竭的。[12]

這就是台灣前途的莫大的隱憂。恐怕它的苦命是已經註定了。

（高順）

懷抱的小弟弟：台灣（三）—三十七年二月二十日在塘沽的演辭〉，《海王旬刊》，南京，第20年第28期，1948年6月20日，頁438。

12 戰後台灣碱業公司在中國有重要地位，中國製造鹽酸的工廠不多，只有上海天原電化廠每年生產20,000箱（每箱淨重54公斤），上海天中電化廠每年生產6,000箱，台灣碱業公司每年生產20,000箱。漂白粉主要用於染織業與造紙業。上海市電化廠總共有13家，每年可以生產漂白粉144,671噸。台灣製碱公司每日可以生產漂白粉10噸，一年可以生產3,000噸。苛性鈉與純碱，台灣所屬的工廠有二，一是高雄碱廠每年生產2,000噸，二是台南碱廠每年生產1,000噸。參閱陳陶心，〈中國工業原料的自給計劃〉，《工商特刊》，上海，無卷期，1947年12月，頁7。

台灣憲治的解剖

楊庭杏〔杏庭〕[13]

三月十一日瀋陽新報

台灣淪陷五十一年，因敵人的挑撥離間，故諸事與祖國隔膜，中國官民與當地公教人員因不明瞭眞相而惹起的糾紛不鮮，故茲將台省過去的政治實情略加以介紹，以資國人對台灣能獲更深的瞭解。

日寇劫台灣的當初十年，是所謂軍政時代，此期間對於反抗□的個人或團體，不待說是格殺勿論；[14]後四十年間，是所謂憲政期間，這期間又可分爲二小期，前三十年爲不完全的憲政期間，後十年爲完全的憲治期間。[15]前三十年，日本把八十七條的憲法的大部份，都適用於台灣，祇有人民的權利與義務的一小部份沒有適用，例如義務徵兵和義務教育，均

13　許雪姬教授斧正「楊庭杏」是編排錯誤，正確名字為楊杏庭。

14　事實上該文對於日治時期「軍政時代」的理解有誤，若按照法律上的解釋1895年8月6日台灣進入軍政時期，隔年4月1日台灣總督府解除軍政，進入民政時期。此後除了1905年因日俄戰爭而宣布戒嚴二個月之外，台灣未曾再受到任何形式的軍事統治。參閱王泰升、薛化元、黃世杰著，《尋找台灣法律的足跡》（台北：五南圖書，2014年11月二版），頁90。

15　該文對於日治時期「憲政期間」的理解仍需細察，當時日本政府認為明治憲法（大日本帝國憲法），已完全施行於台灣。可是從台灣人角度看憲政問題，當時並未實施「立憲政治」。雙方認知的落差，在於台灣總督擁有的委任立法權與殖民地自治。參閱王泰升，《台灣法律史的建立》（台北：國立台灣大學法學叢書編輯委員會，2006年9月二版），頁209、231-244。

未實施，從而台胞參政做官的權利，也就減少機會；日寇以爲沒有當兵的義務，就沒有做官的權利；又在此期間的台灣國民教育，僅在百分之三十七內外，因此稱爲不完全的憲治時代。

至於最近十年來的憲政，可謂爲完全的憲治時代，蓋此十年間，台胞的義務教育也實施了，受教的學齡兒童在百分之九十七以上，受中等教育者數十萬人，受高等教育者十萬人以上，歐美留學生在百名以上；至於其餘的衛生交通都市建設，或重輕工業，或農商金融等各情況，皆極爲完備，均與日本內地相平衡，或較之爲高，又義務兵役實施以後，台胞的參政權，形式上亦提高了，因此可稱爲完全憲治時代。

綜合上述的實情觀之，台灣成爲現代法治國民，已有四十年之久了；中華民國的憲政，是從民國三十七年纔開始，然而台灣則可說較祖國進步了三四十年之久。故我國中央政府和台灣行政當局，如果以三四十年前的軍政和訓政的行政概念，去套在台灣省的同胞頭上，那是大錯特錯的倒行措施，同時必遭遇莫大的反動和糾紛。因爲以陳舊器物，又來勉強盛新的東西，必然地會發生無理的後果。

中央及當地行政當局，注意公民國文歷史地理的教育。由這些來轉變台胞的思想，是天經地義順乎其理的政策，然而仔細分析一下，便不必操之於過激。先就公民來說，台胞的各級學校，都有近代公民及法律的教授，不但頭腦已公民化，且所學的觀念都能一一滲透在行動及生活裏面，所謂守法，負責，紀律，公德，衛生，莫不表現在衣食住行和一切行動之中；故光復後的教育，僅灌輸三民主義及中國精神便夠了。

所謂奴化教育，或喪失了祖國愛的精神，實是辭過其甚；除了極少完全日本化的家庭之外的同胞，都抱著極濃烈的祖國愛而且台胞是澈底反抗滿清的鄭成功的直接的民族子孫，又可說是黃帝以下孔孟的民族子孫；故日人強佔台灣的初年，則有三十次以上的反抗革命，不知流了多少熱血，又日人統治的五十一年間，又不知演出幾萬千次的個人或團體的民族爭鬥了。例如這次七七抗戰發生的當兒，敵寇台灣總督府教育當局，便派員秘密測驗台胞兒童，題爲中日孰勝爲佳，大部分的台胞兒童，都以爲我國戰勝爲佳作答，自然是無記名的測驗。日寇的結論是孩童本是天眞純粹如白紙，何以固執成見，這必然地是家庭父兄的政治成見的影響，而敵寇便大感著五十年間同化政策的慘敗了。由此可見，所謂奴化教育，未必盡是完全成功。[16]

至於國文國語的教育，也是極其容易的一回事，例如日寇時代的小學教科書，把中國文字限制二千六百個字，中學以上是無限制的，因此受過中學教育以上的人們，便可認得一萬個左右的中國文字，因此倘略加以再教育，便都能讀中國書籍。國語的推行運動，也是不十分嚴重，因爲台胞的八

16　當時外省人對台灣人普遍看法，皆認為日本統治台灣太厲害，不但不准收藏中國書，連方言也不准說。若是偷聽中國廣播被查獲，要懲處極重的罰責。這就說明當時台灣青年們，為什麼數典忘祖？因為他們在日本殖民地教育下中毒很深。現在突然告訴他們，中國是他們的祖國；如果不是他們的祖輩能提供若干的證據，他們是絕對不會相信。易正肅，〈台灣還需要些什麼〉，《小象旬刊》，上海，第 1 卷第 4 期，1947 年 8 月 15 日，頁 13。

成是福建人，二三成是廣東客家人，而福建話三成以上的發音，便是和國語共同的了，從而這問題便立刻可以解決。至於史地的教育，更爲容易，因爲日人時代，是以日本的史地爲主，是中國及世界的史地爲副的，因爲淪陷期間的台胞，也略知中國的歷史和地理，本是同族的關係，故特別關心祖國的史地者，實不乏其人。[17]

概括而論，治理台胞第，一〔第一〕不可以勝利者的態度來歧視劣敗者而君臨的態度，更不能以征服者的地位來藐視台胞，若以不懂中國語言文字，而誤認爲劣等人民，且以高壓的官僚作風施政，必然地會引起莫大的反動力：譬如日寇劫持時代，除了台灣總督出門有專車外，其餘的大小官吏，都要購火車票，然而中國的軍公教人員，往往抱著特殊階級的念頭，拒絕買車票；單這就這一簡單的現象說，對於實施憲治三四十年的台胞，實會惹起莫大的紛亂。又例如台灣有一條雙軌的縱貫鐵路，在日寇時代僅以六十名憲兵就以維持秩序，乘客都覺得光亮潔淨，但光復後的一個時期，以二千七百名的憲兵維持秩序，而竟現出黑暗骯髒紛亂的現象，由此可見，我們的行政管理能力太差了。

第二治理台胞，必須先確立人才主義的賢能制度，方可

17　有外省記者曾採訪到一位六、七十歲的台灣老嫗，她竟然知道康熙、乾隆，朱元璋（1328-1398）與洪秀全（1814-1864）。至於孫中山（1866-1925）與蔣介石（1887-1975），也可以如數家珍講清楚。可是當談到大陸與台灣的事情，老嫗滿臉皺紋閃出的光輝，頓時如曇花一現消失了。秋田，〈關于台灣女人〉，《中國新聞半月刊》，南京，第1卷第3期，1947年8月10日，頁19-20。

收效，因爲日人主政時代出現五十年的太平期間，蓋社會安寧，秩序又良好的時代，人們安份守己，無須越軌觸法，因而學力優秀者，自然有其社會國家地位，勤勉者自然有其農工商界的地位，從而優劣強弱各得其所，決無劣凌優，弱欺強的現象。然而中國的政治習慣，是倘若親族間有一位傑出人物當首長，其親戚朋友便儘量網羅在其配下，所謂提携私人，呼朋引類，乃是尋常事，中國內地人已是司空見慣，不算一回事；然而台胞則不然，倘如將中國這習慣搬到台灣去則必然地惹起激烈的反抗。我國歷年的貧亂和政治不安，便是這人事制度未確立，爲其要因之一;銓〔銓〕叙部等於虛設，毫不能發揮其作用。

第三治理台灣，必須絕對確立廉潔政治，方可生效。日寇主政台灣，約投資抗戰前的百億元於公共事業但五十年間，沒有什麼貪污案件，所謂枉法貧贓的官吏，一旦被發現，在日人的社會，是一輩子要身敗名裂而沒落了。因此無人敢有絲毫的舞弊行爲。中國的社會，縱使被揭發了貪形情由，但倘若他有錢有勢，儘可以做政治投資的資本，在旁的地方，照樣可以昇官，又可以再發財。

第四治理台胞，必須以平等去待遇他們，過去日寇是堅持不平等的政策的，譬如台胞公教人員獲得一百元月薪，而同樣資格的日人，便可多取六十元：這是日人獎勵本國人前往殖民地居住的移民保護政策，但爲了這點，台胞不知和日人抗爭多少年，又不知構成多少深刻的仇恨了。如果由中國內地前往工作的公教人員獲得一萬元台幣的月新〔薪〕，而當地的台胞僅得五千，或中國內地人得六千元，當地人獲得三千元的話，那麼這政策便是日人殖民政策的延長，殊違反國父喚起國民革命的精神。雖然是過渡時代的短期間的辦法，但這政策如果是屬實，是很妨礙台胞對祖國的欽仰和忻慕之情的了。

台胞在日本各帝國大學和高等師範和國立文理科大學畢業佔頭名者，不鮮其人，因爲自小學及中學，均能領略日本教育的秘訣，故出類拔萃，遠超日人成績的人們，都是替漢民族揚眉吐氣的英雄，因此日寇也就不敢看不起台胞或中華民族。例如東京高師，四年僅許台胞錄取一人台胞的十九，都是以頭名畢業。中國的留日學生，成績卓然者，固亦不鮮，然大部份因言語及教育環境的不同，從數目的比例講，自然不如日人成績之佳。台胞自有其特殊的缺點，例如因地理環境是孤島，且受過日人的後天教育，氣量直率如狹窄，無隱忍之德，沒有像祖國官民那樣寬容之風懷，實爲不可否認的事實：然而光復後的行政措施，不無犯了時代逆流的誤謬，亦爲遺憾的一回事。

以上各點，希望台灣省行政當局的人特別注意，更希望凡是去台省工作的軍政人員，都要切實的瞭解台灣憲治的經過，則台灣省和祖國的關係將日益密切了。[18]

18　1945 年 9 月 2 日陳儀在重慶首次發表治台方針，他提出三大重點：國語教育、徹底實施三民主義、使台灣脫離日本壓榨的痛苦生活。表面上看來似乎是一個好的開始，但是口號施政是陳儀的本質，這些都不足以成事。參閱人本，〈收復台灣以後〉，《中國建設月刊》，上海，第 2 號，1945 年 10 月，頁 3。

台灣人的悲哀
當完了五十年的奴隸如今又沒有飯吃了

薛綏之

三月八日北平世界日報

（本報台北特約通訊）作爲一個台灣人，是異常可哀的，在日本人的統治下過了五十年不自由的日子，如今隨著抗戰的勝利又重新回到祖國的懷抱裏，一旦由奴隸變爲主子，自然是一件可喜的事，可惜的是當了主人，連作奴隸時的一點起碼的溫飽也無法維持了。筆者二月十五日在上海，正趕上米荒和金潮，在上海對米荒大家似乎見慣了，倒不覺得多麼嚴重，十九日到台灣的北方大門基隆，二十日到省會台北，二十三日到中部彰化，所聽到的都是一片米荒聲。台灣是個產米的地方，在以前不但可以自給自足，還可有一部份運到日本去，但是奇怪的事情發生了，產米的地方竟鬧起嚴重的米荒，而且有些地方拿著錢還買不到米。日本統治時期。是實行配給制度的，計口授糧。在戰爭期間，一斤差不多合一角六分錢，這配給一直維持到三十五年一月，即日本投降後五個月，以後配給停止。米價也扶搖直上，去年一月間的配給價格是八元一斗，一斗合十一斤半，合七角二分多一點，也有暗盤，每斤在三元到四元之間，到四月間，已漲到十七元左右一斤，而且各地的價格不一樣，在同一地方，一日內的價格也時有漲落，今以省會台北作例，三十五年五日〔月〕

米價平均一斤二十元，到六月落爲十四元，七月十三元，八月漲爲十五元，九月又落爲十二元，一直到今年一月，無多大變動，但春節以後，繼漲續增，到二月二十日左右，最高價到四十元一斤，平津讀者也許認爲在百元鈔票已變廢紙的今日，四十元買一斤米，總算便宜事情。[19]

無米可炊三家自殺

但此地一般人的收入，也不像平津那樣動以若干萬計，普通下級公教人員收入，在三千元左右。如果月薪二百元，在平津連津貼可拿到三十九萬，而此地連津貼帶加成不過才拿到五千四百元台幣。台幣與法幣的比值是一比三十五，但實際暗盤，二月二十日左右，一元台幣僅能換到二十六元法幣，在二月十五日上海金融日報的創刊號上登載一則消息，說台幣與法幣兌換率將改爲一比二十四，而十七日申報上卻有一條花邊消息，說要提高台幣價值，改爲一比七十，二十日台灣各報則盛稱，要改爲一比五十，但暗盤始終未超過一比三十，不久長官公署正式宣佈維持原定兌換率，證明以前所傳，不過是一種空氣而已。

其他物價，如牛肉五十元一斤，豬肉一百二十元一斤。

---

19 1946年9月至1947年2月，若把台灣島內6座城市相比，中北部的3座城市—基隆、台北、台中，米價逐漸走高，且無回跌的跡象。南部的2座城市—台南、高雄，米價在1946年9至11月有小幅下跌，但之後也大幅上揚。最特別的是台東，1946年10月以後，算是台灣米價最便宜的地方。但二二八事件發生後，米價成為一市石123,292元法幣，比台北還要昂貴。參閱許毓良，《台灣在民國（1945-1949）—以大陸期刊、雜誌報導所做的研究》，頁115。

豬肉和牛肉價格所以如此懸殊，是因爲台灣人都不喜歡吃牛肉。

衣料，洋貨因爲是從上海運來，所以比上海要貴。

筆者到台不到一星期，連續在報上見到三起闔家自殺的消息，原因部【分】是因爲無米可炊，有一家衹有現欵十元。這自然並不是每星期都有如此多的闔家自殺事件發生，但情形也足夠嚴重的了。[20]

失業人數約六七十萬

失業的人數，官方沒有正確數字發表，據台灣省茶葉公司董事長王添燈〔灯〕氏在某次座談會上所說，台灣全省失業人數約爲六十萬到七十萬，即平均十人中有一人失業。[21]失業的原因有二：第一有許多日本工廠如內地一樣，接收後不再冒烟。據工礦處長包可永氏去年九月間所發表的「光復後本省的工礦事業」一文所說，光復後所接收工礦企業單位共一百八十二所公司，三百五十六所工廠，而復工及準備復工的工廠，合計不過二百五十所，而復工的工廠，有許多只

20 按照行政院主計處統計局針對各省省會的數據，1946 年 4、8 月台北的零售物價，不管是哪一個類別均為全中國最便宜。但是從 1947 年 1、2 月數據觀察，台北的零售物價開始上揚，特別是肉類、其他食品、衣著三項指數，不是全國第一、就是接近第一。參閱許毓良，《台灣在民國（1945-1949）—以大陸期刊、雜誌報導所做的研究》，頁 118。

21 王添灯（1901-1947），台北新店人，自日治以來經營茶葉出口貿易事業有成，並參與台灣地方自治聯盟工作。戰後擔任三民主義青年團台北區台北分團主任、台灣省政治建設協會理事、台灣省參議員、人民導報社長。二二八事件時被國民黨逮捕殺害、屍骨無存。參閱張炎憲主編，《王添灯紀念輯》（台北：財團法人吳三連台灣史料基金會，2005 年 2 月），頁 11-15。

是部份復工，即從前用一百個工人的工廠，現在只用二十個或三十個，在這種情形下，自然有大批的工人被撇在工廠門外。[22]現在舉茶葉一項作例，台灣本是產茶之地，而且是主要的輸出品，但據台灣省茶葉公司董事長王添燈〔灯〕說，茶的生產量已由二千萬斤降爲四百萬斤，因受此影響而失業的僅台北一地，即有三萬餘人。

第二個失業的原因，是許多工作機會都讓從外省來的人搶去了。最初台灣省長官公署，爲羅致外省人到台灣來服務，曾有外省人家族津貽〔貼〕的優待辦法，其後來的人太多，已達飽和狀態，不但該項津貼取消，而且在上海各報刊登啓事，勸除受長官公署之特別招聘者外，勿渡台。

學潮起因多為貪污

到台灣來的人，因素質關係，很有一部分人招致當地人的反感，在學校方面，時有學潮發生和平日報有一段關於高雄學潮的消息，標題曰:「高雄學潮多因貪污始」。內謂:「自光復以來，已經過一年有半，過渡時期的混亂狀態已漸漸消除，詎意本市教育界之不祥事層見迭出，且發生糾粉〔紛〕者，多屬省立中等學校，且其內容，並不是意見之差異，課程之紛爭，學術文化之衝突，都是主腦者如校長或教務主任之貪

22 由於台灣與京滬的報紙，都放出打擊台灣貪污和惡劣政治的議論。使得台灣省行政長官陳儀、公署秘書長葛敬恩（1889-1979）、工礦處長包可永有一陣子非常惱火。此後他們就非常重視新聞宣傳政績，例如陳儀聘請夏濤聲（1899-1968）為宣傳委員會主委。參閱張琴，〈台灣真相〉，《文萃叢刊》，上海，第2年第24期，1947年4月，頁26-32。

污，引起熱情學生之公憤，爲肅清腐敗份子，致犧牲其寶貴之光陰發生學潮，全市民眾莫不爲之搖首三歎。」該項名題下，並且舉了三件實在的例子：（一）省立高雄工職：因校長李鐘淵借公濟私罷免職員，強迫學生退學，支用學校修建資金五十萬元，又將修築校舍所用水泥私賣自肥，且養一妻三妾，濫駛學生實驗用小汽車，以圖花天酒地之快樂，不顧學校名譽，故學生等於去年十月罷課，業由父兄會對教育處提出要求，已蒙該處採納，將舊校長李撤職，此一風波得告平息。[23]（二）省立高雄一中：因數位教員離職，學生爲挽留教員，追究校務，獲悉學校腐敗情形，引起全體同學憤澈，爲整頓校風，連日開會，十三日有自治會委員，代表七百餘學生向林校長景元要求，以獲得容納，始不釀成大事。[24]（三）省立高雄二中：因事務主任趙傳福，前因生病請假中，被該校校長陳芳草無理撤職，後校長並向警局誣告趙有呑沒公欵嫌疑，因將趙拘押警局，該校辦事員劉益嫌等五名聞此始知此事爲校長之誣告，即連名向市人民自由保障委員會提出陳情，懇請警局再度偵查事實，警局偵察結果，判明此事全屬虛稱，即令逮捕，校長爲誣告嫌疑，校長聞訊，十分恐惶，十一日夜擄〔攜〕帶薄〔簿〕冊現欵即搭上北快車逃走。[25]

23 省立高雄工職的前身為 1942 年創立的高雄州立高雄工業學校，當時學校創建於三塊厝（今三民區）。1946 年改制為台灣省立高雄工業職業學校。

24 省立高雄一中的前身為 1922 年設立的高雄州立高雄中學校，當時學校創建於三塊厝（今三民區），1944 年改稱高雄州立高雄第一中學。林景元為戰後該校第二任校長，當時他從台中二中調往，接替暫代校長職務的陳啓清。

25 省立高雄二中的前身為 1944 年設立的高雄州立高雄第二中學，當時學校創建於左營，惜因二戰時期受到戰火毀損甚鉅。因此戰後與高雄一中暫時合併上

台人口中失望論調

在一般人認爲一片乾淨的土地上，發生了這一串串不乾淨的事實，台灣人看起來，自然是失望之至。筆者問一個從前修理飛機的工人是否還懷念日本人，他毫不思索地回答：「想的」。後來又問一位在日本慶應大學讀過六年經濟學的中學教師談起這同一個問題，他很坦白地說：「日本人統治時代的政治是好的，因爲那時人人有飯吃，而現在一小部份人過著奢侈的生活，大多數人卻沒有飯吃。」

筆者來台，原希望寫些使人愉快的消息給北方讀者，不料一開首就是些令人失望的報導，到處一團亂，什麼時候會好起來呢？

課，校長由林景元兼任。不料 1947 年二二八事件爆發，高雄一中與二中校區成為國軍攻擊目標。同年 9 月動亂平息，二校合併成一校，更名為台灣省立高雄中學。

台灣最近物價的漲風

鳳炎

三月四日上海文匯報

去年一年來台灣的物價，雖然已是普遍的上漲，但是總算是比較穩定的。入春以來，隨著上海物價的波動，台灣的物價，根據官方的統計，比較去年十一月的物價，竟平均地漲了一倍。

首先領導物價上漲的物品是食米。台灣本是一個餘粮的區域，可是在軍粮無限制的輸出和田賦徵實下，米源枯竭了。[26] 於是食米的價格便一路高升，從一月份每斤台幣十三元五角，漲到二十六元，最近更飛漲到三十六元左右。這種破天荒的米價，當然引起社會的不安，據當局的解釋，完全是大戶米商囤積的結果，因此，採取了一套登記餘粮和勸導米商的辦法，並且規定最高米價。可是實行「米價最高辦法」後，各地均發生無市無價的現象，居住在此間的人，竟亦有三，四天買不到米了。米貴的原因，除了來源缺乏的原因外，主要的是一些投機家的播弄，如果將這個罪名加在大戶米商

26 其實除了商人對米穀囤積居奇外，長官公署對米穀的徵收也須注意。1946 年 10 月至 1947 年 9 月，全國徵穀 48,722,363 市石，台灣被分配徵收數額 2,197,749 市石，佔總數約二十四分之一。從數據上來看，國府在台灣所徵收數額，佔總比例不高。參閱主計處，〈糧食徵集（民國三十六年一月）〉，《經濟動向統計》，南京，無期刊編號，1947 年 1 月，頁 8-9。

頭上，那未免是太冤枉了。因爲台灣大部分的土地是掌握在政府手中，加之在田賦徵實以來，大部分的米粮是歸於政府，如果政府能夠大量的拋售平價米，那麼米價是不難抑平的，可是拋售的數額很少，於是便坐待米價的上漲了。因此，我們也可猜測到這次米價波動的幕後操縱者，倒〔到〕底是那些人物。

米價稍微穩定後，金價卻又來一個突出，最近一週來，隨著上海金價的飛漲，台灣的金融市場亦發生了劇烈的波動。黃金，美鈔，港幣，都成倍數的漲；而相反的一面，台幣對法幣的黑市兌換率則是逐日下跌。

二月八日以前，黃金價格尚盤旋在每兩三萬台幣左右，九日晨起，金價突然飛漲，公會掛牌出三萬六千元，入三萬三千元，入晚，黑市漲至三萬八千元，美鈔隨之上昇，出四百六十元，入四百二十元。漲勢毫無疲色。十日，公會掛牌仍舊，門市出三萬八千元，入三萬七千元，黑市則突破四萬大關，飛漲至四萬五千，直到是日收盤以後，市面一直在有行無市情勢之下;美鈔隨之，出四百八十元，入四百三十元，旋即進入五百大關，十一日，黃金以四萬元開盤，瞬即漲至五萬，忽又跳出六萬以外，美鈔亦躍至六百，一時市場頓形紊亂，公會卸下牌價，金商停止交易。

另一方面，台幣對法幣的黑市匯率，卻隨金價的暴漲而慘跌，從一比二十八跌到一比十八，尙且無法幣頭寸應市。台幣對法幣跌價最大的原因，是台灣對外匯兌的不通。因爲台幣和法幣的匯兌和台灣與內陸的貿易狀況是有絕對性的關係。台灣對內陸的貿易，一年來一直在入超中，台灣既沒有大宗的出口貨，台灣銀行自無法取得上海方面的法幣頭寸，因此，在台灣的內陸商人既無法將台幣按官價（一比三五）兌取法幣。只好將台幣貶值來換取黃金，美鈔，法幣上。不管法幣本身如何的膨賬和貶值，台幣處於不利的地位，於是台灣的黃金美鈔的價格也常比滬市爲高。

金價米價劇漲的結果。一般生活必需品的價格亦均又再度上漲，其他各種商品價格上漲的趨勢，亦不亞於金融性的商品，例如台灣本地大量出產的食糖 AT 完稅品，每包從七千五百元漲到一萬六千，紅茶每百斤從八千五漲到一萬七，金山一級麵粉每包從一千九百漲到二千八百元，報紙每磅四五漲到七十，棉紗一件從十萬漲到二十四萬，生鐵每噸從一萬四千漲到三萬。比較去年十一月的物價恰巧漲了二倍

上漲的原因，當然是受著全中國的金融波動和經濟危機的刺激而來的，而台幣本身的缺陷也使它失去了「防波堤」，的作用。一，是由於台幣的通貨膨脹，目前台灣財政上的赤字，是全靠台幣的發行來彌補的，稅收和公營事業的盈餘很有限，而且公營事業的投資也靠著台幣的發行，因此反而增加了台幣的發行量。二，如上所述，台幣的本身並沒有工商業作爲基礎，如果台幣的工業能夠恢復，貿易能夠暢通，則台幣對法幣的匯率不致常處於不利的地位，但是台灣工商業爲官僚資本掌握下的今天，這樣的遠景是不可能實現的。

這次金價物價的波動實在太大了，直接造成台灣經濟上的空前恐慌。台灣省當局不得已宣佈禁止黃金外鈔買賣，規定只由台灣銀行收購及兌換，收購的價格爲每兩一萬一千五百元，並且迎合市場上法幣的需要，規定台幣兌換法

幣爲一比二十四，法幣兌換台幣爲二十四元五角比一，由華南，商工兩銀行（台灣銀行的附屬銀行）承辦。[27] 次（十三）日並宣佈管制物價新辦法，減縮台灣銀行放欵，拋售公營物品，火車水電減價，進出口貨物由政府嚴格管制，並於即日實施。

事實上，這些辦法是不易見效的。金鈔的禁止買賣，雖能一時防止金價來刺激物價，但是物價上漲的根本問題，是不可能因此而根除。管制物價的新辦法，同樣的也只是紙上談兵，管制進出口貨物的結果，可能反招來台灣經濟更大的紊亂。因爲（一），當局根本不能負起台灣全省的物品分配的責任，小小的台航公司和貿易局沒有這樣大的運輸力量和物品分配力量。[28]（二），在官僚資本控制下的公營物品，已開始隨著管制辦法而變相的漲價了，更安談其他呢？

---

27 華南銀行即是今日華南銀行，商工銀行即是今日第一銀行。華南銀行的前身，即為 1919 年創立的株式會社華南銀行。第一銀行的前身，即為 1899 年創立的台灣貯蓄銀行。1912 年它與台灣商工銀行合併後，改使用「商工銀行」名稱。1947 年改組為台灣工商銀行，1949 年改制為台灣第一商業銀行。

28 當時貿易局組織龐大，省內有特約承銷商，省外除上海設有辦事處外，有準備在天津、青島、大連、福州、香港、東京設立辦事處。該局經營的項目有糖、煤、樟腦、茶葉、木材、水果的出口，以及布匹、肥料、麵粉的進口。參閱民吁，〈台北通訊—封建經濟形態下的台灣〉，《工商新聞週報》，南京，第 9 期，1946 年 12 月 28 日，第 6 版。

台變前因與後果

薛綏之

四月一日北平世界日報

【本報台北特地通訊】在烽火遍地全國各處無一不充滿危機的今日，筆者特別把台灣提出，是因爲：第一台灣經日人統治五十年，在教育和交通各方面都有顯著的進步，一般來台觀光的政府要人，皆譽之爲模範省。第二台灣沒有內戰，上海密勒氏評論週報，曾稱之爲「國民黨中央政府的試植地」。說：「台灣和其他遠東各地不同，實是最好的政治試驗區，沒有內爭。」大公報也稱台灣爲唯一的一片乾淨土。但不料這一片乾淨土上，竟發生了流血事件，內地報紙目下尙未見到，不知對此事持何論調，此間連日報紙所載，似乎儘量把事件責任向暴徒和奸黨身上推，筆者目睹耳聞，覺得問題並不如是簡單，於是引出了下面這一席不爲某些人所喜的話。

三月一日筆者由台中去台北，當時台北已經宣佈戒嚴，中學生正在各衝要路口截打外省人，筆者目擊滿身瘡痍再經揭〔搗〕毀之專賣局及橫臥街心慘遭火葬之汽車，躲至鐵路飯店，[29] 在槍聲頻發中擬好了一通專電，除報告台北情形外，並進而分析其原因曰：「此次事件發生主要原因係物價高漲，失業者多，如米價在光復每斤一角六分，目下則需四十元左右，且不易購到，專賣局緝私人員擊傷烟犯不過一導火線，新近由南洋歸來之台灣軍人及釋放出獄之囚犯，更推波助瀾，積怨已久，勢將燎原。」託飯店內台籍職員送電報局拍發，但因某種關係，電報原稿又原封拿回，今日看起，這一封未發出的電報，已失掉時間性，毫無新聞價值，但其真實性，卻絲毫並未減少。

29　日治時期稱台灣鐵道飯店，是為當時台北市最高級的飯店，可惜在 1945 年 5 月台北大空襲中被摧毀。戰後部分被修復，更名為台灣鐵路飯店，舊址為今日台北市新光三越百貨公司站前店。參閱莊永明，《台北老街》（台北：時報文化出版，2012 年 9 月），頁 203。

台灣行署一年多的苛政
激起了台灣人民的憤怒
台灣事件的前因與後果

三月十四日北平經世日報

一

省略

二

政治上措置的失敗

每一個事件的發生，都有一連串的原因作爲它的背境。「台北事件」也不例外。顯明地，台灣行政長官公署一年多治台的政績是整個的失敗了，這個並不是由於客觀的環境使然，而是由於政策本身以及官僚資本在台的猖獗必然獲致的結果，因爲政治上措施的失敗，加上經濟政策的影響，更加重了戰後台灣問題的嚴重性，試問一個官僚組織，談不上行政效率能有什麼辦法來應付這嚴重的情勢呢，我們看看一年多來陳儀政府在政治上經濟上給予台灣人民一些什麼，便可以明白這次台北事件眞正的原因和它的嚴重性了。

三

政治上的措施是一連串的失敗。

三十四年十月，陳儀政府將台灣由日本人手中接過來，人民的情緒是熱烈的，因爲過去政治環境的不同，人民在歡迎政府的表現上是迥異於國內的，人民從專制中翻過身來，希望的是秩序與安甯；自然中國是祖國，回到祖國那種感情是值得珍貴的，可是，當台灣人民準備以最大熱誠要和政府合作時，政府給他們的卻是一大桶冷水！

貪污盛行武力統治

除了很少的例外，接收機關的人員幾乎無一個不貪污，人民給政府人員大胆行爲和不在乎的態度所嚇住了，他們開始疑心這些貪得無厭的人員就是要領導他們建設新台灣的人物嗎？接著，爲了米的統制問題，政府的舉棋不定，大大地減低了政府的威信。同時，政府機關辦事的馬虎，貪污的盛行，私生活的不檢點，比如留用日籍技術人員中竟有一大部份是年輕美貌的日本小姐，[30] 人民對於這些公僕的所好也很清楚了。以後，由政府一手包辦的民意機關也成立了，這班議

---

30 根據外省記者的觀察，當時美國軍人也很快就拜倒在日本女孩的裙下。從基隆到台北，再從台北到北投，穿著鮮艷和服的日本女子，總是依偎在美國大兵的身旁。爾後中央社台北分社想要徵用一所日本房子，美國人立刻插手過問。這樣的結果報導人視為美國大兵，對於溫柔日本姑娘的一點表示。當然它反映的問題是日本人心態上不甘領受中國統轄，希望接受美國的管理。參閱金德璋，〈美國人在台灣〉，《人民世紀》，上海，第 3 期，1946 年 3 月 16 日，頁 24。

員們也就是日人時代魚肉人民的御用紳士，一方面政府又用最大能力把全省各地的武力統治機構——警察局——強化起來，警政費用在省預算中佔去很大的一個比例。這一串政治上的措施，已可見當局準備怎樣來強姦民意，來施行它的不利於人民的政策了。

人民由冷淡而仇視

人民在這種環境下的反應是怎樣呢？最明顯的是他們對政府感情的惡化——由熱烈而冷淡而轉於仇視，尤其是因爲大部份公務員是來自外省的同胞，於是這種仇視便被移到外省人身上，在人民平常的對話中時可以聽到「阿山」這二個字，而此也造成了本省人與外省人間無法填補的鴻溝！[31]台北事件已證明了民眾對外省人的仇視是如何嚴重，這樣造成民族的互相仇視，這罪應該由誰來負担！這民族的罪人是誰？

四

造成今日台灣的局勢，還是在經濟上的因素居大！

官僚資本壟斷一切

政府在台灣經濟設施，是和國內現行的經濟政策相一致

---

31 據說阿山名稱的由來，為大陸內省小縣的山村人來到台灣，看見寬闊的柏油路與明亮的電燈，就耳暈目眩花了眼，此後台灣人就稱大陸人為「阿山」，未必與刻板印象中的「唐山」有關。參閱高超，〈「阿山」台灣人之間〉，《中建半月刊》，北平，第 1 卷第 4 期，1948 年 9 月 5 日，頁 21。

的，是以官僚資本的利益爲出發點！

隨著政府的到來，官僚資本立刻在省營國營的招牌後開始活動，侵入並且佔據了相當的地盤，隸屬於長官公署工礦處的許多公司把台灣的大小工廠，全部佔據了，屬於農林處的公司則把台灣的水產，林業以及農業的大部份生產機構控制了，交通處則包辦了全省的交通和運輸事業國省合營的台糖公司不僅包辦了台糖的生產配銷並且直接地控制上海市場的糖價，[32] 在由全國各省中，官僚資本的活動恐怕以台灣最爲澈底了，可是，由於官僚資本集團的內在茅〔矛〕盾，在台灣經濟上分贓的不平均，台灣的一些大公司的情形是很特殊的。最近，爲了消滅他們自己的衝突和順利遂行他們的剝削計劃，省營的公司都依性質合併工礦公司，農林公司以及交通公司，容納一部份的資本，於是，官僚資本在台灣活動的步伐就一致了。

生產萎縮失業增加

隨著官僚資本而來的是經濟上的蕭條，物價的上漲和生產萎縮，失業人數的增加，人民生活的艱困等現象，在接收一年多來，台灣的食米由每斤二十八元，糖由每斤八角漲到

32 當時中央每年向台灣要求無價取得 15 萬噸的糖，上海郵政局對這批糖還有報導，聲稱發售台糖生意興隆。惟以人手及普遍供應起見，每人每日限購一份，每日發售 300 份。參閱鑄，〈時評—台灣的經濟背景〉，《經濟評論週刊》，上海，第 1 卷第 3 期，1947 年 4 月 19 日，頁 4；趙章嘉，〈合作之頁—上海郵政員工消費合作社綜合報導〉，《上海郵工月刊》，上海，第 12 期，1947 年 5 月 1 日，頁 16。

每斤九十四台幣，是產米產糖之區，米糖價已飛漲如此之劇，其餘的也可想而知了。

生產的萎縮，更是顯明，糖的產量由每年一百二十萬噸減到不滿六萬噸，鳳梨（波蘿【】）罐頭的生產由每年一百六十餘萬箱減到不足二十萬箱。水產公司的許多船隻不加修理，而卻把公欵用於購置傢伙和投機市場，同時造船公司卻爲了無生意做而發愁。其實台灣的工業遭戰時的損害並不足道，這種生產萎縮的現象，除了官僚資本的作祟外，我們還能找些什麼理由來解釋呢？此外產品的粗劣使各公司產品的銷路遲滯，專賣局的產品就是一個好例子，本來在日人時代佔據省預算收入百分之四十以上的專賣利益，現在只剩下百分之一都不到，盡管生產的事實如此，盡管人民大聲呼喊要求拍賣一批小工廠交給民間經營，容納失業者，可是政府仍置之不理，於是由予生產萎縮和產品銷路的遲滯，工廠無法容納大批人民，失業的人數到現在已是不可忽視的問題了

這便是台灣行政長官公署治理台灣一年多的政績！

昔前日人治台方針

日本人治的，是讓人有工作，人人有飯吃，所謂人人有工作，是配合日本的需要，參加各個生產部門，爲了使台人安心工作，所以最低限度的生活需要，日本人保證使之滿足。……（中略）……

台灣同胞痛苦情緒

二二八事件發生後，台北人民導報曾於社論中指明：「在

這劇烈變動當中，如果當局回憶初來台時，台灣同胞簞食壺漿的歡迎盛況，與今日一相對照，當可恍然自省。」這幾句話很漂亮也很眞實，十六個月前，台灣學生熱誠地跑到碼頭去接國軍，一次又一次，像北平那樣，終於接到了，但馬上就掃了興，那種不整齊的服裝和裝備，使他們懷疑怎麼會同日本作戰，但還可以有解釋：同帝國主義的軍隊作了八年戰，已經筋疲力竭，所以他們雖然失望，但歡迎的熱誠仍未消滅，許多商店把僅存的一點貨品如牙刷牙膏之流擺出贈送國軍，有的不良份子便乘機把店主自用的東西如手錶或其他貴重東西帶走，軍隊向公共機關如學校借用東西，祇借不還，軍隊一換防，能帶的帶走，不能帶的隨便一扔，這種行徑，內地的人見慣，原覺無啥稀罕，台灣台胞便不免大吃一驚。此外如隨地吐痰，看電影不花錢，男女教員戀愛，這一切「小事」，都招致台灣同胞的極大反感。而內地來的人，有許多以征服者的姿態出現，那種態度和行徑，北平讀者閉上眼睛便可想出，勝利後到北平的那批「新貴」留下的印象，很可以幫助你瞭解台灣同胞的痛苦情緒。上海英文大陸報記者於去年來台觀光後，曾於「台灣歸還中國以後」一文內提到：有一個隨同外國記者來台的中國報人，用「台灣是中國的戰利品」一語來形容台灣，外國記者的識見似乎高明一些，他說這種看法實有未盡善之處。台灣毫無問題是中國的一筆收入，假如台灣人和中國人能夠雍睦相處，建立一種不可分的關係。假如把台灣看成一種「戰利品」和「殖民地」，把太平洋民族對抗西方侵略的時候，台灣人一直不會效忠於祖國的。…………（後略）…………

介紹台灣

王慰曾

四月七日北平太平洋月刊第四期

台灣：

是西班牙人眼中的「美麗之島」。

是日本統治者眼中的「不動航空母艦」

是中國人眼中的「國防前哨」

（前略）

十、應該這樣接收

八一五抗戰勝利了，狂歡的熱浪滾到了台灣，重返家國，重投母懷，不但前恥揃〔湔〕雪，而更留下許多不可勝數的建樹與功蹟〔績〕，但因當時東北正低雲陰霾，暗蘊糾紛，故全國人士的注意力都轉向到台灣這一塊乾淨土來，咸以爲這是一個好地方，是與東北同担起中國復興的一條膀臂，對其接收與建設之前途多所關心，就是外國也對中國之接收台灣多有關切與指示，在美國的遠東概覽月刊上曾有過具體的建議如下：

假如中國政府在接收台灣後，能立刻解除在日本台灣所加予的軍事政治，與經濟上的控制，並努力爭取台灣中國人的信託與支持，那麼不僅台灣本身可能復興，並且對中國大陸的建設也一定極有貢獻。台灣除了地大物博以外，還有著技術訓練與高度的社會與經濟組織，後者雖由日本建立，但也還有它有利之處，台灣如能統治得好，不僅能成爲迫切需要的農村財富與源泉，而且可能爲中國建立技術上的領導地位。[33]

中國政府當前的急務是消滅不需要的日本影響，同時保全並增進他有用的技術，與經濟富源和人力。若中國的經營與保護果屬高明的話，台灣這島嶼的日後地位一定更重要，中國在台灣的內政管理無須由外國分任其勞，因台灣的人口除少數生蕃外，大部分都是中國的移民，它基本的經濟是農業，因此它可能迅速補全戰爭的破壞，並恢復充分的生產，可也能將大量過剩的農產品運出接濟飢荒的內部各地。

台灣人民在日本侵入台灣前對外來投資反抗極烈，台灣中國人期望得到中國當局的援助而建起其經濟基礎，他們將痛恨那些說他們在日本五十多年的統治下已帶有異樣色彩，或「奴化」已「僞」的人們，台灣的經濟地位已遠較當年割讓與日本時代來得優越萬分，故中國政府應把台灣和中國各省相等看待而予以建立民主組織的權利。

如果中國接收台灣時並沒有引起很大的社會混亂，那末中國將就從日方沿襲某些政治上的有利條件，台灣沒有軍閥，政黨與了治性的軍隊，和有組織的特務或反華運動。

---

33 這裏舉化學肥料使用，更可以說明一切。事實上農業興盛發展的前提，必須有充足肥料供應。台灣不同於大陸各省，對肥料生產與供應異常重視。更特別的是大陸各地農民，經常被無知宣傳所愚，以致於不知化學肥料的重要。有識者皆認為，期待以台灣農民本身的經驗，領導全國農民擴大使用化肥。本社，〈台灣肥料工業概況〉，《中華工程週報》，南京，第 14 期，1947 年 8 月 2 日，第二版。

中國政府在接收台灣時最該注意的是莫與當地{土紳}士紳的利益相衝突，他們對於經驗與經營方法和開礦經驗都很豐富，他們雖被迫和日人合作，然而並不是愿意出賣自己民族利益的奸徒，政府便當能顧到這一點而予以保障，若眞相爲通敵者而剝奪其重要財產所有權，則台灣人士定將反對大陸中國人取代日人地位，坐收漁利，而掀起高浪大波。

接收台灣後 中國或將實施管制或同化土著的全部計劃，勢將面臨著羅致通曉土著言語，並組織辦理土著行政機構等困難，如此則也定有惡果產生，這是一個左右並構通政府和台灣土人日常生活的總樞紐，其關係前途之若何是非常重大的。

中國政府對台灣人民之言論，集會及出版自由應放寬限制，在善意民主的方式下{誘導}誘導各政黨抬頭，如此則可使滿清暴政與日本惡跡同被遺忘，在年長的一代死去之前不留遇留在下一代的心目中。故中國的政治領袖們，必{到}須特別注重他們的政策和行動，若太壞了時，台灣的人民便會把它和滿清以及日本的統治情形比較而觀，自己會離心生出惡果的。[34]

這些指示與建議眞可謂很詳盡的了，我們政府必應這樣

34 接收前後的台灣，在美國駐台北副領事 George H. Kerr（葛超智）看來，除了擁有日本所留下來，大量軍用物資外，還擁有工業訓練的人材，以及現代化社會的經濟組織。如果可以適當的管理，它可以成為農業、工業並行的重鎮。參閱美國海軍中尉 George H. Kerr 作，喻德基譯，〈台灣面面觀—一個美國人為中國重建台灣設計構圖〉，《讀者》，漢口，試版第5號，1945年12月16日，頁4。

才有好處，要賦予被日本遺留下來的富源與工業，政治要清明，管理要得法，不能立用官僚資本壓制私人營業，也不該與民眾的利益相衝突｛衝｝……………

辦法眞好，計劃也高，便要中國眞的實行起來可就難了，不但未能作好其中的一小部份，而且絕對是全部向相反的道上走去，台灣是沒有內戰的，但一個甚於日本軍閥的統治在哪裏尤更沒有好日子過，黑暗與恐怖籠罩在那裏，烏天黑地永見不到天日，接收是比國內還利〔厲〕害的劫收，貪污都在專賣的名義下有了保護，勝利後的許多希望都破滅了難尋痕跡，昇華般的熱情都低降成冰水，全國所表現的是方說〔脫〕枷鎖又進囚篩，而台灣且更是光明一霎，又摔到無底的深淵裏去了………

十一、這是陳儀的王國

日本帝國主義在台灣統治了半個世紀，不管台胞流了多少血，揮了多少淚，榨出了多少脂膚，獻出了多少汗水，然而在他們離開的時候，到底也給我留下了美麗的「寶島」，一個經管好了的「綠洲」，有廣大的富源，有開發的寶藏，有無窮的建樹，也更有無窮的希望。

但這一切都被陳儀誤了，也被官僚資本害絕斬盡，他不但負了國家，更使國家有愧於對台灣，這筆帳處怎麼算呢？

陳儀在福建的政蹟〔績〕是人所共知的，也因爲後台根手硬才搞得這麼一個好差事，走馬上任之後，自然是「雄才」得展了，我們仔細看清楚了他到底玩的都是甚麼把戲？

陳儀接收台灣，自然他在福建時代的底班小卒都跟了去於是便又故態重萌，胡鬧一氣，這裏海闊天空，別成境地，自然更不怕管了，坐車不打票，冷眼待台胞，任用私人，草管〔菅〕人命，台籍官吏公務員雖也有任職，但多是書記的三四流角色，而且是多半失職被裁了，更包庇貪污，按〔接〕收舞弊，除工礦部分由工礦直接接收外，別的便都是他們的目標與範圍了，於是各級的市政府，縣政府，甚至區公所都有自己經管的產業或轄有小規模的工廠和礦田。這些都是日本統治時代政府的主要財源，但一轉到祖國手裏，這產業便都變成「官僚資本」了，他們把持這許多產業，不肯讓出一些租給民營，只知安插私人，不顧行政效率，結果弄得每一個工礦都虧了本，間或有盈利的也少得可憐，錢便都進入官僚私人的腰包。還有一種貪污絕法是標賣敵產，其實是少數官僚用不到十分之一的價格把這工廠礦買了去，由政府產業一轉變爲官僚私人的產業了。

不但如此，特殊的台灣還更有特殊的事，陳儀竟能打著這「特殊的招牌縱性胡鬧【」】，居然，敢拒絕國家銀行在台灣設立支行，將成立的中央銀行硬給關了門。

因在接收之初，當局爲了肅清多年的日本舊幣，依「權宜之計」設立台灣銀行，出版台幣，並辦理「接收大員」的匯兌事宜，但弊病出來了

當時有華南銀行與台灣工商銀行得到台灣銀行的許可而成立，負責辦理匯兌事業，當時匯率的標準官定價格一比三十，可是因市面的需要自然要有不同的差額，於是官僚們利用此點便大發財源了，他們可以把資金由台灣銀行匯出去，再從兩個商業銀行匯過來，這樣資金在外面兜一個圈子，官

僚們便可圖很大的利，他們嚴行統治制度，外商賣了貨也不能帶回東西，於是只可用台匯匯出去，這完全是陳儀的王國，他也以拒絕中央設行，給他自己的官僚們尋找發財{，}路徑，多培養他自己的「官僚資本」，他甚麼也不怕，眞想在這塊王國上打下基業了。

專賣制度——

過去日人統治台灣的時候，創設了所謂「專賣制度」，理論上說，專賣制度是實行計劃經濟的必要條件，是創造國家資本和節制私人資本的最好方法，實行時即可代替消費稅的課征，而避免轉嫁的事實發生，這辦法麼計劃是最好而最理想的，但到「中國自然又變質行不通了。」

接收前日本只把各種日用必需品如烟，酒，鹽，樟腦和火柴，石油，鴉片，無水酒精，度量衡等九種物品劃歸政府專賣，這無疑就是間接課人民以一種極重的「稅收」，在接收後這種制度仍被保留下來，並且更增設一種所謂「省營貿易」，其對象是蔗糖，紙張，肥料，煤及其他等重要物資，這樣則除了「專賣」和「省營」之外，老百姓還有甚麼商業工業可以經營呢？結果這只是「官僚資本」與「大規模貪污」的變相而矣，是養肥了少數封疆大吏，而餓狼吮盡所有人民的血肉，其中尤以台灣的糖業爲最慘，接收者不善經營，官僚大作倒把，糖廠倒閉者佔半數以上，總之。現行台灣的經濟制度比日本統治時尤硬辣狠奸許多，貿易局用低價強迫收買人民的產品，專賣局再把日用必需品，高價強迫人民再買回去，這一出一入之間，請問台胞還有活路嗎？而且運輸也行統制，貨物必須交由運輸局包辦；除了交納高額的運輸費外，貨物還時遭誤期霉爛的損失。這一切一切的虐政，根本就是帝國主義的延續，也就是納粹法西斯的復活再生。他總以爲這樣是對的，台胞在日本五十餵〔年〕奴役之下，一定是馴若羔羊，毫無反抗的，其實是他自己想錯了，不但在這個大時代裏不會再有這類的事，就是他的作法也不如日本的高明。過去是「以戰養戰，餵羊剪毛」，故台胞雖苦，仍能苟活，而他則是趕盡追絕，殺雞取卵，毫不在台胞的身上留一點餘地，於是工廠倒了，工人失業，農田失收，糧荒嚴重，金融僵化，商業停頓，負担太重，生活困迫，於是人民臥軌自殺，懸樑上吊，於是人民怒極生恨，打貪官，殺污吏，仇視外省人，是於更有人對日本的統治骸骨作迷戀，對美國發生「一廂情愿」的單想思，積極的組織起來搗亂社會，大胆的聚嘯山林想謀出路，於是「二二八」的事件便釀成了。

愚民政策——

陳儀眞是一個狠辣的傢伙，很可以說到今日我們只能知道台灣的片面消息，其內幕可能比我們所知道的更不堪想像，在台灣他有絕大的權勢，可以無顧及的推行他自己的政策，他不希望台胞有新知識，也不希望台胞對國情有所明瞭。他是想蒙蔽台胞看不見祖國，可藉以杜絕政府的不政而對他的統治所抵抗，他實行人民愚滿〔瞞〕政策。

他的文化統制作的實在比經濟統制高明得多，在台灣他幹了新生報，幹了國聲日報，幹了許多雜誌，許多月刊，也有日文的三民主義，也有翻印的中國命運，但除此之外便是黃色刊物了，即在他的勢力下，作宣傳當然也是歌功頌德，他逮捕僑聲報記者，在中外記者赴台參觀時他作下套綱，使記者不能採訪眞正的民意，就連大公報的特寫也有過這類的表示，他在主席蒞台時曾呈上許多計劃與許多表示「眞正民意，眞正民眾呼聲」的統計書報，並且主張說：「若給我三年時間，一定把台灣治成天堂」的瞞上欺下，罪大惡極，台胞把他恨的牙癢，巷閭街頭也是這隻歌：

打走了一條狗呀！
來了一隻豬。[35]
狗還可以看家獲（護）宅院，
要這個懶豬作甚麼？
吃了就睡睡完吃？
倒在泥潭？？？！
若問陳儀的居心與政績呢？也請唱下面這一首歌：
餓死台灣人，
捏死台灣人，
打死台灣人，
我們大家毒死台灣人。

---

35 當時台灣人民流行說，美國人對日本人太好了，只投了兩顆原子彈而已。美國人對台灣人太狠了，把中國貪官投到台灣來。當時台灣都大罵外省官員，這些貪官只是「裝滿了錢的中山袋」，只是「貪食懶做的豬」。台灣人曾貼過這種標語—日本狗、中國豬、狗可以守門、豬有何用。中國在第二次世界大戰之後晉升為「四強」的幌子，在台灣可以招搖宣傳，但卻騙不了台灣人。劉乃光，〈「劫收」下之台灣〉，《青年與婦女》，上海，第1卷第6期，1946年9月，頁7、9。

台灣在殺聲震撼中

三月十二日北平太平洋月刊第三期

小記者

國民黨政學系老頑固陳儀在福建坐〔做〕了幾年皇上，被陳嘉庚告了一狀之後，又去接收台灣，台灣人的命運，當然可想而知了。[36]

陳儀到台灣之後，當然與其他接收大員一樣，耙子一定不會客氣，在主席巡視台灣的時候，我們可以從大公報隨行記者呂□潤先生的筆下知道許多關於台灣的資料，當年陳儀在台灣下了飛機之後，也像我們所知道的接收大員一樣，向台胞約法三章，甚麼官吏不許貪污，甚麼官吏應當奉公守法等等，台灣人聽了這話，簡直有點丈二和尚摸不著頭腦，簡直有點莫明〔名〕其妙！『祖國的官吏連不許貪污不許營私舞弊還不知道嗎？那不是一個官吏起碼的條件嗎？連這個都

---

36 討論起政學系，追根溯源要從梁啓超（1873-1929）開始。梁氏從清末到民初，歷經百日維新、保皇運動、擁袁倒袁，他與門徒故舊向心團結的方法，並非制定嚴格黨章做為約束，而是以「學統」做為號召。這當中有一畢業生李根源（1879-1965）居於關鍵，因為 1918 年他南下廣東組織政學系。五年之後李根源退出政治舞台，政學系主持大權先後交給楊永泰（1880-1936）與張群（1889-1990）。1918 年北伐成功後，南京國民政府的權力分享，大抵復興社管軍、C.C. 管黨、蔣氏親屬管財、政學管政。參閱本社，〈政學系的來龍去脈〉，《中國政治內幕》，上海，第 1 輯，1948 年 4 月，頁 10-12；辛烽，〈張群與政學系〉，《大美週報》，漢口，第 1 卷第 9 期，1947 年 7 月，頁 90。

要有勞陳大省長的叮囑嗎？』台灣人頭昏了。[37]

可是隨著日子一天一天的過去之後，台灣人明白了，明白祖國的政府是一個甚麼東西把持的政府，明白了祖國是不會給他們謀幸福的，他們領略了比日本總督還厲害的教訓，他們受到了比日本軍閥遠殘酷的待遇，他們內心憤憤已非一日，他們想反抗——一羣不願做羔羊的人遭到這種待遇當然有權利反抗。

這種反抗的情緒醞釀已非一日，到現在已盡尖銳到了極點，於是就在上月二十八日因爲專賣局緝查私煙的事情而放火花了，這就是報紙上的所謂之二，二八事件。

在陳儀治下的台灣，貪官污吏橫行不必說，一切經濟部嚴密的實行統制政策，大批的台灣人失業了，沒有飯吃（請看本期文埶〔藝〕版頁「葬送」全文）官廳不替失業的人想辦法，連賣紙煙都不允許，所以激起了公憤，造成官民殘殺事件，（通稱二，二八事件）據合眾社南京二日電，殘殺延續至全省之時，三四千人死於非命，平靜一時之後，至三月四日夜又被槍聲震破了。

台灣事件，迄本文發稿時止，還在進行中這是政府政治上最大的失敗，在國內國際上破獲得不可掩飾的責難，台灣事件，始終不是單純的小事件：現在台胞已然提出自治的要求。站在中國人的立場上，對於台灣的不辛〔幸〕事件，只有慚慚，只有痛哭！對於台胞的自治要求，只有同情，只有

---

37 除了不許貪污之外，陳儀還提出所謂的「三心」—榮譽心、愛國心、責任心，都讓人印象深刻。參閱明公，〈我所知道的陳公洽〉，《自由天地半月刊》，南京，第3卷第1期，1948年1月16日，頁6-8。

贊助，自家的逆子既然做出那樣對不起台胞的事情，我們還有甚麼臉而向台胞說別的話呢？我們沒有給台胞謀幸福，我們又有甚麼資格阻止他們自己爲他們自己謀幸福呢？我們只有忍著我們自己臉上的灼熱的高溫，接受台胞的要求！

台灣事件的分析

三月廿九日觀察週刊第二卷第五期

（本刊特約台灣通信）一月以前，記者曾爲本刊撰寄通信，報告台灣政府，經濟，社會各方面的情形，最後說：「據我在台灣的觀察，我直覺地感到，今日台灣危機四伏，岌岌可危，是隨時可能發生騷亂或暴動的。」（見本刊二卷二期）記者這種感覺，確是出於直覺。因爲在不穩的局面下，任何一種偶然事件，都會引起擴大的波浪。不過當時實在沒有料到台灣的動亂，會發生得如此快，如此嚴重。暴動的經過，各報想有記載，此處不贅。本函目的想對此次台灣暴動各方面的因素，作一個冷靜的分析。

經濟因素

第一是經濟的因素，關於這一部分，上次通信已略有述及，現在再整理述之如：台灣光復以前，在日本統制下，施行的是嚴格的統制經濟政策，台灣經濟形成日本帝國經濟的寶庫。[38]爲加緊其壓榨，並且也爲著擠乳肥牛，除了統制金融，

38　戰後台灣當時所實施，即是連大陸都未全面推行的經濟措施—統制經濟。統制經濟的解釋，根據曾任北京大學政治系主任陳豹隱（1886 1960）的說法，即是為了戰時或經濟恐慌時期，因某種需要所行的一種臨時救濟處置，並以統制的方法與外國競爭。實際操作應是以經濟力量為主，再以政治力量為輔，

匯兌，貿易，形成課稅獨佔的專賣制度而外，卻也實行很好的配給制度。充分就業也做到了，沒有失業的恐慌。經濟生活的安定，社會秩序的建立，做到了「夜不閉戶，道不拾遺」，的地步。中日戰爭爆發後，一般生活水標雖然降低很多，但通貨還相當安定，國民收入還夠維持生活，直到光復，中國軍隊和官員進入台灣。國內形形色色的現象，都在台灣翻了新版。起先，台胞對於脫離五十多年的祖國，觀念十分模糊，一旦解放，都殷勤寄予無限的期望，希望在政治上有充分自由；不料，在一切仍沿舊制的政令下，也就因襲了日本帝國的一套作風。長官制度，金融，貿易，專賣，以及若干經濟立法，使台胞大爲失望。日本政權撤出台灣後，因爲生產事業遭受戰爭的破壞與停頓，以及累積的經濟不景氣，政府接收後，並沒有採取一切有效的措施，因之使台灣陷入更深的經濟危機，失業，投資與儲蓄的失衡，通貨膨脹，更加嚴重。台灣開始期待，忍耐，終至失望，怨恨。一年半來，台灣經濟仍在黑暗中摸索，找不到正當的出路。

本年度台灣省概算

我們試看本年度省概算數字。重要歲入的特徵是：第一二三位就是營業盈餘及事業收入，課稅，和專賣收入。貿

才合乎經濟法則。可是當時政府當局，對於統制經濟的作法，可說變成了獨佔。因此越統制越糟糕，越統制越沒辦法。特別是利用統制經濟為幌子，假公濟私、壟斷專權，使得國庫與生產者都受到很大的損失，變成一種罪惡。本社，〈統制經濟與民主〉，《聯合經濟研究室通訊》，重慶，第 5 期，1946 年 9 月，頁 1-3。

易中的出口方面，按造日本人的統計與其交易中的主要比率。台灣在二十八年生產價值四億九千萬美元的剩餘物品。糖米約佔其中百分之七十。茶，樟腦，波羅蜜與香蕉都是主要輸出。按照數字，台省每個人的輸出總計爲三十一美元，甚至超過美國每個人二三，四四美元的數字。由此可知台灣的經濟上擁有著特殊的優越性。光復後，並沒有促使有利輸出的恢復，中央即每年向台灣要求無價取得十五萬噸的糖，和每噸一千三百台幣三十至四十萬噸的煤。所以現在海關報告，仍是出超，但省外匯兌，台灣并沒有能夠周轉的法幣頭寸。專賣生活必需品盡人皆知爲一種十分不公平的課稅，何況在台灣稅的名義之多與繁，國內也是無出其右的。因此，台胞在省概算上經濟的負担，極爲可觀。[39]

衣食住行

這些問題需要馬上解決，但都未被注意，一切情勢的發展，延至今年二月中旬，在京滬無端襲來的金鈔風波，促使在台灣衣食住行的民生問題，都遭受了直接嚴重的威脅。

衣的方面，台灣最缺乏的是棉織品，此次金鈔風波後，

---

39 1947 年 1 月中國前五名省市庫收入排名，第一名是台灣省換算成法幣為 41,057,234,676 元，第二名是上海市法幣 25,071,840,852 元，第三名是浙江省法幣 8,582,316,302 元，第四名是江蘇省法幣 5,457,204,064 元，第五名是南京市法幣 5,253,632,288 元。支出的前五名，第一名仍是台灣省換算成法幣為 35,711,328,400 元，第二名仍是上海市法幣 27,046,058,038 元，第三名仍是浙江省法幣 7,254,595,435 元，第四名是南京市法幣 4,345,705,260 元，第五名是江蘇省法幣 3,586,956,476 元。參閱主計處，〈省市庫收支（民國三十六年一月）〉，《經濟動向統計》，南京，無期刊編號，1947 年 1 月，頁 31。

漲得最兇的也是布疋類，台胞一向穿的就是很壞，所以在衣的方面總算還可以忍受。然而食的問題的恐慌，極其嚴重，因爲台灣一直就是出口米的地方，去年產米六千二百多萬石，以台灣的人口言，最多消耗也不會超過六千萬石。其餘的米那裏去了呢？無疑的這是人造米荒。在一月底以前米每斤十五六元，至二月中旬後，一直漲到四十多元。政府曾經向囤戶粮商地主一再威脅，並苦口婆心的請求他們合作解決米荒，然而沒有生效。[40]引起社會各方面的責難，和部份的騷動，碰巧住和行的問題又在一起發生。公署爲取得財政收入，不得已標售一部份日產房屋，引起租戶的屋荒。他們組織一個請願的聯誼會，政府一直阻止他們會議的進行，卻又無誠意對此問題澈底解決，行的問題是爲統制運輸而起，也是因襲日本故技，以求取得課稅獨佔。公署下令取銷八百輛商車的行駛營業，這無異置八百輛商車直接間接生活的數萬人於不顧。因之也堆積著一切不滿的情緒於政府，長官在台灣標榜過的民生主義，因此就處處落了空。誰也不再期待，幻想；此時已經安排了此一暴動前的一切經濟方面的客觀因素。

政治因素

進一層，更重要的是在政治方面。在政治上失去自由，即令在經濟上過著較爲高度的生活水準，並不會就以此爲滿

40 戰後初期外省人似乎對台灣有刻板印象，從經濟層面來看，有報導台北商店三千餘家、十室九空；又台灣人民衣著奇缺，數年沒有更換過新衣；又台灣年產一千萬石稻米，僅有三百餘萬石供台灣人食用。參閱人本，〈收復台灣以後〉，《中國建設月刊》，上海，第2號，1945年10月，頁3。

足，這就解釋在日本人的嚴厲統制下，爲甚麼每隔幾年總要有一次大的民族解放運動的理由了。現在重歸祖國了，政府所能給予台胞的是甚麼呢？我們如需要明瞭一切阻止台胞政治上傾心內前的因素，第一是中央賦予龐大權限的長官制。長官制本身優劣毋需加以說明。一般不愉快之感，便是中央對台灣並不是用同等的目光一如對其他省分一樣來衡量。最直覺的看法是這與日本的總督制有何區別？這顯然是心理上的因素比政治上的因素居多。其次是言論出版…各方面毫無自由。北（新生）中（和平）南（中華）三大報紙爲政軍黨包辦了。文化也都帶著包辦的色彩。言論過激一點，都會要受到控告。第三是台胞處處居於一種劣勢地位；據統計，台灣公共機關人員，雖然台胞都佔著極高的比例，但祇要翻一翻薪給表，甚麼長，甚麼主任，甚麼經理，甚麼簡派薦任，幾個能輪到台胞頭上？台胞的工作能力被忽視了，資歷也發生了問題，命定是被統制和低能。[41] 這是不是也襲了日本人統制的故技？第四是法令紛繁。日本統制台灣五十多年，立法才五千餘種，光復不到一年，就遠遠的超過了此數。去年夏令時間的更改，三天就更改了三次命令，要人如何適從？（編者按：本刊一卷二十一期「尾頁」上有此記載。）。許多日本法律的立即廢除，教台胞都處於不利地位。第五是行政無能。這些表現之於貪污，

41 例如台南地方法院院長涂懷楷（1911-1969）在接收一年的回顧中，對於該院全體職員，以本省籍 90%、外省籍 10% 頗感自豪。但是涂氏沒細說所謂的職員，指的是推事（法官）、檢察官，還是文書、總務、工友、司機。參閱涂懷楷，〈一年來台灣司法之回顧〉，《輔導通訊月刊》，南京，第 13 期，1947 年 3 月，頁 19-20。

賄賂，舞弊，營私，瀆〔瀆〕職，無恥等等，舉不勝舉的例子，天天在報紙上都可以看到。科員制度也就摧毀了長官制的效能，眞正的人才又都被擯棄於政府的門外。最後，表現於更充足的因素是地方自治問題的延擱，政府要將縣自治推遲三年，主要的理由是說：「台灣沒有政治人才。」這教人最傷腦筋。我們知道台灣已具備了一切自治的基礎，實在沒有理由可以延擱：這問題已經觸及到政治的根本。此次暴動所喚出的口號，還是要求自治。也就是爲甚麼以不惜流血和犧牲，自取政治爲人人所有的民主鬥爭了，

台灣人的性格

在此，我們還要注意台胞的民族性。第一守法：台胞安分，愛秩序，恨貪污，第二認眞：因此肯負責任，不苟且，勤勉，做事肯澈底；這次暴動中就很少發宣言，貼標語，喊口號，也是這種性格的形成。第三樸素：生活簡單，穿著樸素，但極清潔。每個帶著簡單午餐「便當」，度過辦公室或野外工作的一天；因此不會貪求無厭。第四勇敢：由於感情豐富，所以不怕犧牲，勇於殉道，而且非常豪爽，這是客觀環境不斷的予以訓練，因此在半世紀的日本統制下，並沒有奴化。第五刻苦：恥於不正當的收入，每個人都願用自己的手去撐持一家的生活，向一切罪惡的環境，永遠作「無言的鬥爭」。[42]

42　陳儀曾告戒僚屬說：「台灣人最大的優點，就是每個人都有守法的習慣。我們大家當公務員，應該要絕對地守法。」參閱歐陽予倩，〈台遊雜拾〉，《人世間》，上海，第 2 期，1947 年 4 月，頁 43。

從歡迎到敵視

當光復時前進指揮所第一次跨入台灣領土，從台北到基隆被鵠候三四天的老百姓感激的流涕的歡迎國軍與官員的情景，僅僅爲曇花一現，這並不稀奇，政府僅接收土地財寶，並不接收人心，接收大員發財回去了，事情也大大的轉變了許多，政府的威信以後就一蹶不振。[43] 工廠停頓，商業蕭條，失業，都加深著痛苦，即令對任何一個善良的公務員，也懷仇恨。如何這個反對政府情緒恰好成長和存在，除如上述之因素外，充足的說是政府的加強統制，人事紊亂與無能；歷次要求地方自治的呼籲，均被拖延；省外人士處處居於優勢，毫無誠意與台胞合作；台胞的被歧視，普遍的行政腐化，中央無理的苛求等等，這些對於台胞連合著造成和累積一種極大的痛苦和敵意，因此也就引起了一種激烈的，報復的，但也是主動的鬥爭。

（三月十八日寄）

43　事實上官員接收之初，許多是捷足先登，懷抱著升官發財的大志來台灣。這些人有無比的優越感，進衙門、搶位子，劫搜物資、霸佔房產。大者帶班底，小者帶跟班，任用私人就算不合法，也被視為天經地義。不料台灣人不識相，把事情看得太嚴重。怪不得人們說的好，「不為掙錢升官，誰到台灣來？」參閱高超，〈「阿山」台灣人之間〉，《中建半月刊》，北平，第 1 卷第 4 期，1948 年 9 月 5 日，頁 20-21。

台灣勞働訓導營

金穎

三月廿七日上海文匯報

台灣是一塊乾淨土，然而，十四個月來，腐朽的政治對它作著強烈的侵蝕，給它蒙上難以筆述的腥污。

從經濟上的包辦統制到政治上的專制高壓，在証明台省行政當局之於人民，不僅繼承了日本時代台灣總督府的淫威，而且變本加厲地蠻橫驕恣盡其壓制剝削之能事。這裏筆者概略報導台灣省勞働訓導營的情形，冀能幫助讀者了解台省當局施政的一般。

台灣省勞働訓導營（簡稱勞働營）成立於去年四月十九日，直屬警備總司令部，營址設在台北市東北郊，距市中心約六公里，營舍分爲兩部，受「訓」人員在去年底就有四五百人。成立之時，當局公開宣告：勞働營的任務爲「訓導」流氓份子，「感以仁愛，教以勤勞，使他們認識自己，認識人生………」官話是漂亮的，可惜「流氓」的帽子也像「紅」帽子一樣不值錢；遠在去年七月，台北市參議會第二次大會第三日，某參議員就公開提出質問：「勞働訓導營內受訓人員中，確非流氓而被拘當作流氓者不少，如花蓮縣參議員鄭根井氏，蘇澳醫師林清標氏，埔里信用組合長施雲釵氏，[44] 嘉義市里長原領事館通譯王伯源氏，台北市第一旅社主王民虎氏，台中市木炭商吳友氏，林子口蔡憒樹氏等，原係社會知名人士，皆被甚〔當〕作流氓送到勞働訓導營受訓，眞眞可笑可憤。……」當然，被漏列的或之後絡續被捕的「知名人士」還有許多，如省「爆彈」參議員郭國基，[45] 以及無數記者，教師，學生，公務員………，他們所謂「流氓」的表現，或者是批評政府，反對官僚，或者是抨擊獨裁，要求民主，或者是憎恨貪污，稍微說幾句公道話………。至於被莫名其妙地，抓進來的也有的是……據說，勞働營開辦之初。警備司令部曾密令各級治安機關，限期提送「不穩」份子，於是，就像抓丁似地，執行人員抓了不少平民充數；一位老太婆，當她的兒子逃跑的時候，他就被綁擁著代表兒子入營「訓」了；一個農民於看草台戲中途「自行」緊縛入營；一位新聞記者，在營內採訪消息時也被拘捕起來。………

這里作成幾個統計，藉以顯示所謂「流氓」份子的一鱗半爪：

（一）年齡：最少十四歲，最高四十六歲。

（二）智識程度：大學四人，專科十三人，中學三十五

---

44 施雲釵（1901-1960），南投埔里人。二二八事件時埔里仕紳組織「雙九會」維持地方治安，並推舉施雲釵為會長。參閱埔里影像故事館 / 埔里鄉情老照片老故事 / 埔里仕紳茄苳腳蘇宅前合影 https://zh-tw.facebook.com/BuLiYingXiangGuShiGuan/photos；媚麗埔里魅力之旅 / 大埔城志 / 歷史大事 228 事件烏牛欄之役 http://www.puli.gov.tw/web_travel/history/

45 郭國基（1900-1970），屏東東港人，屏東公學校畢業後，考入台南長老教會學校（今長榮中學）。之後前往日本明治大學深造，曾加入台灣文化協會、台灣議會設置請願運動、台灣民衆黨。1943 年因東港事件被判處無期徒刑，戰後當選第一屆台灣省參議會議員。參閱許雪姬總策畫，任育德撰，〈郭國基〉，《台灣歷史辭典》（台北：行政院文化建設委員會，2004 年 5 月），頁 819。

人，小學一百人，略識字者一百十八人，專習國文者十五人，不識字的一百五十六人。

（三）職業：參議員二，醫師二，公務員十五，新聞記者二，教師八，學生十，機械師二，經理商人等等包括四十六行，無職業的只有三人。（這里所指的各行職業，多半是光復前原任的工作。）

（四）犯罪原因：所謂「擾亂治安」者二百四十七人，盜竊罪者七十一人，詐騙罪者八人，賭博罪者二十四人，其他「罪犯」百餘人。

詳細觀察上面幾種統計，可以說明一個事實：「流氓」也者，「勅封」「恩賜」而已；但當局心目中的「擾亂治安」份子以及其他「政治」「思想」犯竟佔總人數之百分七十左右，只此一端，我們就可領悟到勞働訓導營的性質與任務了。

受「訓」人員的行動非但沒有絲毫自由可言，還應以「絕對服從」為天職；非但要接受「一個主義，一個政黨，一個………」的灌輸，還必須「坦白」接受是非顛倒，黑白淆亂的「訓導」。而在思想上「統一」「集中」之餘，又要絕無報酬的支付所有勞働力，為執行「訓導」任務的總管們的努力生產。

思想輸入，勞力支盡，殘餘生命更操在當局手裏，受「訓」時間以六個月為一期，「執迷不悟」者再「訓」，三「訓」而尚「頑固」者殺；受「訓」期中被認為仍有「嫌疑」或「不稱意」的，或處死，或放逐。民命枉死多少我們無法得知，被放逐到離台灣六十多海里的太平洋上火燒島去的，卻已經有了三百人了。[46]

台灣省勞動訓導營 集中營，活像一條毒蟒，吞噬了無數人民的生命，剝蝕了無數人民的靈魂，掠劫了無數人民的青春。………它的任務一方面是「訓導」人民，「感以恐怖，教以愚蒙，使他們戕害自己，憎惡人生」，乖乖作爲腳下的羔羊，另一方面是殘殺青年，根絕異己，撲滅一切進步的新生的力量的。

46 火燒島今名綠島，據目前所知戰後台灣第一批押往綠島的政治受難者，是在1951年5月17日由基隆搭船出發。二天後抵達綠島南寮漁港，下船後徒步經過中寮、公館，最後抵達目的地—新生訓導處。參閱鍾肇騰等，《2013綠島人權藝術季活動成果專輯》（台東：國家人權博物館籌備處綠島人權文化園區，2013年10月），頁6-9。

社論・評論

社評
台灣騷動的善後

三月九日北平平明日報

八年抗戰，惟一勝利的果實是淪陷五十年的台灣重新回到了祖國的懷抱，一年多的統治，不會使台灣人感謝祖國，歡迎祖國，形成新去的內地人和台灣人的密切結合，而鬧出不幸的二月二十八日事件。據中央社所發表，起因原於台灣公署承襲日本舊制，行捲烟公賣，而地方人有不少私販的。專賣局因爲搜查私販，拘捕而傷了不少人，因而引起公憤，台北，高雄，台中，台南，基隆，花蓮港，各地騷動，形成台灣人對官署警察公教人員的總襲擊，交通阻斷，人心惶惶，三月一日夜台北市郊新店被服廠遭台胞二百餘人搗毀，新竹縣政府一度被圍，三月二日台北市住戶商店尚全未開門。截至二日止，台胞傷亡爲四十八人，外省公教人員及眷屬被毆傷亡者已逾四百人，也有說達到幾千人的。三月四日台北市秩序，雖已恢復，而六日下午尚有坐卡車搶奪士兵槍械的人。從陳儀長官六日下午的廣播詞裏，知道全省交通仍未完全復原，物價高漲，人心不安。陳長官公開發表，省政府改組爲委員制，預備保薦台灣的賢達爲委員廳長，並定於七月一日實行普選，一部縣市長要由民選產生。三月七日閩台監察使楊亮功赴台調查，我們希望因省政府的大澈大悟，改弦更張，使台灣展開一個新的局面。[1]

台灣脫出日本人的壓迫統治，恢復自由民的地位，其歡欣鼓舞，力爭上流的精神到處表現。不經亡國，不知自由之可貴。據行總辦理難民遣送人員的報告，台灣同胞表現的最有組織，能團結，愛清潔，守秩序，難民團所住過的招待所，整齊清潔，超過所有各省的流亡人民。出乎一般人的意外。總合各方面的關於台灣的報道，台灣雖受了日本人悠久的榨取壓迫，但因爲水利興修，產業發達，教育普及，其一般人民的生活知識水準，決不低於國內任何省分。這話說出雖不免慚愧，卻不容不坦白的承認。

勝利給了台灣人什麼，物價高，商業停頓，日本軍閥警察官僚財閥走了，換來了一批新的統治者。照台灣人的批評，「貪污驕矜過於日本人，能力技術不及日本人。佔著高的位置而實一無所能，現在台灣留有一部份日本技術人員，因爲沒有他們，台灣的工鑛發電事業便受影響，許多祖國去的接收人員，在台灣人看起來卻是可有可無，台灣人甚至於說，日本人是狗，來的人是豬，」狗需豢養，還有看家本領，豬則飽食終日，無所事事。又說「除了說國語以外，內地人毫無勝過台灣人的地方」這是台灣人的觀感，一年統治，印象如此，加之以征歛重重，秕政百出，所以引起人民的公憤，

1　楊亮功（1895-1992）以閩台監察使的身分來台，但對於二二八事件的調查，沒有報告出任何的真相，在當時輿論早有微詞。故有人揶揄他從為政不在多言，到為政無言。這或許是該事件「事出有因、查無實據」。參閱江潮，〈台灣「御史」楊亮功）〉，《人物雜誌》，重慶，第 2 年第 5 期，1947 年 5 月，頁 40-42。

台灣的紙煙專賣制度，[2] 承襲自日本人，統制奢侈品的消耗，增加公庫收入，其用意非無可取。但實施這種制度，以官吏不營私，海關緝私能澈底爲條件，我們懷疑台灣政府這兩項均不能作到。私煙遍地，而以武力制裁小販，其引起爭執是必然的。不過取締紙煙事件，僅是一個官民衝突的偶然導火線。騷動發展到全省，傷亡到幾百，是決不能看作偶發的小事件的。

台灣是國家的一省。台灣人在五十年前於祖國決定把台灣割讓敵人之後，還曾獨立組織政府，從事抗戰。事雖撓 敗，台灣人是無負於祖國的。日本降服以來，台灣的糖台灣的水菓早已送到祖國的各大都市，祖國給了台灣些什麼呢？去台灣的人應當以知識技能爲台灣人服務，以換取應有的生活待遇，不應以地位權力向台灣人誇耀，更不可以過了多少年半殖民地的生活，便以爲有什麼優越的地方，可以向台灣人驕矜。政府於處理台敵有土地財產物資的時候，也需特別顧及台灣人的利益，從政府在內地各大都市處理敵僞財產物資的作風辦法推想，恐怕這一項是最傷台灣人的心。我們主張以

2 日治時期香煙雖是專賣，但總督府允許民間有小規模的私人經營。可是陳儀來台後，完全廢止私人經營。不料專賣局生產香煙品質極差，氣味霉辣不能入口，一般人皆不願吸食。海軍副總司令桂永清（1900-1954）來台時，曾遇到長官公署科長二人抽著美國煙。桂氏感到好奇為何自己抽的是專賣局物美價廉的香煙，但他們不抽專賣局自製香煙。這二名科長才笑著說，桂氏抽的香煙是專賣局招待外賓之用。桂永清在與陳儀見面後提到此事，陳儀等到桂氏離開台灣下令撤查，結果都跟上述提到的貪污案一樣都不了了之。參閱張琴，〈台灣真相〉，《文萃叢刊》，上海，第 2 年第 24 期，1947 年 4 月，頁 29-30。

收回的敵有土地合法分配於當地的貧農佃農，以敵有物資的處理減低台灣人的負担，而不希望藉台灣的收復來銷國庫的一部赤字。驅逐了日本的文化，我們須有代替的文化，爲台灣預備的文化食粮，也須大加注意。

最後我們要提出聯合社對於二月二十八日事件的報道，極盡其誇張煊〔渲〕染的能事，無論其出於誤傳或有意，都可以使人怵目驚心，如果如道路所傳聞紙煙私販和外舶走私有關，則其情節尤可注意。但是我們相信台灣的善後，是不困難的，因爲台灣有五十年創鉅痛深的經驗，他們知道需要而離不開一個祖國。

社論
評台灣二二八事件

三月九日北平華北日報（中宣都〔部〕機關報）

台灣發生二二八事件距今已九日，我們始而驚愕，怎末會發生這樣重大的不幸事件；繼而憂懼，躭心這一事件會演變到不可收拾的地步：最後我們獲得安慰，台灣當局能當機立斷，採取各種必要的措施，由安定秩序做起而決心作地方政治的全盤革新，台灣同胞又均深明大義，以國家民族爲重，但求事情的合理解決，絲毫不以意氣或感情用事，故彌天大禍能於一星期的短暫時間內迅速解決。且由此一事件所獲之教訓，使民意得以伸張，台政日趨開明。二二八事件雖成台灣之不幸，但因是而使台政革新，謂爲台政開展之轉捩點固可，謂爲建設新台灣之紀程碑亦無不可。斯誠不幸中之大幸。

台灣情形有種種因素，與內地省份不能一像〔樣〕。第一在地理上孤懸海中與祖國大陸隔絕，風士〔土〕人情與生活條件自有其特殊個性。第二台灣脫離祖國五十年，一旦歸來，如赤子之驟依戀母，他們無限辛酸，無限悲怨，從此幸得翻身，在創傷的心理上只渴望安慰，憧憬於一個民族平等，民權自由。民生康樂的理想新天地。[3] 第三台胞經過敵人五十

3　台灣人的祖國就是中國，不僅在台灣是如此教育，連上海的兒童雜誌，也花費不少筆墨，幫台灣人進行宣傳。參閱金枝，〈一個台灣省的小朋友—林忠祖〉，《兒童知識》，上海，第 1 期，1946 年 7 月，頁 15-16。

年殘暴無情的統治，他們對於統治階級養成一種疑懼或嫉視心理，今幸重還於過去的大家庭，但這個家庭裏的事情他們隔膜了，大家庭裏的兄弟姐妹生疏了。我們經常看到那多年不見面或從未謀面的親戚在見面時那種乍驚又喜的情愫，恰可爲今日台胞的寫照。唯其如此，在台政的設施上便具備一種特質：一切著重於溫和與寬大。主政者須以慈祥愷悌之心撫慰台胞，使他們激發骨肉之親，同胞之愛。就是他們有時過份一點，越禮一點，亦不要緊。再說一句，即使讓台胞多拿一些權利，少盡一些義務，我們其他各省同胞，也一定心安理得，認爲這是對遠道歸來的兄弟一種應有的歡迎之意。

本報記者客歲曾隨各地同業至台灣觀光，我們欣慰於台灣的民豐物阜，欣慰於台胞刻苦耐勞的習慣，欣慰於台灣文盲的稀少，也欣慰於台灣物質建設基礎之已經奠立，台灣的政治設施也還有條不紊。然而總感覺缺欠一點什麼，那便是誠信相孚還不夠。即便是前面所說，在政治上所表現的溫和與寬大不夠，未能激發台胞的骨肉之親，兄弟之愛。拿這回二二八事件來說，起因於省專賣局查緝私烟，與台北市民發生衝突，致傷及人命，發生紛擾。台胞便糾眾包圍專賣分局，包圍警察局，並搗毀電業公司及貿易局。後來事態擴大，由台北而波及全省，弄得交通斷絕。糧食恐慌，且由官民衝突演變爲台灣人攻擊外省人的行動。設若事後處置不當，及台胞逞於意氣，再加以奸人播弄，可能使這場紛擾鬧到不可收拾的田地。

過去的事情暫不說它，但台灣當局對於這不幸事件的處理絕不感情用事，且能表現政治家的風度，的確做到亡羊補牢的工作，這一點最值得稱道，陳儀長官於事後立即宣布：對參加擾亂之台人不予追究，死傷人民優予撫卹，會同民意機關成立處理委員會公正處理。本月六日復接見民眾代表，當場宣布政府改善政治之重大決定，此後長官公署改為省政府，廳處長將盡量任用本省人士，定七月一日起開始縣市長直接民選，在實施之前，不等職的縣市長，准由當地民眾代表推舉候選人三名，由公署立刻圈定委派。這樣作，是表示當局尊重民意，俯顧輿情，充分表現民主精神，而非政府損失顏面或有失威信。此不但澈底解決了糾紛，且使人民對政府油然而生親切崇敬之感。處理委員會果然於七日便發出文告，內稱：「我們的目標是在肅清貪官污吏，爭取本省政治的改革，不是要排斥外省同胞，我們歡迎外省同胞參加這次改革本省政治的工作，以便台灣政治的明朗，早日達到目的」。「今後絕對不再發生這種事件，希望大家放心，出來向這個目標邁進」。我們相信全國同胞對這種誠意的請求，定能寄予深切同情的。

台灣紛擾事件已然過去了，但對於失職的官吏仍應澈查，閩台監察使楊亮功已奉派於日昨赴台，望能以迅速明快的方法早日調查明白，確定責任，治肇禍者以應得之罪，必如此才能使台胞心安，罹難者瞑目。[4] 對於此次無辜被害的台胞或

4 楊亮功曾表示台灣事件，應以政治以外的方式解決。何謂「政治以外」楊氏沒有解釋，但普遍受到輿論的反對。因為台灣的善後，不僅是內政、政府威信問題；它更足以影響國際視聽，以及中國的國際地位。因此最好以法律的方式解決。琛，〈法律時評─從法律的角度望台灣〉，《法律知識》，北平，第 1 卷第 4 期，1947 年 3 月 15 日，頁 1。

省外同胞，我們寄以無上的哀悼之忱，但有一點可告慰他們於地下者，假如從此使台政步入革新的途徑，則他們光榮的犧牲已獲得了重大的報償，他們的死，和一切成仁取義的志士仁人，同樣的重於泰山，同樣的具有深長的歷史意義。

社評
論台灣事件善後

三月十一日天津大公報

台灣事變，截至今晨所得電訊，派去軍隊已在基隆登陸，而局勢仍無顯著改善的確報。

原來一片乾淨土，竟變成了被愁雲慘霧所籠罩的恐怖地獄。陰鬱灰黯的台灣天空倘不立放光明，實在令人刻刻在增加憂惶焦躁的心情。

政府當局現在對於台灣騷動，須先確認一個原則，就是：專以武力鎮壓，只能增加糾紛，以致局勢更混亂，更不可收拾。縱令鎮壓暫時奏效，然而卻絕對不能解決問題。所以地方當局要採取的緊急措置，應當審慎周詳，切勿鹵莽滅裂。而掃除陰霾，召致祥和，其關鍵所在，要為開誠布公，順從民意，拿出具體的事實，為明朗的宣示，先求挽回人心，安定地方：這是當前急切應辦的第一件事。

這次台灣事變，起於上月杪專賣局在台北市取締攤販，沒收香烟，開槍殺人，激起公憤。於是各地騷動蠭起，其後已稍穩定，不料至上週末羣眾忽出而襲擊軍事機關，形勢更趨嚴重。事變發生，當然由於許多遠因近因的積累決非偶然。台灣自前年秋間光復至去年初即一度醞釀要鬧民變，幸而弭變未形，不曾爆發。然而這一年中，台灣人民對於一切政治措施以及經濟統制，其心理已由失望而趨於絕望，民怨沸騰，人心煩悶，故偶有機緣，一觸即發，星星之火，遂致燎原，而在此燎原大火中，各地羣眾中風狂走，情緒激昂，其勢如具有毀滅性的一陣暴風。試看各地暴動羣眾所揭櫫的口號標語，可以充分看出其中所包含的嚴重的意味。然而這決不能就認爲如警備總部的布告所云，他們是「自外生成」或「陰謀叛國」。試想前年十月，無數台胞，不分男女老幼，趕往基隆，流著眼淚歡迎國軍，飯館酒店免費招待，家家戶戶放鞭炮，祭祖宗，人人爭習國語：那是何等可歌可泣的情景，時光如駛，剛剛一年有半，而人心離析渙散至此。這期間自必有許多事大傷了台胞的心。語云：「水能載舟，亦能覆舟。」各級政府此時此際實在要痛切省察，並嚴厲糾正本身缺點。

這裏須說明，台灣是一片乾淨土，台灣人更是純朴淳厚，坦率天眞。台灣雖被日本統治了五十年，然而人民對於政治的感覺，依然非常銳敏。中國行政機構的低能腐化以及若干官吏的貪污作風，在其他各省，老百姓們已見怪不怪；往壞的方面說，已是麻木不仁，甚至於可說是良知疆斃。但是台灣人民卻把官吏的營私揩油看做罕見的怪事。他們倘捉住貪污證據，就要奮勇檢舉。同時，他們對於行政的低能寡效，自衛生行政以至警察治安各端，都比各省人民的反應快，感觸深。所以爲防疫不力，就曾在省參議會大吵鬧；而一年來台灣弄得盜匪如毛，乞丐滿街，尤使台灣人民今昔對照，受不少的刺激。他如專賣制度，公營貿易政策，官僚資本的侵入台灣，尤使台灣人民一方面怨毒日深，一方面生活日苦。在台灣正鬧糧荒的時候，徵實徵借，相繼逼來，尤其引起台灣人的重大反感。就稅捐說，台灣民眾認爲一年中加重了三十倍至八十倍。如此誅求，而不設法安定其生活，增進其生產，自尤令台灣同胞有沉痛的感覺。過去日本在台灣盡力榨取剝削，然譬如「養羊剪毛」，尚可忍受；今倘悍然不顧一切，必出於「殺雞求卵」的笨方法，則其後果當然不堪設想。許多在台灣的行政機構，類此蠢舉，俯拾即是，這裏不必多舉例證。還有行政長官公署之特殊化的組織，原爲過渡辦法，台人久已不滿，籲請改設省府，而此次騷動發生以前，政府迄無圓滿的答覆。各機關處長主任等位置，盡爲外省人所佔據，尤令台人傷心失望。陳長官去年初宣布，願訓練台胞萬人，準於年終加以任用，然亦僅以所謂佐治人員爲限，且此諾言亦未能充分兌現。[5] 至民意機構，僅於去年五月成立省參議會，而職權過小，難以宣達民意，台灣民眾同感觖望。尤以報紙言論紀載，不得自由，無從報道事實，反映民意，馴至人民積憤愈深，而毫無宣洩的機會，更是這次騷動所以發生及擴大的主要原因。

基於上所論列，可知關於台灣事件，不必粉飾，不必張皇，更不可藉口激烈的行動，臨以高壓的手段。台灣問題的根本解決，須訴諸常識，須訴諸負責當局的反省。簡括說來，其關鍵所在，爲刷新行政，一洗官僚作風，儘速依憲政常軌

5 當時有勇氣的外省記者報導，外省人在台灣的工作環境都掌握著上層，台灣人做的工作都是中、下層，形式上造成統治者與被統治者的對立。外省人薪水高，台灣人待遇低，使得生活都很難維持，又造成經濟上貧富對立。它造成的結果是台灣政治與經濟上的不幸，也是整個中華民國的不幸。朱荷生，〈性比例與婚姻—台灣采風錄之一〉，《中央週刊》，南京，第 9 卷第 2 期，1947 年 1 月 8 日，頁 25。

實行省自治，當局對人民要少做宣傳，多給自由，同時，袪除統制剝削的一套辦法，切實改善台灣人的生活。這是穩定台灣收拾人心的最低限度的緊急措施。

社論

誤天下蒼生者皆此輩也

三月十一日北平經世日報

昨報載：「赴台撫慰大員，蔣主席已決定派白崇禧前往，政府處理台變，仍決本寬大而和平之政策，以求合理之政治解決。[6]至台人事問題，八日午蔣主席宴林〔李〕翼中[7]時，亦曾談及，當時有吳昌鼎〔吳鼎昌〕，[8]張羣在座。吳張均謂目前不宜改變，如馬上換人，將影響政府威信。蔣主席聽後，無具體表示」。又據林〔李〕翼中談：「台變之起因，最主要者，爲台民對省政當局之經濟措施不滿，對中央尚無惡感。」這一段新聞，簡直是中央用人行政的具體說明，政客官僚主義的作風寫照，我們看罷以後，只有扼捥歎惜〔息〕，

---

6 白崇禧（1893-1966）將軍與二二八事件的史料，近年已由其子白先勇彙整成書。參閱白先勇、廖彥博，《止痛療傷—白崇禧將軍與二二八》（台北：時報文化出版，2014 年 3 月）。

7 許雪姬教授斧正林翼中之名為排版錯誤，正確者是中國國民黨台灣省黨部主任委員李翼中。此宴請記錄亦可參閱第 280 頁，三月十六日《清華周刊》時事綜合報導「台灣事件」。

8 吳鼎昌（1884-1950），四川綏定人，早年就讀成都尊經學院，後赴日留學畢業于東京高等商業學校。未幾加入同盟會，亦是國民黨黨國大老。民國時期歷任黨政要職，1946 年先後擔任國民政府文官處文官長、中國國民黨第六屆中央監察委員、中央設計局秘書長。1949 年前往香港後病逝於此。參閱劉國銘主編，《中國國民黨百年人物全書》（北京：團結出版社，2005 年 12 月），頁 1066。

欲哭無淚，受了良心的驅使，不能不把這個重要的病源指示出來，使當局知道：我儕小民，非盡昏昏然不辨菽麥之「阿斗」，而誤天下蒼生者，皆此輩也！

台灣事變，原由查緝私煙而傷及多人，以致引起民眾憤激，包圍專賣局，警察局，雖陳儀一再宣佈，和平解決，改革省政，容納台民要來；而昨日消息傳來，反有擴大之勢。台民組織二二八事件處理委員會，儼然以政府自居，將設處理局及政治局，接收公營事業，陳儀等均住宿公署，等於受了軟禁，形勢搞得這樣糟，難道政府的威信不受影響麼？據今日的報道，台警備部發出文告說：

乃竟有少數份子，企圖利用機會，奪取政權，背叛國家，佔據廣播電台，歧曲事實，盡情煊〔渲〕染，煽動民眾暴動，風聲所播，全省騷然。以至全省行政官吏，或被挾持，或被毀辱，政府機關，或被佔領，或被搗毀，外省公務人員及經商來台者，或被劫殺，或被傷殘，慘毒所加，雖婦孺不能倖免，死傷之鉅，既難數計，事變演成，史乏前例。日來則變本加厲，愈演愈烈。言論行動，均置法紀民意於不顧，造成無政府狀態，更進而主張解除國軍武裝，撤銷警備總部，氣焰彌天，殆非使台灣脫離中國而生存不可，其爲背叛國家，昭然若揭。

似此軒然大波，眞可說「史無前例」，台灣淪陷五十餘年，難道台胞自外生成，甘心受異族的宰割麼，如果還只是「少數份子」的陰謀，何至能鬧得全台騷然，我們覺得這「少數份子，利用機會」，容或有之。而此少數份子，居然能拿「煽動」的手腕，來領導民變，也就値得我們的政府痛自反省了，林〔李〕翼中所謂主要原因是台民對省政府當局的經濟措施不滿，這當然是不錯的，恐怕還不僅如此吧！政治的措施，據我們所知，也是相當的不滿，他們曾經幾次要求改組長官公署爲省政府，對陳儀表示不信任，可是中央始終未拿這件事放在心裏，反使台灣逐漸特殊化！我們以台民要求改組省政府一點來看，無疑的台胞絕沒有背叛祖國的意思，倒可以證明他們誠心內向，然而中央不恤千萬台胞的要求，偏偏維護一個「海外扶除」「政制自爲」的長官，以致釀起惹大的民變，我們眞不懂得這是一種什麼政策。

回憶抗戰勝利之初，某系的要人，近水樓台，捷足先登，攫取了兩個邊疆的統治權，勁使這兩個地方特殊化。儼然有封建王侯的意味，國人已期期以爲不可，倘使他們眞能作得好，不管特殊不特殊，倒也罷了，無奈試驗的結果，只是民怨沸騰，他們既沒有「拿得起放得下」的政治家作風，而中央又總是受某些人的操縱，因循敷衍，這究竟是什麼道理呢？一言以蔽之，曰：「官僚主義」的「持〔恃〕寵」作祟而已。

我們今天，再也不能容忍了，這種官僚主義把整個的國家，弄得支解割裂，行將葬送出去，試看外蒙古是誰拱手奉讓的，新疆和台灣造成現在的局面，又是那個負責，東北的旅大，猶在外人之手，吉黑的沃壤，坐令共黨盤據，如此江山，徒喚奈何！這還不是某系「挾異黨以自重」「攫邊疆而獨立」的一貫陰謀麼？[9]假如整個的行政權，都操在他們手裏，

9　當時除了台灣之外，內蒙古、新疆、西康、西藏都有情勢不穩的現象。以內蒙古來說，國府與盟旗、盟旗與盟旗間的關係始終沒有解決。再加上外蒙古已經獨立（1946.1），有識者擔心內蒙古會起而效尤。以新疆來說，「東土耳其斯坦運動」正在醞釀中，其主張也是要脫離中國而獨立。對西康來說，

那眞就亡無日矣。所以我們在傳聞張羣將長行政院的時候，曾寫過二次社評，提醒當局。酌加考慮。[10] 今台灣之事，張吳猶說:「馬上換人，將影響政府威信」。惡！是何言！是何言！這眞是黔驢之技倆已窮，而官僚的面目畢見。自北伐以來！一切政治所以搞不好，皆由於巧宦借「政府威信」四個字來逼成的。爲政府威信，不惜殘民以逞，爲政府威信，不惜倒行逆施，那有，什麼威信可立呢？「人非聖賢，孰能無過？」此宋子文猶不失爲一個磊落光明的人物，受攻擊而即求去，畢竟還有點風格，若官僚主義者則不然，「笑罵由他笑罵，好官我自爲之」。不說自己的本領不行，「官逼民反」偏要拿政府威信四字來作擋箭牌，其卑鄙無恥，可謂至矣盡矣！這種頑固自私的官僚作風，乃是我國政治的致命傷！假如中央，能痛下決心，澈底掃除，則一切都沒有辦法，還談什麼統一建國呢？

因此我們謹以至誠向政府垂涕而道：

（一）凡不協輿情的疆吏，一律從速撤換，不管他有什麼勢力靠山。

（二）凡官僚主義者，萬萬不能讓他們入閣，不管他有什麼小才小技。

因禁種鴉片引起羅羅區人民與政府對戰。對西藏來說，該地久已半獨立狀態，對祖國政治不感興趣。參閱英夫，〈申論—台灣事件與邊疆問題〉，《中堅月刊》，上海，第 3 卷第 5 期，1947 年 3 月，頁 6。

10 1947 年 3 月 1 日國防最高委員會，准許行政院長宋子文（1894-1971）辭職。同年 4 月 17 日新任行政院長，亦是政學系首腦張群就職。本社，〈社論—宋子文的去職〉，《世紀評論週刊》，南京，第 11 期，1947 年 3 月 15 日，頁 3-4。

（三）尤須嚴防，某系「裏吃外巴」的陰謀，攘竊政權。不管他們有什麼手段搗亂。

我們敢指天誓日的說：這種建議是對於任何人無絲毫嫌怨，純本國家民族的立場而發的。本文既因台事有感，對台事也具有幾點希望：

（一）台灣一島，鄭延平由荷蘭人手中收歸中國版圖，金廈漳泉人辛苦經營了二百餘年，乃爲日寇所奪。今既佈復舊主，照舊例僅福建省屬之一道耳，即以光緒改制，亦僅爲一普通的省份，豈能與東北比，更不能與新疆等量齊觀，況東北新疆都還有省政府，何獨台灣特設一長官？此在制度上懇從改革者。

（二）台胞既不便於陳儀，彼有何顏更爲之首長？難道還要逼使台民眞個造反，殺官劫庫，再派兵去剿平麼？爲今之計，速簡一德望素孚的大員，主持省政，推行新憲，則台民不戢而自服矣。不過以前傳聞朱紹良吳鐵城有主台說，這當然還是某系利權不外溢的把戲。[11] 今又有白崇禧前往宣撫議。這又是爛攤已到了難於收拾的地步，樂得讓別人去擋一陣。聰明的官僚們，爲什麼不自己出馬呢？

（三）台灣的經濟措施，有些實在太不像話，應即從速改絃更張，不要讓日寇竊笑於旁吧，譬如此次事變的導火線

11 1947 年 3 月 13 日南京傳來消息，可能以重慶行轅主任朱紹良（1891-1963），或者新太子派首領蔣經國（1910-1988）、中國國民黨中央黨部秘書長吳鐵城（1888-1953）取代陳儀。參閱本社，〈時事評論—台灣事件〉，《半月新聞》，上海，第 4、5 期合刊，1947 年 3 月 25 日，頁 18；司馬天，〈台灣省易長之謎〉，《中國新聞半月刊》，南京，第 1 卷第 12 期，1948 年 2 月 29 日，頁 9。

是紙烟專賣，那個地方有這種法令？爲什麼偏使台民無買賣紙烟的自由？豈非一大怪事！最後我引中央日報一段話結束：「中央准許台灣行使許多獨特的制度，准許台灣在經濟上和內地暫時立於相當的隔離狀態，中央給了台灣這麼多的便利，不是爲的便官，便利官吏可以胡作胡爲，而是爲的便民，便利台灣民眾可以由原來的良好的基礎上求其發展，而不受內地的惡劣影響。但是不幸得很，這便民之政到了台灣官吏的手上，使變成了擾民便官之政，一年多來，我們看到有關台灣的不好消息太多了，最近更看到了台北事件。以往台灣官吏往往稱這種不滿爲少數失意份子的假借，但台北事件卻不能不說是台灣民眾不滿意官僚作風的表示。你們應該接受這種教訓，向中央懺悔，向人民懺悔」！懺悔麼？那豈不「影響政府威信」？除非中央能澈底肅清官僚主義，一兩次教訓是不會有什麼效力的。

社論

趕快解決台灣事件

三月十一日上海文匯報

由上月廿八日到今天，台灣的騷動已進行了十二天之久。局面之日趨嚴重，有目共睹，無待贅言。然而迄今爲止，我們除看到蔣主席所作「台灣事件已超出行政經濟範圍以外，含有其他政治作用，今後處理首須維持秩序」的表示，以及中樞擬派白崇禧吳鐵城朱紹良三位大員前往宣撫作相機處理的消息外，[12] 就不曾聽到政府對於台灣事件還有什麼根本的打算。固然，政府已添調了兩個整師的兵力前往台灣，執行最高當局所說的「首須維持秩序」的方針；可是誠如台灣旅滬同鄉會李偉光氏[13]所說，「軍隊在台登陸，不論是何動機，都很容易引起台民反感」，所以如何適當地運用這批增援軍隊去「維持秩序」，是值得當局愼重而又愼重地考慮的。

我們必須鄭重指出，當人民表示對一個政權不滿和憤恨

---

12 重慶行轅主任朱紹良，以及中國國民黨中央黨部秘書長吳鐵城，在二二八事件後並無奉命視察台灣。

13 李偉光（1897-1957），本名李應章，彰化二林人。1920 年台灣總督府醫學專門學校畢業，曾加入台灣文化協會。1925 年領導二林蔗農事件，旋遭總督府通緝，逃往廈門、上海。二戰結束後擔任台灣旅滬同鄉會理事長。1949 年選擇留在大陸，1954 年當選第一屆上海市人大代表。有云謝雪紅（1901-1970）加入中國共產黨，實為李偉光擔任介紹人。參閱李克世，《台灣醫生李應章》（台北：海峽學術出版社，2013 年 9 月）。

厭棄的時刻，武力鎮壓似乎從來不能有效地解決問題；恰恰相反，越是用武力鎮壓，越是容易引起人民更深刻更普遍的仇恨。關於這一點，歷史上給我們的教訓實在太多了。今天來處理台灣問題，除掉必須接受這個歷史教訓之外，政府還應當注意，高壓恐怖政策不僅不能平復台灣的人心，反而將使台灣的動亂更趨混亂化，嚴重化，因爲這個孤懸海外的島嶼，外有日人的挑撥離間，內有複雜的民族問題；稍一不慎，便將無法收拾。而況政府現在可調之兵有限，而台灣民眾的憤怒如火燎原；以有限之兵力來撲滅四處蔓延的火焰，充其量也不過只能勉強保持住少數城市表面的安定而已；倘若因此而形成人民與政府的長期武裝對立，那就太危險了，那就太可怕了。

所以，單只增加援軍是不行的，今天政府要趕緊拿出根本解決的辦法來。我們說趕緊，是因爲這局面千萬再拖不得。時間越拖長，問題就越拖出得多，人民的憤怒就越更會深刻下去。我們還記得，早在半年之前，台灣人民對祖國帶去的「官僚政治作風」，就已有了厭惡的表示，一家台北報紙甚至公開把台胞所下「中國人比日本人壞」的結論表現在紙面上。在那個時候，國內以及國際友人的輿論也都不斷發出警告，提醒政府注意並設法改革台灣政治。[14] 然而不幸得很，台

14 上海發刊並大受歡迎的《密勒氏評論報》（The China Weekly Review），其社長兼總編輯約翰．鮑威爾（John William Powell, 1919-2008）在台變後來台考察。他除了對陳儀的不當統治進行抨擊，還明確指出台灣與中國的文化間隔（隔閡）。故中國官吏視為的小事，像台灣人不許在街道上丟垃圾，都讓他們感到不解。而官員與士兵見到好東西就拿，甚至連食物也不例外。參

胞這些不滿的表示，以及各方面率直的忠告，都被當作耳邊風，不予理會；問題拖下去了。拖到今天，畢竟爆發了這麼嚴重的事件。如果政府能夠懍於這次事件的可怕教訓，立即改絃更張，趕緊設法作根本上的改革，台灣的局面也未嘗不可以挽救過來。反之，倘若政府仍然拖延下去，僅用武力鎮壓來做「頭痛醫頭，腳痛醫腳」的應付，那即令暫時可以把動亂平靜下來（事實上，我們很懷疑這是否可能，誰知道再經幾個月之後，又會演變成一個什麼樣的局面！）

那麼，怎樣纔算是根本解決嗎？這首先就要政府在作風上有所改變。政府一貫的作風是「維持威信第一，人民利益第二」，這實在是不妥當的，因爲任何一個政府的威信應該建基於人民的擁護之上，沒有人民的擁護，威信是無法眞正樹立起來的，因刺刀尖支持著的威信絕難維持於永久，以台灣而論，陳儀的治績久已成了問題，然而政府卻始終爲了威信面子的緣故，不願予以撤換，甚至去年十月蔣主席巡視台省歸來，還特別公開加以贊揚。今天台灣鬧了這麼大這麼嚴重的事件，政府對陳氏並無隻字處分；陳氏本人也依舊我行我素，其所發表的廣播還是充滿了一種獨裁專制的氣息，毫無開明民主的氣度。像這樣的情形，怎麼會不使台灣同胞氣憤塡膺，宛如火上加油呢？我們希望政府把面子威信等空空洞洞的東西擺在旁邊，而正視台灣同胞的利益，使台灣同胞的要求能夠獲得相當的滿足，只有這樣，纔能便利問題解決。

閱 John W. Powell 作、守一譯，〈時論選輯—台灣需要好政府〉，《湖北論壇》，漢口，第 2 卷第 5 期，1947 年 5 月，頁 30。

事實上，今天舉國都正爲所謂「官僚政治作風」所籠罩，所以無論派什麼人到台灣去代替陳儀，恐怕都免不了要把這台胞所深惡痛絕的作風帶過海去的，從而也就都難於使台胞滿意。唯一避免或至少是逐漸革除「官僚政治作風」的有限辦法，只有實行民主，讓台灣同胞多多自己治理自己。在這一點上，我們認爲台胞所提出的三十二條要求中，除掉蔣主席所指出的少數幾條外，大部分應該是都可以接收〔受〕的。我們主張政府應該立刻有一個正式的申明，一面提出給予同胞以民主的自治的具體保證，一面懇切地要求台胞約束行動，相忍謀國。也許只有這樣，纔能求得台灣問題的根本解決。

總之，台灣事件的解決，我們希望，要趕快，要和平，要從根本上想辦法，千萬不能拖，不能用武力高壓，不能枝枝節節懷柔應付。

社論

解決台變的方針

三月十一日天津民國日報（中宣部機關報）

上月二十八日，台北專賣局因查緝私烟與市民發生衝突，致傷人命，引起紛擾，加以奸人的推波助瀾，無知者的輕舉妄動，星星之火，可以燎原，竟至演變爲震撼全國的「二二八」事件，消息傳來，眞使我們萬分憤慨。

這個事件的發生，雖起因於極微末的小事，但是履霜堅冰，其來也漸，絕非一時的衝動所能比擬。我們如廣欲知其詳，非就台省一年半以來的施政全貌加以分析不可。自從日寇投降，台灣重行投到祖國的懷抱以後，台胞於五十年來飽經壓迫統治之餘，一且〔旦〕獲得解放，無不歡忻鼓舞，喁喁望治。而中央政府爲重視這新省分的行政，也特別另定一套行政機構，來適應當地的環境，簡派大員，主持政務。但是年餘以來，台省地方政治，卻毫無政績可言。難拾輿情，以教育方面而論，在各省立學校中，不時有學潮動盪，而且起因則不在課程之紛爭，或學術文化之衝突，乃在各校主持者之生活靡爛，以及侵吞公欵，盜賣公物，種種貪污非法的事實。教育是一種神聖事業，而一般從業員的份子不齊，素質低劣，竟至如此，其他必更不堪問。至於經濟方面，則各生產機構，如公司工廠之類，經一接收，它們的烟突即多不再冒煙，據去年九月間台省工礦當局的調查：光復後所接收的工礦企業單位，共一百八十二所公司，二百五十六所工廠，而復工及準備復工的工廠，合計不過二百五十所，且多爲部份復工，並非完全恢復。因此生產停滯，工人失業，一切都呈現不景氣的現象，以致台胞的生活不但比光復前未見好轉，反而日趨於困苦艱窘，甚至因斷炊而全家集體自殺的慘劇，亦時有所聞。我們知道經濟崩潰的結果是窮，教育生產的結果是愚，在上述的台省教育經濟狀況之下，只有加重台胞貧愚的危機，再加以地方當局種種不合理的措施所給予的刺激，且極易發生反感。尤其與民爭利的經濟統制政策，一昧的發展官僚資本，剝削人民生計，更爲台胞所痛心疾首，這次騷動的導火線即由台省專賣局而起，尤可見人民蓄憤已久，一觸即發的原委。這次「二二八事件處理委員會」六日所發表的告全國同胞書，說明他們的目標在肅清貪官污吏，及爭取省政的改革，同時台省黨部主委李翼中也指出「台胞現所要求者，純爲改善政治，革新經濟政策」。台胞的願望如此鮮明，這是首先值得台省當局的反省和給中央處理這次事件的參考的。

其次，這次事件的逐漸擴大，顯係有奸人從中煽惑與操縱，試一看台省各地暴動的有組織有計劃的事實，便完全可以明瞭。我們對於台胞合理的要求，自希望政府儘量使其滿意，但對於挑撥離間，惟恐怕天下不亂的陰謀份子，則絕對不允許加以寬容。根據報導，這次倡亂的份子約有三派：一派是當地的流氓，他們無恆產無恆心，感於生活的壓迫，乃挺〔鋌〕而走險；一派是海外台人，他們過去是日寇的間諜或游擊武力，由海南島潛入台省內地，乘機作亂，[15]另一派是帶有政治色彩的知識份子，他們離開教育的崗位，利用混亂，製造混亂，以展開政治上的陰謀。三者同惡相濟。使這次事件愈演愈烈，「以至全省行政官吏，或被挾持，或被毆辱；政府機關，或被佔領，或被搗毀；外省公務人員及經商來台者，或被劫殺，或被傷殘，慘毒所加，雖婦孺不能倖免。」[16]長此下去，社會秩序必日趨破壞，而人民也必日處於恐怖之中，生命財產，盡失保障，絕無安居樂業的可能。尤其可慮者，那些陰謀份子，為實施他們的政治野心，正在盡其全力，鼓動民眾暴動，使事件不易收拾，以達成他們危害政府分化國家的企圖。所以我們希望台胞不要逞一時之憤，以免墮其術中，長種無窮之禍；並且成為國家民族的罪人。

此次事件的前因後果既如前所述，中央對之亦極重視，正在統籌解決方策之中。我們以為欲使這事件獲得圓滿解決，必須痛下決心，本末兼治。台省當局既不能饜服台胞之望，自當澈底加以改組，機構組織的變更，尤須首先加以考慮；至倡謀作亂之輩，於理於法，皆所不容，若在〔再〕不知悔改，亦難遭國家的寬恕，國家亦不必委曲求全。總之，木既不腐，虫何由生，害馬既除，良馬得救，這是我們所貢獻於政府的解決台變的方針。

---

15 當時的大陸雜誌，一直有傳聞二二八事件元兇，主要是海南島歸來的 5 萬名台籍日軍。息予，〈一月新聞輯要—大不幸的台灣事件〉，《中學生》，上海，第 186 期，1947 年 4 月，頁 101-102。

16 台灣二二八事件剛開始，有云群衆先攻擊專賣局職員，後及於公署公務員，再後是任何一個無辜的外省人。女人有令其赤裸遊行，小孩有挖目剖腹之事。陳至明，〈讀者投書—台灣暴動鱗爪〉，《觀察週刊》，上海，第 2 卷第 5 期，1947 年 4 月 29 日，頁 2、20。

社評
再論台灣事件

三月十四日天津大公報

台灣事件的發展，尚難推測。我們此時呼籲：政府不要用武力彈壓，台胞也該冷靜一點，讓紛爭得以和平解決。

中央已派遣軍隊赴台。平時，部隊調防不要緊；惟獨此時，人民最易刺激與衝動。據台北電台廣播，流言孔多，人心皇皇〔惶惶〕。如果用兵，將使台灣問題治絲益棼。

無可否認，今日台灣民氣激越，而缺乏慎思遠慮。一般羣眾行動類皆如此。[17] 惟其如此，故解決之道，必須釜底抽薪，不可火上加油。台北糾紛重起，原委不詳，但有一點似可判斷，偶然的慘案已變成有組織的民變了。這個變化十分重要，事件已由簡單趨向複雜。在變化的過程中，難保無不純人物在起作用。但複雜問題要用簡單原則去解決，就是說，大多數人民是純潔的，絕不致攜貳。假使不這樣截然區別，而以六百五十萬人民爲「背叛」，那問題就太大也太危險了。倘安撫無方，而致衝突蔓延與長期化，事實不能不憂慮下列兩

17 事件後，外省人看台灣人的個性，多半認為勇敢、冒險，但不及閩南人的豪爽、坦率。台灣人頭腦較為簡單，遇事欠缺深思熟慮而輕率衝動。例如：台灣人在開會場合，常常侃侃而談。說到官吏貪污理直氣壯，動輒捶拳拍桌，一點也不把上官的威嚴放在眼裏。參閱閩友，〈台灣「光復」三週年—從民心看台灣〉，《展望週刊》，南京，第 2 卷第 24 期，1948 年 10 月 30 日，頁 12。

點：一、台灣有三十萬青年受軍事訓練，彼等多有作戰經驗。二、國際環境複雜，可能演出台胞對祖國的離心傾向。

須知所謂「三十二條要求」，是情緒激昂時片面的要價，是二二八事件處理委員會把各方蕪雜意見彙集起來的。目前各地人民也還沒有統一組織，尚不能以一個交涉體正式提出的條件視之。事實上，台中嘉義至今混沌，除台北及台南外，我們不知其他人民有什麼條件。

中樞處置台灣問題，此刻尚不失爲良好時機。當然，用兵不妥，派人員調查也有點迂遠。爲今之計，應在事實上證明寬大，可允許者迅速宣布，不可延宕招致疑慮。例如：撤銷長官制度，罷免負責官吏，廢止專賣及貿易統制等，皆可當機立斷。實際鬧事十餘日，台胞在觀望中樞態度，中樞不要舉棋不定，要趕快妥善處理。

是的，台胞這次劇烈舉動，也不是無可疵議的。我們洞明治理台灣一切毛病，人心向背是現實的，不平則鳴。我們尤深悉台胞忠藎愛國，光復之初，丹心與熱淚，感動神明。台灣人民也本是漢族子孫，他們是反清抗日的孤臣孽子，曾以鮮血頭顱題過詩篇。此次激發民變，責在政府。故在基本觀點上，我們寄予同情；問題只是：感情的野馬，應該勒回一點。看在同胞面上，也爲了不使台灣地方糜爛，最好能回復正常理智，停止衝突，謀取和平解決的途徑。相信許多台胞已見及此，我們在台北台南兩電台中，曾屢聞台胞代表呼籲和平。

總而言之，政府切勿用兵，台胞也應停止行動，一場吵架，可在言談中了之。反是，事態擴大，愈來愈不可收拾，其結果，我們實在不敢也不忍去想像！

社評

再論台灣事件的善後
要對六百五十萬台胞心理爭向背
不要爲一兩個僨事的疆吏爭面子

三月十五日北平平明日報

當台灣事件初起之時，我們在本報社評『台灣騷動之善後』一文中，對台事善後曾提供幾個具體的意見，就是政府治台方針不應當徒重於『取』，同時要著重於『與』，在『取』『與』之間，台灣同胞才會感覺到回到祖國與受日本統治有什麼不同。不意事件並未結束，反而愈演感〔愈〕烈，中樞調兵遣將，處理的方式似乎亦頗動感情。輿論之評議雖多，但多側重於人，少論及於事，白部長台灣之行，遲遲不決，似乎政府態度亦尚有猶疑之點，所以更覺得我們的意見還有再加申述的必要。

檢討事件發生的原因，報導雖多異同，大體不外兩點，一個是遠因，就是台灣人民對於政治經濟措施，積久難平的不滿，一個是近因，便是專賣局檢查私販，槍殺老嫗，以致引起了公憤。至於不良份子從中煽惑一說，就國內政爭的尖銳複雜來說，也容或有之，但是政府處理這個事件，卻應以一般人民爲對象，而不可以這個說法爲根據。因爲一般人民總是純潔的，不能因爲有人從中勾煽，便疑及一般人民的純潔善良。從一般收復區施政情形來說，政府措施之所以喪失人心者，莫過於下列諸端，第一是官吏們官僚主義的作風。不信任當地人民，但又不積極的瞭解他們，教育他們，感化他們，卻以統制方式爲不二法門，於是政府與所謂『飛來的』，遂永遠與當地人民立於敵對的立場。台灣被日本統治者垂數十年，一方面自認爲孤臣孽子，一方面卻傲慢輕蔑，全不信任，官吏與人民的隔膜，必然更甚於內地。第二是官吏們普遍的庸劣貪墨。接收以來，中央政府未必沒有統盤合理的計劃，可是接收的官員們，卻都是窮夠了要尋找發財的機會，所以每到一處，言工業則接收即停頓，造成工人失業，物價高漲，言房屋則侵奪強佔，假公濟私，一方面鬧房荒，一方面要空著許多房產聽其紛爭殘破。台灣是經過日人幾十年建造之區域，日人的公私產業最多，當然這種侵吞掠奪，與民爭利，給人民的刺激也更嚴重。第三是國家整個無辦法，所給予人民的失望。認眞說，日本戰敗了，是由於他侵略政策的錯誤，從軍事政治的效能說，我們尙不足於競。我們的政治效率不如人，我們的技術人才不如人，我們若再不能尊重人民的利益，一反日人搜括自肥的政策，怎能不使人民歎息失望？所以我們認爲今天政府處理台灣事變，要體察全面的事實，而不可輕信一二僨事疆吏的片面報告，要爭取全台六百五十萬的民心，而不必爲一二僨事的疆吏爭面子，要收拾人心以樹立整個政府的威信，卻不可獲罪人民，以保全地方官吏之威信。

關於改革台政，收拾人心的辦法，雖然『二二八事件處理委員會』所提出的諸端，不無逾越規律，不可爲訓的地方。但是也有許多平情近理，爲政府所可以採擇施行的。比如各省行政機構都是委員制的省政府，台灣似乎亦可俯納輿情，撤消特殊制度的行政長官公署。比如專賣制度是極難辦好的經濟行政，戰時試行失敗，各省亦都沒有，似乎亦可不必強行於台灣。比如台灣原有比內地還好的戶口登記，土地測量，工業交通，教育衛生，勝利後又已接受一年祖國的教化，地方自治之實施，似乎亦不必堅持到三年訓練之後。比如台灣在日本統治時代，全省便有三百多萬甲公有土地，（每甲約十六畝）佔所有耕地之百分六十六，這原是日人從民眾手裏征用來的，我們接收過來，為什麼不可以發給台灣無地可耕的貧農，使他們也實際沐到光復的恩惠？[18] 比如全台各縣市區日本房產即佔全數的百分之三十，我們接收過來，為什麼不可以作為貧民住宅，或者廉價讓售於無家可住之台灣人民？日本統治台灣，其目的是以台灣養日本，其手段是以日人治台胞。假如我們若亦不能使台胞參加治理，使利益歸諸台胞，即使我們的真心是保育台胞的自治能力，也很難得到台胞的諒解。

值國家多事之秋，台灣生此軒然大波，誠令人滿懷憂憤，不過，從台灣人民說，台灣人即是福建人，從台灣環境說，台灣孤處海外，新自日本蹄下返回祖國，似乎也無什麼外向

18 當時台灣省行政長官公署地政局長王雍皞（1892-1976）公開表示，台灣是滿清時代割讓土地，與抗戰淪陷土地有異。凡勝利前日本政府依法徵收，或者收買、已辦交換之土地，均屬中華民國政府公有土地。除日本政府強制沒收，或未予交換而有證件足資證明，經查證屬實經核准可以做為例外。這項政策幾乎把台灣人所有土地當作敵產來看待。參閱潘公昭，〈台灣的土地問題〉，《中國建設月刊》，上海，第 3 卷第 1 期，1946 年 9 月，頁 44-46。

的路線可走。從去年蔣主席赴台，台灣人民歡迎的狂熱，更證明台胞久經亡國之痛，思慕祖國之切。所以我們尚可認爲這次台變的發生。不過是台胞憤懣失望，積久難平而起的一種無組織的騷動，其性質不超越反對陳儀及陳儀所代表的一部分做法，其行動雖過分激越，其目的卻尚可勉強納入要求刷新政治實行地方自治的範疇。可是若處理不善，相盪相激，亦可愈走愈偏，而成爲不易收拾的結果。台灣是美麗的。我們希望對這美麗的國土，熱情的人民，以寬容消解其怨憤，以撫慰恢復其寧靜。

唯明者察焉！
——論台灣事件的特殊性與普遍性——

三月十二日天津益世報

以台北警察局捉捕街頭煙販爲導火線而引起的台灣事件，至今仍然沒有完全解決。表面上的平穩，並不能掩飾問題之嚴重與深刻。因爲，台灣事件建築在整個的台灣問題之上，而台灣問題具有兩重性質，其一是特殊性，其二是普遍性。概括言之，特殊性是屬於台灣省和台灣同胞本身的；普遍性是屬於台灣行政長官及統制階層的作風，能力，效率，以及種種的「是非功過」。這情形並不只限於台灣，各地之不同，僅是差別甚小的程度問題。我們若再簡約的對特殊及普遍的性質，略加形容，則特殊性質，無一不好，最低限度，也不足構成大病。但普遍性質，則無一不糟，最低限度也沒有令人滿意的表現。

何以台灣省及台灣同胞就那麼好？問題很明顯：台灣物產豐富，非但可以完全自足，且能有大量出超，戰前台灣每年出口大米達七十萬噸，糖八十萬噸，即爲一例。台灣有完美交通系統，有強大的電力（三十萬瓩），有龐大健全的工業基礎，煉油，製糖，造船，造紙：其規模之大，可謂甲於全國。台灣人有愛國心，重秩序，教育程度相當高，四十歲以下的已經沒有文盲，雖然不全會國文，但這並無碍於他們的科學知識與技能的發展，而且台灣省內沒有內戰，她原本是一塊平平靜靜的好地方。

我們在台灣的行政長官和整個的統制階層，所爲何事呢？光復後第一件大事是被稱爲「劫搜」的接收，這情形在華東華北東北都是一樣的，[19] 其次是管制專賣局貿易局把台灣人活活逼死，許多人所得印象是「帝國主義」的再生，再次是統制階級的吃喝嫖賭，不肯離開城市一步，坐公共車不守規則，不起票，拼命的壓榨貪污，被人檢舉之後，甚至開槍拒捕，瞧不起台灣人，所有的高官要職，一概由「內地」人担任，在十八個長官公署的局處長之中，只有一個是台灣本地人，整個的公務人員當中，雖然官方發表有百分之七十以上爲台灣省人，但實際多半是聽差和書記，而在這些所謂接收大員當中，上海某藥房的跑外的夥計，去台灣竟接辦製藥工廠當廠長！有幾位四川的製糖的內行，去接收台灣糖廠，滿想以「指導者，領導人」自居，不幸，所見太少，對台灣糖業根本莫明其妙，又不肯低頭學習，使當地技術人員爲之齒冷。這和北平接收僞聯銀時，竟有一位根本不懂銀行的唱小生的出場，一樣令人啼笑皆非。初時台灣同胞是百分之百的歡迎，願意盡心竭力的報效，因爲這些大人先生們唯利是求，趾高氣揚，逼得台灣同胞漸漸的不肯與之合作，甚至由消極而積極的抵抗起來了。

猶憶去年此時，華盛頓郵報，評論台灣情況時曾說：「中國對蘇聯的不滿與責罵，雖然都很有道理，而他們在台灣的

19 「重慶人」是上海報紙對來自重慶接收官員的稱呼，這個新鮮名詞直接稱接收就是劫收。參閱徐斌，〈吶喊—橫在人民中間的一道不可忽視的鴻溝〉，《太平洋月刊》，北平，第 1 年第 1 期，1947 年 1 月，頁 27。

所作所爲，正如他們所罵的蘇聯人一樣」。「內地」來的大人先生們，把台灣看成了戰利品，看成了殖民地，陳儀長官把台灣看成自己的王國，一手包辦全省的生產機構，一手包辦了台灣的內外貿易，自己有銀行，發鈔票，儼然國中之國，可惜「國」又不能上下一致，而有很顯著的兩個階層。這種程度上不同的對立在其他省份，若干機關，若干團體之內，也都在事實上存在了。我們曾聽見過若干有識有志之士，若干技術人員的談話，表示他們不能和統制他們的外行合作，表示他們對若干當局及若干長官深切的不滿，可見有問題的不只是台灣，不信請看最明顯的例子——西康，西康民變驅劉，[20] 豈不也是「官逼民反」！

其實，有過失，無能力，都不要緊，可怕的倒是對外間評論充耳不聞，反加曲解與無理的駁斥，而自己則「我行我素」，專走下坡路。去年八月間，我們對台灣問題曾出過一專輯，指出台灣現在的黑暗專制，腐敗！當時，若干衛道者曾對我們深表不滿，我們不再說話了，可是半年以後的今天，大家看啊！台灣成什麼樣子了？是誰逼反了台灣！是「台人」操縱麼？假如是的話，那麼台人既能操縱遙遠的台灣何嘗不可以得心應手的操縱其他各地！是日本軍人仇華觀念的死灰復燃麼？可能有一部分道理，但若沒有「台政腐敗」爲背景，他們不會得到台灣大多數的同胞的同情，而今天的局面，絕

20 驅劉指的是劉文輝，劉文輝（1895-1976），四川大邑人，川軍重要將領。1934 年劉氏被國民政府任命為西康建省委員會委員長，1939 年西康省成立，再被任命為首任西康省主席。此後劉氏以西康為勢力範圍，壯大自己的軍政實力，直到 1949 年 12 月倒向中華人民共和國。

不是某一部份台灣同胞的所造成的了。

看台灣問題注意前述兩個特質，用特殊性給官僚政治作一面鏡子，用普遍性說明台案之外尚有「台案」在，台案可能產生的影響，絕不只限於台灣。我們滿眼熱淚，五內如焚，不忍心把結論一語道破，但事實已經擺在這裏了。其唯明者察焉！其唯明者察焉！

社評
台灣問題的癥結

三月十六日上海文匯報

對於台灣「二，二八」事件，本報已屢加論列；今天本報「星期座談」中各旅滬台胞的意見，尤其可寶貴，但照最近跡象看，政府處理這事件的辦法，似乎仍循著「維持秩序」的原則。秩序第一，亦即是威信第一，這在政府立場說，似乎不能不有此一番舉措，但就根本解決問題著眼，實在不是一個妥善辦法。在政府方面，亦許認爲，人民有所要求，假使立即照辦，便失去了政府的威信，政府即使有意要改變原狀，也須等到原狀恢復以後，再由政府自動地加以改變。這不僅是爭面子，並且多少有點跟人民爭意氣。亦許地方行政長官爲了替自己爭面子，特地向中央陳說事態並不嚴重，把起因推在少數人身上，以促使中央採用高壓政策，然後再爲自己找一個體面的下場。這種不顧大體的作法，只有增加問題的嚴重性與複雜性，實在非常不智的。

我們希望台灣事件趕快收縮，不要再拖下去，再惡化下去。不過假使不把問題的癥結弄清楚，而貿然加以斷然的處理，結果一定徒增紛擾，無補於實際。在政府以及社會上一部人士，亦許以爲，台灣行政長官公署的一切設施，都是遵循中央法令，各級人員及其一切作風，雖不一定比別省好，但至少並不比別省壞，何以別省至今並未發生此類事件，而台灣歸入祖國版圖後僅十餘月，即發生這樣暴烈性的事件，一發即遍及各地。這便不能不令人懷疑，此中或另有消息，因而不能不拋開了問題的眞正癥結，而另找莫須有的「政治作用」。憑此診斷下藥，如何能對症呢！

我們假使平心靜氣，設身處地，替台胞想一想，不難想像出，自從日本投降到行政長官接收台灣，再從接管以後到現在爲止，台灣同胞心理上的變動實在非常劇烈的：據說，當台灣歸入祖國版圖的時候，許多台胞都隆重地祭告祖先，正是陸放翁的名句，「家祭毋忘告乃翁」的景象，其中心喜悅快慰，實非國內同胞所能想像他們懷著一腔的熱望，滿以爲五十年的沉重桎梏可以一旦解除了。然而結果如何呢！不單日本從他們身上掠奪去的一點都沒有收回，並且還增加了新的掠奪，新的桎梏。他們不僅一無所得，而且連留在手中的日本掠奪之餘也失去了。台胞爲什麼痛恨專賣局與貿易局呢！就因爲日本管理下的專賣貿易統制，多少還給台胞以生存的空隙，現在由祖國政府承接以後，由於管理的不善，人事的不蔵〔臧〕反變本加厲。日本的政策還是養羊剪毛的辦法，而現在卻殺雞取卵了。日本所實施的，固然是明明白白的殖民政策，但尚有法理的常軌可循，現在則朝令夕改，弄得人民無所適從。總之，在日本統治之下，雖取之多，但尙有所予，現在則只有取而無所予。台灣同胞，是從希望的山巔一轉跌到失望的深淵底了。

台灣同胞在日本統治五十年所累積下來的舊恨跟敵產一齊被長官公署接收去了，再加以一年多從極度的失望中所蓄積起來的憤怒，一併發作，至於今天不易收拾的地步。這種憤怒的情緒決非「政治作用」所能煽動得起的。縱有如何暴烈的火種。假使落在濕的柴草上，決不會引起火災的。

我們假使能虛心地體會出今天台胞所處的環境，以及其心理上的劇變，我們便可以瞭然於目前採用高壓政策的危險性。國內若干人士亦承認高壓政策並非善策，其理由是：台胞既在日本統治與祖國政府管理，兩相比較以後，發生了不滿，如再加高壓，不免造成離心的現象。這種看法，其實還不夠瞭解台胞的。今天台胞決無「人心思日」的心理。[21] 他們的憤怒決不會含有半點背棄祖國的成分，他們僅僅痛很貪官污吏，但仍熱愛著祖國。所以他們提出了實行自治的合理要求。

台灣同胞正如一個被人虐待了五十年的棄兒，現在含著盈眶的眼淚投向了祖國的懷抱，然而所得的不是撫慰，不是溫存，不是愛育，而是打罵，冷待，摧殘。其失望，憤恨，實在意中。難道忍心再加以高壓麼！

我們希望政府和國內同胞都親切地體會出台胞今日的處境與心境，探索出台灣問題的眞止癥結，予以同情的合理解決。

---

21 有些外省記者認為台灣人，還是相當懷念日本時代的日子。他曾好幾次詢問台灣人的意見，到底是「中國人好，還是日本人好？」台灣人的回答總是一陣苦笑，接著說「你們好」。再追問「你是中國人還是日本人？」回答台灣人的最多，其次才是中國人。參閱楊益泉，〈冷眼看台灣〉，《創世半月刊》，上海，第 14、15 期合刊，1948 年 5 月 1 日，頁 17。

社論
罷免陳儀以寧台灣

三月十五日北平經世日報

本報于十一日社評，對台灣事件，曾沉痛論列。乃荏苒數日，事猶未息，眞令人憂國靡既，台灣本無事，所以激成此變者，純由不肖官吏擾之。政府誠欲正紀綱，肅官常，懲貪戾，慰民心，縱不即斬陳儀之頭，以謝台胞，亦願立刻罷免陳儀及所有在台溺職官吏，以平台胞之憤。中樞果能當機立斷，取此緊急處置，則台事何難迅即平息！

公元七世紀初葉，隋人始至台灣，歷唐宋元明，國人相繼赴台，披荊斬草，開發茲土。洎鄭成功之力征，藍鼎元之經營，台灣正式爲中國郡縣。迨割台事起，唐景崧慷慨舉義，劉永福英勇搏戰，可泣可歌之史實，永鐫國人心版。淪予日本半世紀，而血緣密切，同胞愛深，國人未嘗一日忘台胞，台胞更未嘗一日忘祖國。光復之初，家家祭祖，人人焚香，咸慶「撥雲翳而見日月，去戴盆以觀青天」，其歡慰之深，不亞于徐達之平元都。去秋以組織觀光團[22]，至陝祭黃帝陵，其國家觀念之深是民族意識之高，非言語所能形容，設無作威作福之總督，赴台肆虐，台胞焉肯相挺爲亂，增邦家憂。因思光復台灣後，國家未能妙選第一流人才與循撫我台胞，

22 實為「台灣光復致敬團」。

竟使豺狼牧之，實屬對不起台胞。

與台灣情形相同者，尙有東北及邊疆各地，政治特殊化，經濟特殊化，虐民如恐不勝，括民唯恐不盡，民力竭，民怨深，隨時隨地可肇意外事件，故從台灣看全國，實堪憂虞。故台事如何處理，所關極重。[23]中央處置台事，一味瞻顧姑息，坐令事態擴大，良爲可惜。惟遣白部長崇禧赴台宣撫，實最得人，聞似爲某大吏所拒，飛機軍艦雖多，然盈盈一水間，竟不得至台，尤爲可憾。某大吏如此恣睢台灣事尙堪問乎！而陳儀激成民變于前復背棄諾言，大捕台人于後，其罪實無可逭。若不即付懲處，何以對國人？故吾人堅決主張：立即罷免陳儀及所有貪暴官吏，以謝台胞：速取消行政長官制度，施行省制，廢止專賣及一切經濟統制，以紓民困，縣級以下之官吏，皆由民選：各機關盡量擢用台人，設能如此，則台事何難平息。

23 有人比較國府在台灣與東北的統治方式，就政治制度來說台灣有行政長官公署，等同於日本統治時期的總督府。東北有行轅，舉凡政治、軍事、經濟，行轅無所不管，可比擬昔日的關東軍司令部。另外，台灣有專賣制度，東北雖然沒有專賣，但有雄厚的官僚資本，以及一些莫名其妙的壟斷制度。至於行政效率的低下，和貪污風氣的盛行，二地的情況都不必再贅述。參閱霍谈，〈瀋陽「戰時」風光〉，《時與文週刊》，上海，第1卷第19期，1947年7月18日，頁18-19。

專論
台灣變亂的教訓

齊思和[24]

自抗戰勝利，台灣光復，雪甲午之深恥，返台胞於懷抱，人心興奮，舉國騰歡。咸望政府遴選良吏，循撫安輯，慰台民內向之心，除暴日苛虐之政，解其倒懸，登之衽席。赴台官吏宜若何勵精圖治，興利除害，以慰台胞內向之殷，望治之誠。孰知治台之大員，及其隨去之官吏，營私舞弊，朘民自肥，舉凡接收弊政，無不重演之於台灣，抑且變本而加勵〔厲〕焉。天昏地暗，日月無光，輿論沸騰，士民愁怨，外人詫為奇談，國人引為深憂。報章雜誌，時有暴露。天津益世報於去夏文摘中，亦曾用一期之篇幅暴露陳氏之粃政，顏曰「台灣——陳儀的王國。」當時頗引起讀者之注意，以後通訊社論時有論及，然當局猶不省悟，因循敷衍，一仍舊貫，遂致釀成二二八之變，全島騷動勢若燎原，其事態之嚴重，不下辛亥革命初起時之四川，若不斷然處置，澈底刷新，其結果必超過想像所及者，甚望政府具大決心，萬勿再蹈清季

24　齊思和（1907-1980），山東津縣人，著名歷史學者。1931 年畢業于燕京大學歷史系，之後留學美國專攻西洋史，1935 年獲哈佛大學歷史科哲學博士。返國先後在北平師範大學、燕京大學、中國大學任教，曾任中國大學歷史系主任、燕京大學歷史系主任、燕京大學文學院長等職。參閱齊思和，《齊思和自選集》（北京：首都師範大學出版社，2010 年 1 月）。

之覆轍也。

抑又有進者，台灣問題實全中國問題之縮影，察台灣變亂之由，可知中國問題癥結所在，若不澈底解決，吾恐其影響所及，未必僅限於台灣一地而已。夫自光復以來，貪污橫行，百政廢弛，政治之腐敗，乃曠古所未有，人民之痛苦，實較淪陷時期內尤甚，然當局猶得委之於共黨之破壞也。前者新疆邊民，亦以不堪接收官吏之虐政，致有前年之大暴動，官吏罹應得之禍，漢民遭池魚之殃，政府威信，掃地無餘，然當時猶得委之鄰國之煽動也。若夫台灣，一島孤懸，遠處海外，無共黨之破壞，而且日人建設，已具基礎；淪陷多年，人心內向。飢者易為食，渴者易為飲，宜若可以政治清明，為世外之桃源，而政昏吏虐，致激民變，此雖欲諉過他人，其可得乎。足徵政治之窳敗，官吏之貪污，已至人民不能忍耐之程度，若不改絃更張，澈底刷新，吾恐人人可為台胞，地地可為台灣，其禍有吾人所不可想像者矣。

解決之道，吾人以為分治標治本二大端。治標之道，政府須嚴懲污吏，以謝台胞，坦白認過，以示決心。比來政府對於台灣已甚焦急，然及討論負責大員時，或曰即時撤調，有損政府威信，此種論調，實吾人所不解。夫吾國自勝利以來，貪污橫行，政治腐敗，內失人心，外喪國譽，擯諸強權之外，不與蘇京之盟，國基動搖，局勢危急，猶有何威信之足言？吾人試閱讀邇來外人關於中國之著作，其於中國腐敗之暴露，遠較吾人所知者為詳。斯外人於中國政治之癥結，已洞若觀火，而猶粉飾掩蓋，拒諫飾非，以行掩耳盜鈴之計。此非欺人，實自欺耳。以此救亂，何異負薪救火？是故當此台人雖苦虐政猶愛祖國之際，政府亟宜嚴懲負責官吏，以彰紀而快人心，或就地正法，或檻車解京，另選良吏，與民更始，下令謝過，相見以誠，或可挽回危局。若仍粉飾敷衍，虛與委蛇，則變亂必愈趨愈烈，終至不可收拾而已。昔專制之君，當危急之際，猶知去佞倖之臣，下罪已〔己〕之詔，而今日之大吏竟高談威信，以圖彌縫，一言喪邦，其此之謂乎。

前已言之，台灣問題，實爲中國問題之一縮影。欲澈底解決，非刷新政治，澄清吏治不可也，昔人有云：「治亂世必用重典」，此格言也。諸葛武侯，國人最崇拜之政治家也，陳壽稱其政績曰：「科教嚴明，賞罰必信，無惡不懲，無善不顯，至於吏不容奸，人懷自厲，道不拾遺，強不侵弱，風化肅然」。蓋武侯承劉璋昏闇之後，漢末綱紀廢弛之餘，執刑名以肅官箴，嚴賞罰以正人心，撥亂反正，號稱小康。邇來政令廢弛，綱紀蕩然，循規蹈矩者，求生無路，作奸犯科者，左右逢源。夫奸而不罰，是獎人爲惡：善者不賞，是阻人爲善。是非顚倒，四維墮廢。欲天下之不亂，豈可得乎？是故撥亂反正之道，必自嚴賞罰以澄吏治始矣。

或曰「蜀地偏小，爲治較易。以今中國幅員之廣，官吏之眾，監察檢舉，談何容易？」應之曰：「此則非加強民權組織，開放政權不可矣。【」】中國當前最嚴重之問題爲貪污問題，貪污不除，則一切建設興利之事皆無從談起。而貪污問題依吾人觀之，實係制度問題，不得謂中國人之根性使然。試觀百年前之中國並不如是，即在晚清。雖曰政治腐敗，以致覆亡，然較之今日，仍有小巫大巫之別。而百年前之英美，亦貪污盛行，其後民權日強，貪污難望倖免，其弊始根除。

今我國雖有監察制度，並無實權。即各省市之臨時參議會雖有發言自由，而無制裁實權，亦等虛設。致使貪官污吏，任意胡爲。有可乘之機，無懲創之禍，前誘於金錢，後迫於生計，苟匪介若夷齊，廉比曾史，安能望其不貪污呼。故欲去貪污，非加強民意機關，澈底澄清吏治，登用賢才不可也，若夫今所轟傳之政府改組，不過政黨間之分贓，與吾儕百姓無關，吾不敢寄以甚大之希望也。

（作者燕京大學教授）

編者的話

宣慰誰？誰偏狹

三月二十二日上海文匯報

白崇禧對台省青年廣播，口吻和陳儀一樣說「二二八」事件是極少數共黨及暴徒造成的，純係意外之偶然事件，今後中央絕不容許再有此事。

他對於「二二八」事件發生的前因後果，一字不提；對於台胞切身的痛苦以及二十多天來無辜人民所受的種種流血恐怖，一點也不表示同情。[25]

白氏是以宣慰大員的身分去的，他究竟是去宣慰台胞的呢，還是去宣慰陳儀的？我們倒糊塗了。

台灣同胞聽了白部長的廣播，恐怕比挨了陳長官的打還要傷心，因爲他們對於陳儀是絕望了，總希望政府能夠明白他們的苦處，了解他們的委曲，「多一次磨鍊，即增加一次光明，」現在，眼巴巴等到政府所派的大員來了，而結果，聽到這大員的話，還是和陳儀一樣，他們怎能不傷心。

---

25 有記者報導 1947 年 3 月 9、12 日是台北最恐怖的時候，市民因事外出也遭射殺。馬路上、小巷内、鐵道邊到處都是死人，比 2 月 28 日當天死亡人數更多。士兵們說：「台灣人不承認是中國人，上頭准許我們來殺他們，看他們還能造反不成。」參閱張琴，〈台灣真相〉，《文萃叢刊》，上海，第 2 年第 24 期，1947 年 4 月，頁 37。

我們還要懇切向政府進言，不要以爲台灣表面的秩序恢復的，就以爲鎮壓政策的成功。火是要救的，僅僅把表面的火焰壓下去，是非常危險的。

蔣主席一再聲明決以寬大態度處理台灣事件，這基本方針應該確實把握，同時，政府應鑒於「二二八」事件而深切反省，過去的用人行政，究竟是否對得起祭祖告廟欣然歸來的台灣同胞？

白崇禧責怪台胞有地域的偏狹觀念，我們認爲是不公平的，當勝利之初，台胞對於政府官吏和內地去的同胞，何等熱烈歡迎，他們那裏有一點封建的觀念。相反的，政府對台灣的行政，一切都不同於其他的各省，而另設一套「總督」制度，對台胞倒未免太偏狹！

台灣民變眞象鈎沉

純青[26]

三月廿二日觀察週刊第二卷第四期

台北「二二八事件」的眞象漸漸清楚了。

起初是惡吏槍殺攤販的流血慘案，官迫民變，旋發展爲全省性的民變。那民變是一氣呵成而無組織的，殆可斷言。台灣新生報三月三日（號外）及四日如此報道：

『二月二十七日晚七點半鐘，太平町發生緝烟事件以後，民眾在憤恨之餘，擁到憲兵隊和台北市警察局請願嚴辦兇手，一面打鑼當眾宣佈事件的始末。二十八日上午九點餘鐘，民眾以案件未得解決，又沿街打鑼通告罷市，全市商行，立即響應，相率關門閉戶，民心憤慨，羣情激昂，全市騷動，風聲鶴唳。時有一批民眾，打鼓敲鑼，至太平町一丁目派出所前，該所警長黃某上前欲加制止，都以其平時藉勢凌民，遂將其圍打並搗毀所內玻璃用具洩恨。民眾見已達到目的，就紛紛向本町專賣局台北分局前進，各處民眾，先後如山洪

26 李純青（1908-1990），台北市人，但出生於福建安溪。童年回到台灣渡過，求學時期多在大陸。1928 年畢業于廈門集美師範學校，1933 年畢業于南京中央政治學校市政系，1934 年加入中國共產黨。1936 年留學日本，就讀東京日本大學社會學系，中日戰爭爆發後返國。之後擔任大公報日文翻譯、專欄作家、記者，往返於上海、香港。1949 年選擇留在大陸，任職於中宣部國際宣傳處、台灣民主自治同盟，並當選全國人大代表、全國政協常委。參閱李純青，《李純青台灣問題論集》（廈門：廈門大學出版社，1994 年 4 月）。

爆發般地由四方八面洶湧而至，衝進局裏，毆斃該局職員二名，傷四名，把局裏存貨火柴，香烟，酒及汽車一輛，脚踏車七，八輛……一件一件由裏面拋出路中放火焚毀，一時火光沖天，迄至一日尚未全熄，所有門窗玻璃全毀，圍觀的民眾不下二三千人。憲兵聞訊趕到，但無法維持，都各避開歸隊。南門的專賣局總局亦被包圍，幸門戶早已緊閉，僅打破玻璃而已。下午一點餘鐘，有一陣以鑼鼓為前鋒的羣眾，約有四五百人，趨向長官公署，衛兵舉槍阻止羣眾前進，旋聞槍聲卜卜，計約二十餘響。驅散民眾，其後据一般民眾說，市民即死二人，傷數人。但据葛秘書長報告市參議員說：兵民受傷各一，然而民眾並不因此而散歸回家，反之，情勢愈益複雜，學生全部停課，各機關團體員工，都逃走一空。有一部分民眾蜂湧到本町正華大旅社，衝破門窗，搬出傢具物品焚燒，表町虎標永安堂等數家的店面玻璃，均遭搗毀，自家用汽車，卡車，在本町，台北車站，圓環（夜市）等地點焚毀者，約有十餘輛。外省人公務人員，憲兵警察於南門，台北公園，榮町，車站本町，永樂町，太平町，萬華等方面被毆打者，為數不少。其中較有名的為新竹縣長，省地政局長。學生也湊著熱鬧，下午五點餘鐘，榮町新台公司裏的商品，被民眾擲出路中焚毀，有少數竊盜，想乘機搶竊財物，都被民眾抓住毒打。

其間民眾曾於上午十一時左右，派代表五人，向柯參謀長請願提出要求五項，柯參謀長允諾照辦，但客觀形勢的發展，難以滿足民眾的要求，公憤的情緒，仍不可遏止，下午二時，台北市參議會為解決事件，召開緊急會議，決議全體及省參議會長黃朝琴赴公署建議，面謁陳長官，互相發表意見討論。

三月一日晨起的槍聲，打破了昨夜的沉寂，全市軍士憲兵依舊放了步哨。警察大隊，軍隊，憲兵的巡邏車來往如織。步槍，手槍，機關槍聲，到處可聞。說是維持秩序麼？鐵路員工，學生，工人，商人等都有了死傷，被捕的亦不少。國大代表謝娥氏的康樂醫院等及其他數處，被民眾搗毀，學生仍沒有上課，員工多未上班，打聲依然時有所聞，民眾的反抗精神，有加無減。

上午十時市參議會召開調查委員會，席上抨擊警察大隊及軍隊，無故開槍擊傷人民，結果決議再向長官建議下令不准軍憲警開槍及其他四條，長官允予照辦。但其後槍聲，仍未全絕，故於三日在處理委員會再行討論。

關於此案代表發表意見如下，王添燈〔灯〕：希望陳長官儘量採納民意，如現在設於中山堂之民意箱內之民意書，必須重視。蔣渭川：最緊要者對六百五十萬省民所要求並抗議事件，必須切實勵行，如陳長官所答應之軍警不予武裝及停止軍隊北上一節，並不實現，對此情形斷不可輕輕放過。』

這是最初幾天台北騷動的情形。這說明了是無組織的，本來是一種請願與示威，雖部分有劇烈行爲，然當地人士，曾出面奔走制止，這是第一點。

死傷人數不如所傳之多，這是第二點。

地方騷動劇烈的程度不一。綜合各種可靠消息，嘉義軍民對抗，相持最久，那是國軍包圍這個市區，也不是人民打出來的。據三月五日台灣新生報載：四日下午在台北中山堂開「處理委會」時，地方代表報告如下：

台中：【「】一切機關，業已接管完竣，已組織處理委員會處理一切，維持治安，請本會向當局勸阻出動軍隊，以免發生意外事件。【」】

新竹：「三月一日四時民眾代管新竹縣政府，並於民政科長地政科長及縣長住宅搜出大批物品。內有牛肉罐甚多，皮箱內滿裝紙幣。」[27]

嘉義以南，如台南高雄等地，騷動不若中北部之劇，嘉義近郊的民雄廣播電台，曾被人民佔領，但四日王添燈〔灯〕報告：「民雄電台願轉播台北電台之節目。」台北電台固始終在政府掌握中。

像這樣的地方行動，其性質完全與台北相同，可謂要求民主自治，並在向政府交涉，談判。說背叛國家是不符合事實的。五日台灣民報在「熱言」中說：「不幸事件是兄弟鬩牆，現目標已漸趨一致，即反對貪官污吏。」在二二八事件處理委員會中，李萬居說：「據悉，上海及其他若干方面，謂本省人民暴動係要求託治，諸多誤解，不知此次事件的發生，純粹在要求今後政治的改進而起，並無其他企圖。」該會曾起草一電致蔣主席，派五個代表向美國總領事說明真象，

---

27 其實在新竹方面，有一則重大新聞與張學良（1901-2001）有關。據報導曾有一隊「暴動」的學生，要求見張學良，結果被憲兵拒絕。後來經過交涉，憲兵同意學生代表探視。不料二名代表一入內旋被扣留，其中一名轉身逃跑，但被車子從後追撞輾斃。而張學良知道二二八事件，是在三天之後。參閱馬丘，〈人物畫虎錄之一：蛻變中的張學良〉，《生活月刊》，上海，創刊號，1947年6月，頁51；竺君，〈台灣事變中的張學良〉，《評論報週刊》，上海，第19、20期合刊，1947年5月16日，頁14-15。

蔣渭川在台北電台廣播痛斥日本造謠與誤解，台北台南青年組織有兩句口號：「擁護國民政府」，「擁護蔣主席」。可以相信，民變的主流與動機，實在都沒叛國的跡象。這是第三點。

在羣眾行動當中，排斥外省人的情緒，相當火熾，這是事實，但此種排外色彩，實不只台灣一省，我們知道的很多，台灣所以特別強烈，原因有二：（一）語言隔閡。（二）五十年殖民地生活帶有濃厚反宗主國的感情。不幸「外省」酷似宗主國，但我可舉出許多反證，說明民變是政治性的，不完全是封建意識，例如：國大女代表謝娥，她是台灣人，爲了幾句話，羣眾就把她的傢私搬到馬路焚毀了。許多由重慶回去的台胞，被斥爲台奸，同樣受到侮辱與損失。感情衝動過後，台北及其他地方，由民眾組織起來的「治安服務隊」（以學生爲主），則不論「本省人與外省人，一體保護」。保護外省人一點，尤經民眾代表一再強調，反復呼籲。他們很嚴肅的說：「外省人都是同胞，都是我們的兄弟。」由是觀之，我們也不能目台灣民變爲絕對野蠻的排外舉動。這是第四點。[28]

28 民國時期戲曲大師歐陽予倩（1889-1962）在二二八事件時，本人就在台北故有第一手觀察。他認為當時群衆憤怒到極點，行動越出規範在所難免。該事件中毆打外省人一節，結果被以「排外」二字抹煞。糧食問題、失業問題、政治改革問題、專賣制度問題全部失焦。政府也把問題導向是「台人排外」，可見得台灣人對於政治運動的組織和技術都不夠。更重要的是二二八事件處理委員會是陳儀同意才成立，不料該組織不能控制群衆，事態變得嚴重。參閱歐陽予倩，〈台遊雜拾〉，《人世間》，上海，第 2 期，1947 年 4 月，頁 42。

此次活躍的人民代表，在報紙上看見的，我直接認識的有一半以上，不認識的幾個人，略爲詢問，也都瞭然其身世，說他們有個人的經濟利益與政府衝突可以，說有粗淺的政治理想或鄉士觀念也可以，若說他們是「奸人」「奸黨」，吾未之信。當然，不出面的，我無從知道。三月二日陳長官廣播有言：「參加此次事件之人民，政府念其由於衝動，缺乏理智，准予從寬，一律不加追究。」假使「衝動」與「缺乏理智」說得不錯，便應該沒有「奸人」「奸黨」的問題了。這是第五點。

「二，二八事件處理委員會」是政府答應組織的，是軍政民三方面混合的團體，人民方面包括參政員，參議員及各界人民代表，當初這個會，因爲台北人物太出風頭，其他地方人言嘖嘖，一經改組，代表紛然，人多口雜，自不免有過激之議。所謂三十二條要求，就是這樣產生的。須知一般台胞，並不透徹了解國情，操切浮躁，溢於言表。識者對此等要求，並不認爲太嚴重。這是第六點。

以上六點是我個人的判斷。至於三月八日台北再發生衝突，形勢頓變，政府態度驟急迴旋，下令解散二二八處理會，這回變故則眞際未明。但我想那是對政府改取強硬態度的反響，就整個事件視之，殆已屬餘波。這次可能一部分是有組織的，更可能是退伍軍人（以海南島回去的台灣部隊及若櫻部隊爲主——按台北電台曾命令這兩個部隊報名集中）的行動。一夜槍聲，天明平息。參加人數似並不多。八日以後，台北基隆又宣布戒嚴，政府出動軍隊，挨戶搜索私槍，聞人已被捕數百人，槍斃十餘個學生，這一措置對中南部的影響，將難逆賭〔睹〕。

人民如不屈服在兵威之下，是有問題的。即使壓平了，官民裂痕擴大，也未必是國家之福。

我到過台灣四次，在台北住過五年。光復之初，旅行過台灣全島，上上下下都有偶觸。茲篇所陳，諒無大過。

三月十三日

（作者大公報社論委員）

論台灣的動亂

吳世昌[29]

三月廿二日觀察週刊第二卷第四期

台灣的騷動，自上月二十七日起，延續至半個月之久，由台北一地蔓延到全省各主要城市。殺傷人民迄無正確統計；據傳多至四五千人，不下於內戰中一次大會戰。台人所提條件，幾乎要脫離中央而獨立。台灣淪陷五十年而收復，歸家後不到兩年，竟有此鉅變。此事雖然只是一個地方問題，卻充分試驗出了今日政府的統治才能與方法。按理說，台灣久受日本殖民地式的統治，一旦自由解放，重歸祖國懷抱，望治心切，應該最易表現治績。然不旋踵而民心激變，全省騷然；此中原因，足令執政者深切反省。且經此變故以後，即使以後平定下來，究已種下裂痕，非短期所能恢復，我們覺得構成台灣變亂的原因頗多，而且此種原因其他各地也或多或少的存在著。換句話說，各地現在雖表面平靜，而不安的潛伏性卻並非沒有。爲民上者，如再不反省，再不改轍，甚至變

29 吳世昌（1908-1986），浙江海寧人，知名中國文學學者。1932 年燕京大學英文系畢業，旋留校攻讀碩士學位，並於 1935 年畢業。中日戰爭結束前先後擔任北平研究院史學研究所編輯、西安臨時大學國文系講師、中山大學國文系教授、湖南國立師範學院教授、中央大學國文系教授。1947 年 11 月受英國牛津大學之邀客座講學，並攻讀該校文學碩士。之後留在牛津大學任教，直到 1962 年才返回中國大陸。參閱吳令華編，《吳世昌全集》（石家莊：河北教育出版社，2003 年 1 月）。

本加厲，如北平青島之黑夜捕人，動以千計，則一旦超過了人民忍耐的限度，將有令人不忍言者。與其他日焦頭爛額，何如現在曲突徙薪？我們今作此語，必有虛驕〔矯〕之徒，認爲危言聳聽。實則打開近半年報紙來一看，滿紙都是政治腐敗，民生疾苦，政府大員則簠簋不飾鄉里小吏則魚肉斯民。台灣孤懸海中，民情無由宣達，然各報所記，非無先兆。即如「觀察」二卷二期所載通訊，台胞至今國籍尙未確定，而慘毒卻已備嘗；怨怒之氣，醞釀已久，不安之情，躍然紙上。而地方當局，猶木然無知，繼續其作威作福的統治，與民爭利，竟至打死攤販。[30] 其起因雖微，而所以構成此因之背境，卻是當前中國政治的根本問題。

我們考察這次台灣變亂的情形，當從兩方面來看。其一是統治者方面的，從心理，制度，人選，到統治方法，幾乎沒有一端不足以引起變亂。其二是台胞本身，可以從心理，性格，傳統，生活各種不同因素來分析。至於有人認爲遭又是什麼共產黨在鼓勵，我們認爲這未免太恭維共產黨。我們無意替共產黨作義務宣傳，也不想借此問題把台灣人民向左邊趕去。把共產黨看得有這樣大而普遍的勢力，確實太估高了他們。

國民黨以征服者的姿態回到收復區，這似乎是不可諱言的事實，其中下級幹部尤其如此。台灣是從日本人手中奪回來的；這班征服者的第一個感覺是：我解放了你們，你們

30　由於 2 月 27 日當天消息混亂，以至於傳言林江邁被槍斃，以及緝私人員開槍「傷亡多人」。其實林江邁仍然存活，被槍亡者僅市民陳文溪一人。

從今以後不再做亡國奴了，應該感謝我。其次是：你們受了五十年日本奴化教育，不免有許多錯誤觀念現在要從新教育你們，訓練你們怎樣做三民主義新中國的人民，再說，中國本部的人民，尚且要受二十年的「訓政」，你們被日本統治得這麼久，當然更非結結實實的「訓」一下不可。存了這種心腸，自然對台胞有一種征服者的優越感。有了優越感，自然會形諸辭色，見諸行事。平心而論，台灣受日本統治至半世紀之久是事實，台胞不會談國語而會說日語是事實，需要不同的教育與治理方式，在政策的原則上並非錯誤。可是這份工作，不担〔單〕不可以以征服者的優越的姿態君臨下屬，甚至不可以以慈善家的憐憫姿態或施恩姿態來對付台胞。這份教育，只有教育家的同情，忍耐和服務精神，才能見效。當地台胞誠然大多數不能說國語，也許無法看「三民主義」，但其一般的教育水準，政治判斷力，卻未必比國內別的任何省份都低。在他們想來，台灣淪爲日本的殖民地，台胞淪爲亡國奴，這是祖國對不起他們；他們並不願意脫離祖國，是祖國割棄了他們。總之，他們無負於祖國，是祖國辜負了他們。他們受日本之壓迫奴役，是無可奈何之事。既已回到祖國的懷抱，即不說受到如何的幸福，至少不應再受壓迫，再受歧視。並且，在日本統治時代，台胞在國際間是日本臣民，受日本的保護，而日本是一個強國。回到中國以後，拋棄了日本國籍，卻並未立即護〔獲〕得中國國籍，在國際間反而不尷不尬起來。這種種苦痛，台胞以外的人是很難想像的，統治者當然更沒有閒心情去想這類問題。

上文所謂征服者的優越感，不但在人事方面，也在制度方面表現出來。台灣是省，其政制應與其他各省一律，假使需要一點不同，其不同應該是教育性的，決不該是統制性的。然而台灣的省長【官】公署，其職權之大，遠超過別的省政府。甚至全國性的學術機關，在別省省政府不應過問的，如國立大學，中央研究院的調查所之類，而省長【官】公署卻一併要管。今日別省所沒有的，或雖有過，因擾民病民而撤銷的機關，如專賣局，貿易局之類，台灣還要設立。這在台胞看來，所謂省長【官】公署，儼然又是個總督府。而這個省長【官】公署的政績，遠在去年春天，台胞即曾對美國記者這樣描寫過：『你們美國對日本何以這樣寬大，只投下兩顆原子彈？對台灣何以這樣殘皓，投下了一個中國政府？』（這使孔子的警句「苛政猛於虎」大爲減色！）別的不說，即就專賣局與貿易局這兩件戰時曾有的寶貝而論，政府應該早有經驗。三十三年湘桂之役，唐生明的僞軍向湖南人宣傳，即以「取銷專賣制度」爲口號，後方的專賣制度在湘桂戰後因此取銷。陳儀在戰時主閩省，其貿易局人員貪污狼籍，日人陷福州後，當地人民大肆報復，在閩的浙人被殺者不可數計。福清人民，至殺縣長，懸首於長竿之巔，以迎日軍，此種情形，當局似不該木然不知。今日台灣的省長【官】公署制度，職權如此之大，把它放在任何一省，都足以造成盛世才在新疆的形勢，何況放在局勢微妙，敏感特甚的台灣！

有了這樣一個職權強大的制度，很容易引導統治者走上獨裁之路。人類對於「利」的誘惑有時尚能拒絕，「權」的誘惑則是一切誘惑之中最富於魅力的。一個長官可以不要錢，但他的「班子」是不是也能廉潔，尤其是在今日政局之下，尤其是挾征服者的優越感以去的地方，尤其在「專賣」「貿易」的官許與民爭利的制度之下，那就誰也不敢担保丁〔了〕。勝利後到台灣去的，教育，學術乃至工商人士，固多抱負拓荒者的心情去辦事業的，但所謂地方幹部的從政人員，恐也有不少是抱著「掘金」（Gold Digging）的心情去的。陳儀個人，有的說他還廉潔，也能幹（可憐今日的人民，正吃了許多「能幹」官吏之大苦。）但證以他治理福建這一段治績，實在太不成話。日本對於福建，本無意佔領其淪陷可說全由陳儀所引起的閩人之反感所促成，今日中央之以陳儀治台，大概以爲他在福建久，熟悉台情，而不查一查他在福建的治績，實爲大誤。如果原知陳儀在閩之劣跡，而仍畀以海疆重寄，則可見用人如不問賢否而只問親疏，派系，則政治一定搞不好，且必招致後果。

台灣這塊地方，在日本統治時雖然沒爲自由。沒爲〔有〕政治民主，但一口苦飯是有得吃的。用一句時髦的話，他們有低度的經濟民主，社會亦相當安定，日本的殖民地政策，所謂「原料台灣，工業日本」，使當地物資也能調節。台灣以產糖著稱，但台糖的輸出並不能賺錢，日政府曾給以補貼。蔗田土壤之改良，日政府也下過本錢和工夫。光復以從，工廠停頓，失業增加，粮價日漲，台人生活直接感受威脅，其民性又極強悍好鬥而統治者猶不減其虛驕〔矯〕，依然作威作福，毫不察覺台胞的感情，可謂荒謬糊塗。至於台人所提條件，不論撤換官長，改變制度，均無不可商討之處。但其暴動性質，只要非台人便加毆辱，甚至以能否說日本話爲判斷之標準，搜查外省人住宅，形同搶劫，繳軍警槍械，跡近叛逆，卻應該禁止。這種行徑也足以證明兩點：其一，可見這次民變決非共黨操縱指使，純係地方當局逼成。其二，台人確實需要重新教育，亦在日本統治時代所受不健康的教育之餘毒，須要一個長時期的消毒工作。今後尤須作教育上的防疫工作，以免日本奴役思想之再度侵入。[31] 法國在第一次大戰後收復阿爾薩斯，勞倫兩省以後，怎樣教育兩省人民，足以爲我們借鑑。

處理這次台灣的民變，我們不主張臨以武力，這樣即使能使暴亂平靜下去，至多只能做到「民免而無恥」的程度，要使台灣今後「有恥且格」，當然要除去造成暴亂的根原。陳儀長台年餘，使台胞在勝利以後對祖國的一團熱忱斲傷殆盡，寖成離心，民怨久積而毫末〔未〕覺察，實在應負最大的責任。這樣的疆吏再不撤換，足以使舉國寒心，豈僅台灣一地而已？地方軍警之擅作威福，動輒毆打，他是由於在上者之素不以「人權」爲重，其由來已久。「專賣」「貿易」設局，一昧與民爭利，是這次台灣變亂的直接原因，必須立即明令廢止，以平台胞之憤。省長【官】公署制度，也該明令取銷了。中國素無殖民地，而偏要在淪陷五十年的台灣嘗嘗殖民的味道；現在既已嘗到，可以改過來了。今後治台之道，當以安定，不擾民爲第一義。『向建設三民主義的新台

31　以往日本人對台灣人宣傳中國不好，所以在台灣人眼中，中國都是「要不得」，甚至於台灣人都認為以當「中國人」為恥。然而話說回來，中國收復台灣實在也「拿不出東西來」，可以讓台灣人很驕傲地說我是中國人。參閱洪瀑，〈各地通訊—一個台灣國語推行員的信〉，《中流月刊》，北平，第2期，1947年4月，頁22。

灣之途邁進』警備司令部文告中語），這類虛驕〔矯〕的八股，請先收起，因爲台人不是瞎子，他們也看見了別省是不是在實行三民主義。因變亂而引起的台灣自治問題，我則以爲從變亂本身的性質看來，台灣沒有理由比別省需要太早更多的自由。台灣同胞需要自治是可以得人同情的，但似乎得先忘記他們的「日本化」，籍〔即〕曰不能，也不該勉強外省人也必須有此「日本化」，才被台人認爲同胞而免於歧視。如果在這些界限沒有泯除以前而就高度自治起來，則是很危險的。中國已經領教過了外蒙的自治而獨立，和新疆的高度自治。

台灣變亂的情形雖很特殊，因果雖很複雜，但這只是對於腐敗，獨裁，剝削，壓迫統治的一個反抗的信號。對於統治者，「反抗」固然可惡，「信號」卻未始無益。我們希望這個信號，對於政府也起一點教育作用。

（作者中央大學教授）

台灣的茶會

曲厂

三月廿四日北平紀事報

日前根據著本報十七日電訊寫了一篇「當局怎樣處理台灣事件」，斯時白崇禧尚無赴台確息，且有人向最高當局進言，主張所謂維持政府威信。而此文在報上發表時，則白崇禧已赴台矣。

截至現在（二十一日）從報上得到的報導，白崇禧抵台後，已訪問台灣參議會，並曾召集陸海空軍訓話。十八日下午舉行茶會招待各界，白氏〔氏〕致辭，謂「台省事件係受少數共產份子及少數浪人所鼓勵，盼現尚避深山之青年，早日速歸，政府決不追究」。台省參議員林獻堂謂「實由過去日本之同化政策，使少數台胞養成狹小之心胸，乃有今日之急性行為，對此輩青年宜從教育上糾正其錯誤心理」。而且陳儀長官，也有一篇致辭，他的論斷是「由於過去日人教育輸灌輕視中國之思想，成為今日少數輕舉妄動之淵源……」。總之，概括起來說：台灣事件，雖然當局已經原諒，而且是要以寬大態度處理，但是其錯誤仍然在台灣之「少數共黨份子」，「少數青年」，而他們所以錯誤的原因，又是因為「被日本同化而養成的狹小心胸」，及日本所輸灌「輕視中國之心理」所造成，至於老爺呢？自然是「並無錯誤」！

日人的心胸據說是很「狹小」，然而若以中國人心胸之

「寬大」相比起來，當然更「狹小」，以往的事情不論了，即以勝利以後中國在國際間所吃明虧暗虧而言，其泱泱大國民寬大心胸，也足使人佩服。這是島民日本所作不到的。不過中國人對於國內問題，似又與寬大之精神相反，中國人可以拋開了建國大業，國家存亡於不顧，而從事黨爭，日本人在戰前有許多政黨，在戰時有由軍閥操縱的「翼贊會」，但並未聽見日本有過足以毀滅國家的黨爭。

台灣同胞被日本這種「狹小」同化了，在同化以前，或被化的過程中，他們自然飽嘗了日人「狹小」的酷虐。不過那酷虐他們是能忍受的；最少限度是比現在中國這種「寬大」容易忍受。[32]

再說日本的教育，本是有毒素的，他因為要統治台灣，要使台胞忘卻祖國，自然他要作一番惡意宣傳，其宣傳方式，自然和當時淪陷區中宣傳「渝府」的情形差不多。這種宣傳人人都知道是一種惡意的。雖不能百分之百的失效，但其收效自有其限度。茲舉一例言之：華北在淪陷時期，對於敵人所宣傳的「渝共磨擦」，「渝共火併」的事，一般人本不相信，不過，今日如何呢？卻被事實證明了敵人的宣傳了。

日人在五十年來，對中國惡意的宣傳是有的，台胞對於

32　時論西洋人常常譏笑日本人眼光淺薄、缺乏遠見，中國人常隨之附和，對日本的一切都加以蔑視，這種錯誤應該改正。從大的政治與軍事設施來看，日本人的確缺少氣魄與眼光。可是若對殖民台灣時的建設而言，則要佩服日本人的建設。中國如果與日本相比，不能對台灣有更好的業績與表現，根本沒有資格藐視日本。參閱李秋生，〈專論—台灣問題的癥結〉，《亞洲世紀月刊》，上海，第 2 卷第 2 期，1948 年 2 月，頁 5-6。

這種宣傳取一種將信將疑的態度，當局應該早就考慮到這一點，台灣人在以往有著比較合水準的生活，受著合實際的教育，他們所缺乏的是自由，與一種民族自尊性的發展，可是自從政府收復台灣以後，他們不唯所希望的沒有得著，而且原有的亦潰滅了。

現在白部長雖已抵台宣慰，但多數人所希望的撤換陳儀尚無下文，尤其在那個白部長招待各界的茶會上，由陳儀去大放厥辭，這雖是要維持政府一點威信，實際則是政府一個絕大恥辱。

善後・處理

台變善後問題意見書

綜合各種新聞報道，自從國軍於三月九日登陸後，陳儀竟立即變卦，推翻對人民所作一切諾言，以武力爲後盾，再下戒嚴令，任意逮捕屠殺人民，封閉五家民間報館，[1] 到處遍聞槍殺聲，藉名共產份子叛亂，以掩其屠殺人民之猙獰面目，近且變本加厲，繼續其一貫玩〔頑〕固之恐怖政策，強行清鄉，嗚呼，台民何辜，遭此浩劫，同人等以不忍美麗河山，遽成一遍焦土，故敢向中外社會人士，陳訴區區，以資呼籲：

對當前措施之意見：

（一）陳儀身爲公署長官兼警備總司令，應負屠殺台胞之責，試問二，二八公署衛兵以機槍掃射請願人民，設無陳儀之命令安敢任意開槍？陳儀實爲肇禍巨兇。待國軍登陸，竟推翻一切諾言，任意捕殺台胞，慘無人道，吾人要求將其立即撤職解京，組軍法會議審判。

（二）台灣五十年來，雖處於日寇鐵蹄之下，然日人對台胞處處繩以法，而日人亦守法，今在台部隊軍紀紊亂，應

1 當時台灣省警備總司令部宣佈中外日報、人民導報、大明報、重建日報、民報停刊，罪名是「異黨份子從中活動」、「挑撥政府與人民之間的感情」。

整肅而維紀律，設不如是，將更加引起台胞之反感。

（三）對甫歸祖國懷抱之民，理宜待之以恩，不宜以國內所用之清鄉辦法施之，宜施行寬大之仁政方能收效。

（四）對新歸之民，亦宜樹立政府信義，陳儀允釋放被捕人民，並允不予追究與事變有關人士，今竟恣意捕殺，政府威信何在？

（五）宜組織調查團，公開調查人民死傷人數及慘案責任，對死傷內外省人，該撫卹者撫卹之，對造成此次民變動機，激發人民公憤之貪官污吏，該處罰者處罰之，示人民以信，然後方可繩之以法。

（六）民間報館，悉被封閉搗毀，如此作風，類似獨裁，宜予啓封，加予適當賠償。

（七）對逃匿深山之青年學生，理宜寬厚，不宜以武力清剿，蓋我以信義，施以仁政，彼自可欣然來歸，青年爲肩負國家第二代之主人翁，宜加愛惜，切不可加以任意摧殘。

對政治改革之意見：

觀台變之中心要求，不外提早實施憲政，完成地方自治，此乃憲法所規定，亦即國父民權主義所標榜者，台灣已有四十年之法治歷史，台胞亦有四十年之法治訓練，且教育普遍，民智頗高，設能立刻頒布省自治法，予以實施，即台胞之目的已達，共黨安能施展其技耶？不然，不但台民不能滿足，亦且予共黨以可乘之機，近者國際輿論沸騰，羣起而攻擊政府之道義立場，及低能之行政效率，且有進而主張國際共管，或由對日和約國家共同管理者，可知台灣問題，已普遍引起國際上之注意，設政府此時不立即改革台政，不但將引起國際上之輕視，貽盟邦友人恥笑，恐或更將引起此後國際上之麻煩。同人等有鑑及此，特披瀝對政治改革之意見如次。

（一）台省應與國內施行同一之省制，不宜有特殊制度，或與他省有顯著之區別。白部長對中央所提建議中，有所謂因台省之特殊情形，而需增加省委員及各處增設副處長案，此固堪謂對台灣之特別恩惠，然觀過去台胞對長官公署制，一致加以反對，認為對台胞歧視，繼承日人總督式統治之差別措施論之，即此種有使台胞誤會之制度，似亦不宜適用於新改革政制之內，而應施行與他省同一之省制。或曰政制之優劣，在其運用，不在其條文如何，則如此又何必另立制度，徒刺激台胞心理，以現今之省制，行之於台省，設有不便之處，亦可以靈敏之運用補其不足。

（二）應澈底取消專賣局，貿易局，不宜有類似組織存在，以使台胞得其實惠。白部長所提建議中，有將專賣局取消另將煙酒組公賣局，將原來之貿易局取消，而組物資供應機構之議，凡此種改革，實則有其名而無其實，且前之專賣貿易兩局，皆為與民爭利之機關，致使台胞在失業之下，更無生計可尋，故人民恨之入骨，觀此次事件爆發，人民則環集將其搗毀，則可窺知其一班矣，日寇統治時期，專賣局則為日寇剝削榨取台胞膏脂之唯一機關，且煙酒為其中之大宗，今光復年餘，又遭此不幸，內外議論紛紛，豈更能容此等機構之變相存在？若此恐未能盡收攬民心之實效也。更有進者，年來專賣局貿易局，殆為貪污之淵源，今當刷新省政之際，而仍容此等機構之變相存在，即舞弊之根未必能除，是亦台民所深恨痛絕之貪污，亦未必能絕也。

（三）應提前實行地方自治，確定日期由人民選舉省縣市長。按國父民權主義之理想，乃基於歐美民主主義之思想，至其實行方法，首在實施各級政府首長之民選，亦即省縣市鎮鄉長之民選。今憲法已頒布，全國地方自治之普遍實施，亦復迫在目前。若台省提前實施，一則可以檢討由此而生之種種政治上之技術問題，以為全國之範。二則可使台胞遂其所願，暢達民意。同時亦可以消滅國際上之種種責難，顯示政府之民主作風。在此所最重要者，莫過於信用人民，重視人民，蓋台胞未嘗有欲脫離祖國之舉，不需疑慮不決也。

（四）應勇敢盡量登用台省人士，觀過去台省人士被錄用者，寥寥無幾，設被登用，亦皆居於不重要之地位，如此遂造成懷才未遇，野有遺賢之情形，一方面外省人士復不甚明瞭當地情形，遂至於不能反映人民迫切之要求，無形中造成政治與人民之隔離現象，此次事變即為明證，設人民與政治有密切之聯繫，當不至於發生如此不幸也。

（五）應維持司法之獨立，徹底懲辦貪官污吏。台省司法刷〔制〕度，向來堪稱完備，故治安良好，人民守法，及至陳儀主政，百官貪污，民不勝其擾，究其司法制度，則凡檢舉公務員須所屬長官核准，如此司法，安能產生良好之社會風尚？此次台變，人民皆以打殺「貪官污吏」為口號，實際上一般貪官亦復有不少遭受人民之制裁，今後對此問題，尤須徹底撲滅，不然，設有良好之政制，亦復恐將斷送於此輩之手。故應確立獨立之司法權制度。徹底剷除貪污種子。

（六）應將日產中之土地及輕工業部門工廠合理平公〔公平〕分發與農民及民間工商界經營，按台省過去在日寇五十一年之壓榨下，全省土地百分之七十，殆全歸於日人之手。今人民失業，生活無著，理宜迅速公平合理分發與有耕作能力之台胞，工廠亦應如是，白部長在建議中，已有提及，唯當及早促其實現。

果能如是，台灣定可於最短期間，建設成爲模範省，不然，恐前途崎嶇，不堪設想也。

同人等於檢討此次事件之經過，及其前因後果後，深知台灣省今後之一切建設，必須在舉國同胞一致團結努力下，方能有所成就，故深望全國同胞，對台灣多多加以愛護，俾台省建設早日步上正軌，則同人幸甚，台省幸甚，國家幸甚。

台灣省旅平同鄉會

天津市台灣同鄉會

台灣省旅平同學會

社評
爲台灣善後進一言

三月二十八日天津大公報

在表面上，台灣民變已趨於平息，善後問題都在處理或將處理中。但經此一變，人與事，全由簡單變複雜了，妥善處理，並不容易。[2]

不幸事件的發生，不但對治理台灣是一個教訓，對中國政治——由政策到技術，更是一個教訓。痛定思痛，前事後師，應給它徹尾的來一番清算。

但看台灣近況，處理方針辦法，實在還嫌不夠。看不見的人心向背，最宜注意。政府收拾局面之初，已不得已而用了兵。最近又封閉報館，檢查新聞，言論取締之嚴，冠於全國，狂潮過後，應該有一段休憩，讓人民想一想。緊張而反常的情緒，應該迅速解消。

我們覺得台灣問題還應注意，解決方策還未觸到核心。國民黨三中全會已通過了「陳儀撤職查辦」案。陳長官應該引咎辭職了，這是沒有問題的。[3]但這只是善後問題之一節，

2　二二八之後台灣人很感慨地說，政府善後措施的嚴厲（清鄉），不僅未能壓平台灣人的情緒，相反更加深台灣人仇恨之心。只是大家為了避免吃眼前虧，守口如瓶硬充傻瓜。編者，〈關於台灣〉，《新聞天地月刊》，上海，第15期，1948年8月1日，頁8。

3　1947年3月21日的會議上，向以「大砲」聞名的C.C.派中央委員黃宇人，

今天台灣迫切需要的是：

（一）「寬大」的諾言要履行。據我們所知，被捕的人物，包括資本家，大商人，公務員，及文化人。這種人對政府縱有不滿，有微詞，總不至於是「奸徒」，「奸黨」。政府說「要辦的只是共產黨。」台灣共產黨應無如是之多。如此緊張下去，人民必感恐怖。解散二二八處理委員會，政府已失信了。那個會是政府同意組織，並且躬自參加的，以後全盤推翻，理由是三十二條要求跡近叛國。其實那些要求乃在人多口雜時羣眾情緒的反映。處理委員會次日就自動登報取消了好幾條。最後弄到幫助政府的人也被捕或在逃。政府應示信，祛疑。

（二）目下眞正最急切的是糧食問題。台北來人云：久矣山芋果腹，且山芋也有不繼之勢。民食不安，動亂終伏。台灣曾以糖、煤、鹽等等貢獻祖國，現在台胞缺糧，中央義應加以救濟。

（三）民變主流爲要求民主自治，其他枝節，都不足重視。故對症下藥，應該是在憲法範圍內，從速實現台灣自治。若無民主思想的官吏，繼續留台統治，或再派類似的人赴台

要求黨中央徹查陳儀的政績。但這一次的攻擊，被政學系人物巧妙應付過去。隔天大會將要閉幕，攻擊陳儀最力的劉文島（1893-1967）與賴璉（1900-1983）等人，突然提出臨時動議，要求將陳儀撤職查辦。此時主席團被政學系人物掌握，旋回答台灣事件由政府處理，目前已經平息，希望提案人撤回原議。不料話剛說完，下面一片激烈反對，大家要求表決。主席在場面亂哄哄情況下沒辦法，只能裁示做出表決，結果通過徹查陳儀。參閱心意，〈政學系的難關〉，《自由天地半月刊》，南京，第 1 卷第 5、6 期合刊，1947 年 3 月 31 日，頁 8-9。

接替，是不妥當的。民選縣長市長以至省長，宜儘速實行。

（四）治本是民生問題。政府接收敵產，同時接收了民怨，甚不上算。人有求生之慾，台胞對經濟生活甚有敏感。這次民變是有經濟的原因的。好好處理經濟問題，使六百五十萬人都能生活，尤其是治本之道。

謹舉此數端，以作處理台灣善後之參考。台灣新歸祖國，世界的眼睛，在向我們觀看。這個「美麗」的島若治理不好，那會大大影響我們的國譽的。

編者的話
台灣善後

三月二十六日上海文匯報

今天本報所載一則台灣歸客的談話，是值得注意的。目前台北台南等都市中，雖因政府軍事力量的鎭壓，秩序暫告恢復，但山區僻壤，零星衝突還難於避免。最成問題的，是政府的「殺，捉」政策，把許多可能成爲政府朋友的人逼到反政府的方面去了，把許多已經對政府心懷不滿的人們逼到深山裏與當地高山族聯成一氣去了。這種政策，台灣歸客稱之爲「埋定時炸彈」，其後果是相當嚴重的。

希望政府趕緊停止大規模「殺，捉」的政策，把感情平抑下來，把頭腦冷靜下來，以不咎既往的態度好好處理台局的善後。

論處理台灣事

柯台山[4]

三月十八日天津大公報

自從我國收復台灣，年來在政治上，有如首次試駛一部一九四七年式新型車，國內外人士爲之頗具關切。因爲年來這塊素具治本政策的區域配合不了治標政策的試行，結果有如一個不足百斤力之人，勉強挑一担百斤的水，不僅自己壓傷就連水也傾倒了。

因爲在一個試驗的範圍裏兜圈子，就免不了有重複延誤各種措施不當的現象。在這裏經濟政策的試驗是一個最明顯的例證。因爲國策規定某種大規模經濟範圍，應劃爲國營，然而能配合國策派定範圍內的國內工業是寥寥有數。因此這個範圍未免含有假設成分，將一個工業化的台灣各種工業都包括在這個假設的圈子裏面。然而何曾想到因爲台灣的經濟進步，早已連整個的民生基礎都寄託在這經濟集團裡面。糖

4 柯台山（1914-），台灣嘉義人，少時因不願受日本統治，逕自前往大陸。1935 年先抵湖南長沙，隨後就讀美國教會學校與民國大學。由於結識張繼（1882-1947）、朱家驊（1893-1963），遂參加中央訓練團第五期，投入抗戰行列。1945 年 7 月在重慶組織台灣重建協會，1946 年 2 月台灣重建協會上海分會成立，之後回台推展重建業務。1950 年赴美國喬治城大學進修國際法，二年後回台擔任台北市政府主任秘書、民政局長。參閱許雪姬訪問、曾金蘭紀錄，《柯台山先生訪問紀錄》（台北：中央研究院近代史研究所，1997 年 6 月）。

業是一個最明顯的比例，它是犧牲了大眾的食糧而積成的經濟單位，再有如全台的工業及土地的百分之七十以上，是日人從台人手中搶奪的東西。繼續加以統制，免不了會將封建的「資本」，「地主」這些個銜頭自行套上而不覺，卻未知這是台人認爲威脅他們生存權利的對象。

台灣民眾原來多係中產階級，亦即多小康之家，因爲這種試行的結果，目下已形成了暴富與赤貧之差別，社會因之變態，人民意志和行爲也跟著變過去。在雙〔變〕態社會裏是非是難以計較的，其結論在道德的立場民眾應具有良心責任，同時政府也要負管教責任，例如以前無失業，目今卻有之，前無凍餒，目今有之，前無乞丐，目今遍地皆是……等等，已今台灣孕育了一個貧富懸殊的怪胎，歷史告訴了我們，如果社會有這種現象，不平等的鬥爭是免不了的。我們如果察透了台灣的現情，就會知道這次的慘案，並不是出於偶然，一般有識者早都能預料出這一會事了。

能夠先斷定了台灣的病狀，那麼來對症下藥，就不難根治了，因爲近日來繼續演進的結果，還未到澈底明朗化的階段。就中樞及內地一般人士因情形的隔膜，故議論紛紛，莫衷一是，甚而主張派軍，甚而斥爲叛國，因此事關係重大，特別舉下列數點，提供國人參考，共謀妥善之處理，未爲遲也。

一、請中樞緩派軍隊

台灣六百萬漢族同胞，舉歷史以來，曾爲了救國衛國而與異族抵抗犧牲，從未發生自相殺戮之盲目舉動。即此次不幸事件發生，仍如上述所提，因迫於一線生機爲生存而掙扎，純係出於一時憤慨而爆發。善於調理當可解決，萬不可興兵問罪，繼續造成全台紛亂。須知目前全台民眾已迫近饑餓線上，糧食之恐慌，早已無法調劑，軍數一增加，混亂或再延長，使處理善後更形困難，同爲漢族同胞，同爲國民，自己互相殺害，不僅係國家之損失，且於國際信譽亦有關，故應請中樞審慎考慮，對於派軍一事，暫緩或予停止。

（A）日來國內輿論界或少數報紙上，在其發表有關台灣消息之文字，頗多「暴動」「暴眾」「暴民」「暴徒」等名詞，且有「叛國」字樣，千餘年來歷史證實台灣同胞除曾救國衛國建國以外，從未作過叛國行爲，語云「種豆得豆」並非虛言，如不加細察，加以渲染，不但有如自擊不知痛，且造成了誤會更深，隔膜愈大。如果人人回憶到台灣收復時的情景，不免要扭斷柔腸，熱淚相灑，在那裏已證實台胞的精神，永遠是寄託在祖國懷抱裏的。[5]

（B）報載及中央所得消息，認爲台灣慘案係異黨所煽動一事，不甚正確。我們不能說台灣已無異黨之活動，然確信任何黨派在台尚未取得台胞之信仰。台人此次擾亂動機，純係勞苦大眾自發的爲生活與自由之爭取，因其對象，不僅暴

5 當時台灣四處可及的日本風，成為民族主義情緒高漲的外省人，非常看不慣的地方。然而實情又是如何？有記者報導提到台灣光復已經兩年，今日的台灣與昨日的台灣當然不同。例如大街小巷還是可以看到拖著木屐的人，每家都還用タタミ，這一點與日本統治時代相比沒有不同。但台灣以前是夜不閉戶、路不拾遺，現在治安這麼差，的確是不同了。參閱遊子，〈兩年之感〉，《建國月刊》，台北，第 1 卷第 2 期，1947 年 11 月，頁 3。

吏，即本省暴富也未能避免，此即爲證明台灣環境不適共產政策。台人歷來自信強悍，不易爲人所惑，惟愛護祖國，即始終如一，如藉口有共產黨潛入而興師問罪，結果令漢族一家，在台續演慘劇，遺留歷史污跡，目下台省死亡數目，已在不少。萬不能再使傷亡。

又報載戰時日人調用於省外南洋各地作戰人員，可能爲此次武裝推動者，其原因在於戰事結束，故鄉收復經年，彼等因處異鄉，呼籲〔籲〕無門，嗣後潦倒返鄉，又遭全部失業，彼等可能爲生存而競爭，但不能認爲被動，更不能認爲異黨煽動及反叛等等行爲。

二、根據憲法台灣立即實施省自治

根據主席於本月十日出席國府紀念週報告對於台灣事件處理的指示原則，其中提示：「於行政上，如屬憲法規定範圍以內者，均可答應。」又「中央以憲法即將實施，而且台灣行政本應早復常軌，故凡憲法規定地方政府應有之權限，中央儘可授予地方提前實施」等等剴切指示，使台胞獲得可循路徑，追溯台灣以往爲民主奮鬥的光榮史蹟，及現所具有的現代化社會建設，教育之普及，經濟基礎之豐富，自治之熟練，無論如何，台灣已有地方自治的條件與程度，爲亟謀其戰後之復興與重建，即應根據憲法立即實施省自治。讓我們進一步來分析台灣應該實施地方自治的理由。

（A）台灣地方自治的歷史演繹：

閱讀歷史即知漢族發現台灣，有如西歐人士發現美洲一樣，因爲是一羣旅客的集團，自然產生一種和衷共濟的共和精神，即是政治機構也是根據這種精神而形成。二百八十六年前，因爲中原失陷於滿清手裏，爲了救國，便在鄭成功氏領導下，集合了一個爲民族奮鬪的民主集團，因爲時代關係，雖加「王國」二字，其實政治機構與經濟政策，都是很民主。再於五十二年前，因爲抵禦日本侵略，台灣全體又結成了一個民主集團的力量，因爲那時環境，迫使加上「國家」二字，其實他們纔是一個自衛自治的民主集團。

台灣的地方自治，已有二百餘年來的歷史，斷不是偶然而成的，如果我們相信時代是進步的話，讓我在這裏排出一個台灣自治歷史演繹系統表，就會幫助大家更加明瞭了。

第一個階段：鄭氏王國爲救國而自立，中間夾著滿清封建帝國主義。

第二個階段：民主共和爲衛國而自理，中間夾著日本軍國資本主義。

第三個階段：模範省區爲建國而自治，前途顯示民國民主自由主義。

根據以上的三個階段。就知台灣目前已到自治階段，因爲時代變遷的關係，致使名稱有異方式不同，惟救國衛民建國的精神，都是一貫相連的。

（B）這裏有中樞關切方面及國內關切人士垂詢了一些問題，玆略說明如左：

有人問台灣的自治是不是新疆所倡的高度自治，或是其他西藏蒙古各旗盟的自治制度？我答以此種問法全然不了解台灣情形。台灣地方自治全是依據憲法第十一章所訂，地方制度的省自治，所提蒙古西藏等均含有其社會構成各種不同條件，而台灣即與國內任何省分一樣，其所有異者，即早已俱備省自治條件，也可謂早已進入憲政階段。他早於二百年來已熟練了，憲政階段所提倡民權各種運用技術，這是任何到台灣去的人，可以看出來的。還有人問如果中樞先應許台省實施省自治，不會影響國內他省麼？像江蘇沿海各省自治也似乎成熟。我告訴他，還有兩個看法，一是全面的成熟與否，二是地形環境的適合與否。如蘇州和無錫兩個城市，不能代表整個江蘇省的政治水準，台灣即不然，因爲他的政治文化等早已普及任何村落，又沿海各省的自治，或以中樞因其毗鄰各省還未成熟自治，爲顧及全面化，暫不便予以實施，而台省地理環境超然，實與國內各省有異，是一個孤懸海隅的單位，他遲早實施自治，不能影響國內，反能成爲各省示模。還有人問，如台灣實施省自治，一時人事問題不會演成混亂局面嗎？我答以如果將台灣歷史詳細閱讀一過，就不會爲他顧慮這一點。任何政治機構的初度配合，難免有些困難發生，那是人情之常。母鳥喂養雛鳥，也有限定期間，雛鳥羽毛豐滿，就能自理生計。中央的延長管理，是在一個不明國政的拓化地區可以繼續，在一個民權熟練可以實施憲政的地區，當無必要。總而言之，台灣實施省自治有國定憲法根據，如國際外交國防軍事等屬於國家性質者（參閱憲法第十章），自須遵照中央國策施行。比〔此〕外省分範圍內的，如政治經濟等，可根據實地環境自制省自治法。人事方面，不問任何省分同胞，只要合於居住規定期間，便可以被選舉爲大眾的公僕。經濟方面，中樞應規定將台省每年總生產額的若干納歸國庫，土地工業盡速分配於農民和劃歸民營，不必勉強的與民競營。此簡而易舉，兩方面都方便，使省分經濟盡量發揮，地方自治基礎始能穩定。

我們不能因國內的不能建設，而令可能建設的區域也停止建設，致使整個國家，陷於停頓狀態。我們要促使可能實施自治及從事建設的區域，在他便利的情形下，積極實施自治，從事建設，使之成為建設整個國家的先鋒，使全國各區得跟著他，步上整個復興的境地，這才是國家求進步求生存的辦法。台省六百萬忠誠愛護祖國的同胞，他們曾為了救國，作了全國地方自治的先驅，也曾為了衛國實行了地方自治的倡導。為著繼承這個光榮史績〔蹟〕，他們在建國的責任上，仍願以先鋒的立場，立即起來實行省自治，這才不空負他為模範省的美名。

台灣善後問題

方秋葦

三月廿一日天津大公報

在舉國紛亂，中原椒擾的今天，連台灣這片乾淨土地也不乾淨了。是誰帶去的污濁，是誰造成的罪惡，我不忍言，亦不願言。

台北「二二八」事件，星星之火燎原，擴爲不可收拾的局面，並不偶然。現在事變將半月，消息的報道很紛歧，台胞的分子似乎很複雜，主張雖難一致，而行動卻統一。他們不滿陳儀，不滿台灣特殊化；痛恨貪污，痛恨經濟統制；要求自治，要求改善人民生活，裏應外合，意見是一致的。台閩監察使楊亮功已到了台灣，國防部長白崇禧昨日前往，而國軍一師以上的實力，也開進了基隆台北等地。看情形，白楊二氏代表中央宣慰台民，而台胞也找到了請願的對象，或者說可以作談判的對象，大的騷動可能不會有。[6]如果沒有新的政治因素滲入，社會秩序的恢復是很快的。白楊二氏宣慰的任務，大約以安定爲第一步驟，其次是謀善後。台灣如何善後，其中的問題當然很多。台胞中不乏明達之士，認識大體；

6　1947年3月8日深夜，國軍在基隆登岸，並以機槍隊為先鋒，遇到市民即密集掃射。同日閩台監察使楊亮功，也與軍隊同時抵達基隆。參閱雪穆，〈我從台灣活著回來〉，《文萃叢刊》，上海，第2年第24期，1947年4月，頁40。

而白氏運籌帷幄決勝千里，談判雖費些唇舌和時間，終究會有脈絡可尋的。這是我們希望騷動不擴大事態，合理獲得善後解決的看法。

如何纔是合理的善後辦法呢？我想根據國家的立場，尊重台胞的意識，客觀地貢獻一點意見，以供政府當局和台灣人士的參考。

一，關於長官制存廢問題：在地方行政制度中，台灣光復後採用行政長官制，確近特殊化。這制度，是開羅會議後，中央設計局台灣調查委員會，陳儀主任委員和幾位專家設計出來的，他們的意思是提高行政行爲，可以便宜行事。依三十四年九月二十日國府公布之「台灣省行政長官公署組織條例」的規定，行政長官的權力，較各省主席的權力爲大：(1)依據法令綜理台灣全省政務；(2)在職權範圍內得發布署令，並得制定單行規章；(3)受中央之委任得辦理中央行政；(4)對於在台灣省之中央各機關有指揮監督之權。而立法的理由是：「台省受日本統治五十年之久，情形特殊，光復伊始，非統一事權，不足以收因地制宜之效。」在我國行政學者看來，這是特殊的不合現行地方制度規律的制度；但在台胞看來，這是日本台灣總督制的復活，比滿清台灣巡撫兼理學政的權力還大。加以行政長官立法施政的獨斷，造成台胞不滿這行政制度的心理是必然的。因此現行「台灣行政長官公署組織條例」，應該首先廢除。在未依行憲法規省民大會選舉省長前，過渡時期的省行政，理論上應該依現行省組織法，由中央與台胞會商省政府委員會的組織，白楊二氏就近訪求台籍賢達，參加省改。必要時，新疆省政府組織大略，也可以參考。

二，關於自治問題：在十日中樞紀念週，蔣主席表示：凡憲法規定地方政府應有之權限，中央儘可授予地方，提前實施。這表示是開明的，相信台胞必願接受這個原則。依「中華民國憲法」第一百十二條規定：「省得召集省民代表大會，依據省縣自治通則，制定省自治法，但不得與憲法抵觸。」但省民代表大會之組織及選舉的法律，迄今尚未完成立法程序，在理論上台灣省的自治，還需要停滯一很短的時間，在此種情況下，台灣省自治有兩條途徑可尋：（1）依陳儀六日向台胞的廣播，七月一日開始舉行普遍直接的選舉民選各縣市長，未民選前，現任縣市長如有不稱職者，仍由人民推舉三名，由省當局圈定一名，現在台南市已實行這個辦法；（2）依省政府組織法先成省立政府，爲直接民選的過渡；但縣市長則須提前民選。一俟省縣自治通則，省民代表大會組織選舉各項法規頒布後，台灣再召開省民代表大會，制定省自治法；依法選舉省參議員及省長。這兩條途徑，均不與蔣主席的方針抵〔牴〕觸。

三，關於台人參政問題：台灣在日人統治時期，各機關較高級或較重要的職位，完全由日人充任。就前年接收時（民國三十四年，日昭和二十年）而言，全省官公吏總數爲八四，五五九人，台灣人爲四六，九五五人。從表面上看，台灣人佔了總數百分之五五，五三；但勅任官（如我國簡任）僅一人，且爲大學教授；奏任官（如我國薦任）只二七人，其中十二人爲醫師或教員，實際參加行政的僅十五人；判任官（如我國委任）台灣人佔三七三三人，僅佔全人口總數百分之七，九五；到陳儀主持台政時，關於台人的任用，比日本統治時代有了改變，但從政台人均不位居要津。據台灣長官公署人事室主任張國鍵說：根據卅五年十月份統計，本省現有公務員為四四，四五一人，而本省人為三八，二三四人；內委任職以上人員為一四，九七七人，佔本省人公務人員總數百分之五三，〇四。但台灣人任簡任薦任官吏的是多少？據陳儀三十五年除夕日向台灣人廣播說：「現在本省人担任簡任官（連簡任待遇）有二七人，薦任職為八一七人，委任職共一二，五七五人，約四五倍，六七倍乃至二三十倍於從前。」但簡薦任官吏中，台灣人任縣市長或省級主管，或事業機關的首腦有多少？這數字從未發表過。事實上台灣人的智識高，技術能力強，而參政的興味也濃厚，過去多形格於人事法規，致多數的優秀人才站在政府的門外，尤其台人無担任縣市長的機會，更是不合理的措置。今後應徹底改變這種人事方針，特別是事業機關應該開放，不可由政府壟斷把持。

四、關於專賣制度問題：所謂專賣事業，台灣人民受其荼毒約有半世紀，雖在幽僻的高山族，亦莫不吞聲飲恨，痛入骨髓。按台灣專賣制，開始於一八九七年（日明治三十年），首行專賣的是鴉片，漸次擴展範圍，共有鴉片，鹽，樟腦，煙草，酒，麥酒，煤油，無水酒精，火柴，度量衡器十種，其專賣的收益，佔台灣總督府全部財政收入百分之四十八。光復以後，長官公署繼續施行，且管制的辦法變本加厲，除鴉片一項禁止外，關於鹽的生產販賣，由中央接收統一管理，無水酒精及煤油，由長官公署工礦處管理。樟腦，烟草，酒，麥酒，火柴，度量衡器等，則由長官公署設專賣局管理。專賣局局長爲陳鶴聲，他的政策是壟斷專利。據他自己說，他掌握的事業單位計有工廠十九，公司八，及試驗所一。（見陳文台省專賣事業現況。載台灣月刊一月號）這些事業，台人無利益可沾，並且爲防止台人私運煙草和僞造烟酒，今年推行了查緝辦法，他說：「查緝爲保障專賣利益之政治手段，外來烟與私製酒對專賣利益侵害甚大，且本局力量單薄頗難如願完成任務。今後擬將查與緝劃分，緝私部份由警務方面負責，本局供給情報，期能肅清私貨，保障專賣利益。」（同上文）像這樣的統制法，眞如水銀瀉地，無孔不入，無隙不穿，於是一查一緝，「二二八」事件便因之爆發了。無疑地，專賣制應取消，而且國內早已廢行專賣，台灣自不應以此特殊的與民爭利的辦法，去剝削台灣人民，去荼毒台灣人民。專賣制取消後，地方政府的財政廳靠合理的租稅和公營事業的收入，各項事業單位應轉讓民營。至於專賣局和警務處的失職，應該多少要負民變的責任，希望政府要進行追察〔查〕以息民怨！

五、關於生產事業：在日本統治台灣五十年中，把一座荒島化爲一個現代化的產業區，截至民國二十七年止，台灣生產事業機關有一，五〇八家，投入資本七億日圓以上。其業別的分配，有如次表：

	家數	資本數（千日元）	生產價值（千日元）
農林業	九四	五六、二九九	四七九、八七八
水產業	一九	一四、四九八	一五、六七〇
商業	六三九	八七、八八六	………

工業	四三四	四二三、五四二	三一二、六〇七
礦業	三五	二一、九五五	二八、七二六
銀行金融業	一四〇	七四、六七七	………
運輸	一四七	二二、五三二	………

日本投降後，台省主要工礦，由行政院資源委員會接收經營，餘由行政長官公署接收管理。現在資源會在台灣成立十大事業機構，如電力公司糖業公司水泥公司紙業公司等。長官公署控制的事業，據美國駐台領事 Black〔Blake〕[7]說：至少佔台灣的農業工業的百分之九十。（見遠東經濟評論二卷三期）此外尙接收日僑房產很多，均由政府管理，最近因爲準備標賣，台北住民曾起而反對，這樣龐大的事業機構，除國家必要管理的重工業外，均應作有計畫的讓渡和標賣，把台灣人自主的工商業扶植起來，並獎勵國內工業家向台灣發展。

六、高山族自治問題：高山族爲台灣最早的民族，居於台省高山地帶，其生活方式仍停滯於原始社會的階段。高山族計有：泰耶爾族，齊阿族，不奴族，耶美族，薩寨特族，拔灣族，阿美族七族，大多分住台中台東。在日人統治台灣時期，很歧視高山族，而光復後的長官公署，亦未十分注意，所以一年以來的高山族生活，與一般台胞生活仍有天上人間之別。現在爲謀台灣問題的解決，高山族的解放亦有迫切的

7　當時美國駐台領事是 Ralph J. Blake，根據副領事 George H. Kerr 的回憶，領事館僅有三個美國人。除了正副領事之外，另一個美國人是新聞處官員 Robert J. Catto。參閱 George H. Kerr 著，陳榮成譯，《被出賣的台灣》（台北：伸根雜誌社，1985 年 8 月），頁 61-62。

需要。合理的途徑，應於高山族居住地帶增設縣治，或設縣轄市，由高山族實行自治，並成立民意機關，參加省參議會及省政，去年國民大會有高山族代表一人出席，這是好現象，但高山族之獲得理想的自治，實有待政府和台胞共同的扶助。

此外，如台幣的改革問題，自由貿易問題，均有待解決，書云：若藥不瞑眩，厥疾不瘳。台灣經過這次的大潰亂，投進有效藥劑，台灣省的一切必能恢復正軌，而登人民於衽席，總之，台灣不能亂，如果紛亂下去，對於國家對於台灣，都是很危險的。現在同盟國對日和約尚未簽訂，台灣在太平洋軍略上的重要地位，關係國家正感到興味。凡我國人凡我台胞，不可不察！因此，我們希望台灣事變應迅速善後，台胞應愛護國家的大環境，勒著感情的野馬，與祖國人民同站一起看齊！否則問題紛亂了，不幸滲入了國際因素，台灣的前程，那就不堪想像了！

伍

外國人眼中的二・二八

REFOMS〔REFORMS〕FOR TAIWAN[1]
From the China Weekly Review
Shanghai, Saturday, Mar. 15. 1947

OUR Warning of last week has had ample corroboration during the past several days. The Taiwanese are no longer satisfied with "face saving" and more paper rights. What they now ask is full-fledged independence, or else.………….

That the "zero hour" has arrived in Taiwan is best borne out by the fact that the Generalissimo, despite pressing duties in many other fields, has now taken personal charge of the national government's policy in the Taiwan problem. But this will not be enough unless and until Nanking removes Governor Chen Yi and shakes up the Taiwan government from the top rung of the administrative ladder to the very bottom of the corrupt, inefficient bureaucracy.

A week ago only the crities could hurl charges at the insular government. Now their charges have been corroborated by no

---

1 本篇英文經過天主教輔仁大學英國語文學系教授鮑端磊神父（Daniel J. Bauer）的審閱，鮑教授指出除了標題 REFOMS 排版出現錯字，正確為 REFORMS 之外，內文的文法並無錯誤。另外許雪姬教授斧正 Lin Chi-chung，應為 Lee Yih-chung，就是台灣省黨部主任委員李翼中。當然英文解讀上若有任何問題，仍是校註者的責任。

less a person than the head of the Kuomintang Party in Taiwan. Last weekend Lin Chi-chung〔Lee Yih-chung〕, Director of the Kuomintang Party Headquarters in Taiwan, admitted that the following state of affairs prevailed on the island at present:

1) A year-old official aloofness by the government toward the people.

2) Unscrupulous activities of a "small" number of corrupt officials.

3) The "inability" of the Taiwanese to understand the government's economic policy.

Recognizing these symptoms of public dissatisfaction, Lin〔Lee〕promptly predicted that "peace and order" would soon be restored. Just how this was going to be accomplished. Lin〔Lee〕failed to reveal. On the same day that Lin〔Lee〕made the prediction of a settlement of what has now become known as the "February 28 incident" new reports told of widespread attacks on government buildings in Taipei, Keelung and other centers by reportedly well-armed Taiwanese.

It is interesting to note that Kuomintang boss Lin's〔Lee's〕revelation of the inefficiency of the government amounted to an admission that the Taiwanese, if allowed a plebiscite, would have returned an unanimous "no confidence" vote for the present government of the island. For Lin〔Lee〕had admitted that the people were opposed not only to the new political order brought in by Chen Yi, but in like measure to the economic order. The question to ask now is: What, if anything, do the Taiwanese approve of in the government "bestowed" upon them?

No student of Taiwanese affairs will hesitate long in replying to that question.

To understand the present conditions in Taiwan and the cause of popular discontent, we need say only, one thing-Governor Chen Yi, instead of working out an administrative system adapted to the needs of the Taiwanese, and supported by them, merely took over the Japanese system of control and put his own men in the positions formerly held by the Japanese. The Japanese regulations -the very vast majority of them-were given new name tags and were rewritten in the Chinese language, after which Governor Chen Yi felt that he had a "working system" of government.

But what Chen Yi and his associates forgot was that the Taiwanese had learned much during the past decade. And the efficiency of Chen Yi's government was nowhere near being on a par with Japanese efficiency. Thus, what the Japanese had been able to do at the point of the bayonet-but a very efficient bayonet at the time-Chen Yi attempted to do with a few functionaries who were only used to dealing with unprotected peasants in backward provinces.

Realizing that his policy has misfired, Chen Yi has now promised the Taiwanese reforms. After almost 18 months of personal rule-and "personal rule" is a kind nomenclature for Chen Yi's "system" of government-the governor of Taiwan has decided that reforms are in order. But his offer of compromise and conciliation comes too late.

The question now to be decided by the national government, and by the Generalissimo, since he has taken direct control of the policy toward Taiwan, is whether the Taiwanese are to get what they want, or Chen Yi is to be allowed to maintain his domain. There are no two ways about it. Either Chen Yi goes or the Taiwanese show the Chinese government that they will not put up with the "new order" based on Japanese-style military controls.

An entirely new code must be written for Taiwan, and written by jurists not by militarists. Government economic monopolies "control of trade for the good of the Taiwanese people"-must be reduced to the very minimum. Freedom of press and speech must be guaranteed. The Taiwanese must be given a greater say in the conduct of government. And more and more and Taiwanese officials must be given government positions, so that theres hall be, to an ever greater extent, government of the Taiwanese by the Taiwanese.

The present unrest is only the beginning of what will become a was of independence if the Chinese government does not meet the Taiwanese half way.

The demands made by the people of Taiwan are by no means excessive. They would be satisfied with semi-autonomy. But they refuse, and will continue to refuse, to live under the Japanese control system modified only in respect to the language used for framing the laws. If the government wants to carry out reforms in Taiwan, then these reforms must be instituted right now.

Tomorrow it may be too late.

『台灣醜事』
美報竟主張託管

【聯合社華盛頓七日電】華盛頓郵【報】將今日社評，題名「台灣醜事」，敦促報聯擬訂日本和約諸國，將台灣管理權移交聯合國機構，或從中國收回該島。稱「台灣事態，較諸中國鬩牆內戰，更足消除該國被視為世界負責強國之理由。日人曾以野蠻手段壓迫馬來土民，然台灣昔在日本統治之下，頗稱繁榮，當時該島多數商業，亦為華僑所撐〔掌〕握，足見目今事件，非出復仇，直為恣意行暴，無從解救，中國人已在台灣開始恐怖統治，較諸日人在華所作所為，更見兇狠，如此荒唐事，首先曾獲羅斯福總統支援，羅氏此種行動，顯係主張即使中國僅屬地理上之表徵，世界亦不得不使之成為強大國家，實則事之惡劣，莫過於政治家不顧現實。羅氏為適應此荒唐事情，祇得同意將台灣交予中國，而弗交國際託管。中國甫經接收台灣，即已顯示對其身為戰勝國之義務，並無責任感。

蔣介石氏僅以新的責任交託無能之輩，旋即忘懷。報紙抗議，現已勸使蔣氏免去台灣行政長官之職，然對日擬訂和約諸國或聯合國機構亟應有所行動，為報紙增強力量。蔣氏久已忽視其責任，似欲造成將台灣交還日本之局面」。

美報評論
台灣事件

【美國薪〔新〕聞處華盛頓七日電】舊金山紀事報二日論稱：「據我們獲得的報導，蔣主席要求台灣長官陳儀辭職並已接受他們的辭呈，假使這樣就結束了整個事件，對蔣主席希望他的政團在世界上維持被人尊視的地位來說，蔣主席的措置顯嫌不夠。[2]

幾年前中國人曾用激勵的人道話語呼籲抗議日本人的帝國主義大屠殺，這次人們抨擊中國人對台灣人施行殘暴的屠殺，一如日本帝國主義作風，是否如此在姑不置論，但如確有其事，而且跟陳儀確實有關，他必須受更嚴正的懲處。他的辭職，即使屬實，不見得可以卸掉他的過失。但無論如何辭職不過是做官的一種姿態，當他們受人誹謗的時候，此時此境特別不適合，由於這種幾乎偶然的姿態，蔣主席政府的道義地位大受損傷，政府領袖的職務應該是調查肇事經過。

2　1947 年 4 月 22 日陳儀召集台灣省行政長官公署各處、會、局科長以上人員訓話，對外宣稱他已經在 3 月 17 日向中央請辭。4 月 23 日行政院撤銷台灣省行政長官公署，並依照省政府組織改制。5 月 11 日陳儀離開台灣，當天在松山機場舉行離台前最後記者會，並舉行告別演說。參閱觀察，〈百字評—送往迎來〉，《海事》，台北，第 2 期，1947 年 4 月，頁 7；本社，〈台灣迎新送舊〉，《中國生活畫報》，上海，第 10 期，1947 年 7 月，頁 13。

繕具詳細報告書并迅速有所行動，商〔南〕京政府是否已認識到這一層，不得而知，世界上縱使有一時期暴力虐政能爲人所忽略，但目前終已非其時了。」

學生・教授和二・二八

教授答學生的意見

（筆責在編者）

北京大學　馮承植教授[1]

先生對於這次不幸事件是給予了很大的同情與憤慨。對於二，二八事件處理委員會之三十二條要求，也大部份贊同。

北京大學　聞家駟教授[2]

這次事件是中國整個的問題。我們都是同情台胞的。你們應該在壁報上多介紹一些關於台灣二，二八事件的眞相。

1　馮承植（1905-1993），河北涿州人，知名德國文學學者。1927 年畢業于北京大學德文系，旋至哈爾濱一中任教。1930 年留學德國，先後就讀柏林大學、海德堡大學，攻讀德國文學，五年後獲得海德堡大學博士學位。返國後先後擔任上海同濟大學、西南聯大教授，中日戰爭結束以後，受聘至北京大學西方語言文學系任教。1949 年以後仍繼續留任北大，直到 1964 年調往中國社會科學院外國文學研究所擔任所長。參閱陸耀東，《馮至傳》（北京：北京十月文藝出版社，2003 年 9 月）。

2　聞家駟（1905-1997），湖北浠水人，知名法國文學學者。早年就讀漢口法文學校、上海震旦大學預科。1928 年第一次留學法國，在巴黎大學求學期間因經濟問題被迫返國。1931 年再度前往法國留學，進入格勒諾布爾大學就讀，三年學成歸國。先後在北京大學、北平國立藝術專科學校、西南聯大任教。1946 年受聘至北京大學西方語言文學系任教，1949 年以後仍繼續留任北大，直到退休。參閱財團法人霞山會，《現代中國人名辭典》（東京：財團法人霞山會，1966 年 10 月），頁 898。

至於政府現在要派兵彈壓，那是沒有多大用處的。

北京大學　費青教授[3]

先生很親熱地把我們讓在沙發上，我們談話式的訪問便這樣開始了。關於這次事件先生說，事實是由不民主而起的，根本的問題還是制度的問題，並不是表面上所謂人的問題，所以即使僅撤掉一個陳儀換一個台灣行政長官是沒有用處的，這乃是徹底治本問題，想要換一個人就可以弄好那不太容易了麼？

至於中央社所報道的什麼「台胞排斥外省人」一些事，那是胡說，先生說台胞的民族意識毫無問題，是相當高的，那些以造謠爲本事的人們，不用管他好了。總之這是整個中國問題，並非是單單台灣問題。

關於三十二條之要求，先生表示大體上還可以，最後先生以很懇切的口吻對我們說，歷史告訴我們統治者壓迫人民到一個相當程度的時候，人民是必然的要反抗到底。

3　費青（1907-1957），江蘇吳江人，知名法律學者。1934至1938年期間，費青先後留學美國與德國攻讀法學。返國後擔任雲南大學、西南聯大、東吳大學教授。1946年受聘至北京大學法律系任教，1949年以後仍任教北大，1952年參與北京政法學院（今中國政法大學）創建。光明日報 / 遙望費青：一位法科學人的背影 / http://big5.gmw.cn/g2b/news.gmw.cn/2015-05/25/content_15764780.htm

北京大學　許德珩教授[4]

在記者們訪各教授中給予我們最大溫暖的安慰的要算是許先生，那時先生好像已忘了自己已經是五十年歲的人。真的！在態度上，先生是一個青年人。在我們的談話中，充滿了熱情幾乎使記者們忘掉了變亂中的家鄉。

關於這次事件，先生說，實際情形不太清楚但也無非是由一些官僚給人民純潔的心，刺激太大。所以我希望在中華民族團結之旗幟下，我們應該儘量爭取民主，台胞需要祖國，祖國也需要台胞，互相緊緊握著手高高舉起正義的標旗。

關於三十二條的要求有些地方是過火但這也是民主運動的試金石。

最後談到政府派兵的事情時，先生說高壓手段永久不會解決根本問題。

記者們很輕鬆地步上歸途，此時整個的北平城已被朦朧的夜色包圍著。

4　許德珩（1890-1990），江西九江人，本名許础，知名社會學者。1906 年進入九江中學堂就讀，未幾辛亥革命爆發，旋加入李烈鈞（1882-1946）部。1913 年轉讀上海中國公學校，1915 年考入北京大學英文學門。1920 年赴法國里昂大學勤工儉學，攻讀社會學學士與碩士。1927 年返國先後在廣東中山大學、上海暨南大學、北京大學、北京師範大學任教。1946 年 5 月在重慶創立九三學社，同年受聘回北大任教。1949 年以後棄教從政，先後擔任政務院法制委員會副主任委員、水產部長、全國政協副主席。參閱左用章，《許德珩與九三學社》（廣州：廣東人民出版社，2004 年 5 月）。

北京大學　朱光潛教授[5]

朱先生很抱謙的談，因為這幾年來台灣和國內是相當的隔膜，所以對於二，二八事件也不太清楚，不過是由那一羣貪官污吏而起的事實，這也是中國整個的問題，現在我們希望能有圓滿的解決辦法，對於自治是很應該名符其實的，全面實行地方自治但是並不是獨立，至於台灣一般教育程度是要比內地高的當記者提到派兵鎮壓時的事情時，先生沉沉的嘆一口氣說，這實在是一個不好的辦法。

北京大學　楊人楩教授[6]

當我們說明來意時，楊先生第一句便說，我的意見和三月十日大公報社論中所說的相同，我完全贊成大公報的意見。楊先生對記者們說，這並不是局部的問題，而是全國的問題，

5　朱光潛（1897-1986），安徽桐城人，知名美學學者。1916 年進入湖北武昌高等師範學校，1918 年由北洋政府選派至香港大學就讀。畢業後至上海中國公學校、浙江春暉中學任教。1925 年考取公費留學英國，進入愛丁堡大學就讀。畢業後轉往法國史特拉斯堡大學深造，1933 年獲博士學位。返國後任教於北京大學、四川大學、武漢大學。1946 年受聘回北京大學任教，1949 年以後仍任教北大，直到退休。參閱宛小平、張澤鴻，《朱光潛美學思想研究》（北京：商務印書館，2012 年 11 月）。

6　楊人楩（1903-1973），湖南醴陵人，知名歷史學者。1926 年畢業于北京師範大學英語系，擔任八年的中學老師，先後在上海市、福建泉州、江蘇蘇州任教。1934 年前往英國牛津大學留學，專攻西洋史，1937 年獲得文學士學位。返國後擔任四川大學、西北聯大、武漢大學歷史系教授。1946 年應北京大學之聘，擔任歷史系教授直到逝世。參閱北京圖書館文獻叢刊編輯部、吉林省圖書館學會會刊編輯部編，《中國當代社會科學家（第 5 輯）》（北京：書目文獻出版社，1983 年 7 月），頁 163-174。

恐怕以武力來鎮壓是要失敗的，局部的解決也是無□的。問題之發生因爲台胞希望過大，終致失望也大，而反抗也是大，有些人說是「排外」，「反抗祖國」，這是不對的，五十年來的奴隸生活，台胞實在是嘗夠了，關於你們這次的做法（貼出壁報）我是十分贊成的，你們爲了愛護故鄉這塊潔白的土地，同時也是爲了國家，你們要多多介紹一些台灣的情形。就我來說吧，我對於台灣的情形，就是很模糊的，最後楊先生又重複說，請多寫些關於台灣的材料給內地的人民。（原刊於頁37做爲補白，茲移到此刊出）

學生新聞

北大全體台省同學沉痛伸訴故鄉慘況
——昨日獸蹄下今在魔掌中——

三月九日國立清華大學清華周刊

（本報訊）本月六日北大民主牆上出現了具名「北大全體台灣同學之長篇大字文告：痛述光復後政府在台省扮演的慘劇與將近四千餘人之大屠殺；並追述五十年來爲投歸祖國的對日戰爭，竟於目的達到時落得如此下場。」這就是祖國賜與這重新回來的「棄兒」的溫暖。這些含著眼淚的伸訴。大使讀者感動，有的女同學甚至潸然淚下。

北大台籍同學呼籲懲辦兇手
——反對官僚屠殺台胞——

三月十日燕京大學燕京新聞

北大台灣籍同學對台灣行政長官陳儀屠殺台民事發出呼籲。緣自台北高雄烟商因抗議陳儀專賣烟捲事，發生暴動後，當地政府曾派軍警武力鎮壓，致當地人民死傷及被逮捕者達四千餘人之多。北大台籍同學聞此消息後，悲憤萬分，遂於四日在紅樓民主牆上貼出壁報二十餘張，歷述台灣人民在敵僞時期之情形以及重歸祖國之失望，並詳細介紹陳儀主台後之惡政多端，以及此次暴動之眞象，文中並附有台灣照片多幅，如梯田，香蕉林，芒果，椰子【，】糖廠等，以籲請各界人士愛護這塊美麗天地。篇末並極力反對官僚統治及違法的屠殺政策，最後提出四點要求：

一，懲罰兇手。二，釋放被捕台胞。三，撤廢長官公署特殊制度設立省政府。四，取消各種不平等待遇。

·學生小論壇·

反對武力鎮壓　立即刷新台政

三月十七日燕京大學燕京新聞

台灣人民在官僚統治者的殘酷壓榨下，起來反抗了，這無疑是人民的力量的抬頭，也可以藉此給予麻木的政府一個新刺激。

然而，政府對於這次台灣事件，不立從政治方面改革，而卻用軍事力量來鎮壓，在當地統治者報復行動下，無數台胞將在暴力下犧牲。這樣的結果，不獨不能解決問題，而且將更傷了台灣同胞的心，今天縱令用暴力將人民壓下去了，但總有一天會再爆發的。

我們學生應該起來講話了。在和平民主的大旗下，我們反對政府今天仍然袒護官僚而用武力壓制人民的辦法。武力鎮壓是法西斯的手段，口口聲聲民主的政府是絕不應該如此的。（王）

台灣人民在日本統治下過了五十年的牛馬生活，雖苦卻還有安居樂業的日子可過，現在是勝利了，但勝利帶給台胞的卻是失望，接收大員把這塊肥土拿來餵自己的飽，對人民卻是一味的壓抑，死活都不關他事，這還成甚麼國家！

假若我們看清這一點，我們就會了解這次「二二八」慘案的意義了。

因此，我們要響應北大台籍同學的呼籲，支援台灣同胞，反對官僚統治，請政府立即撤換陳儀，刷新台政，以救台灣同胞於水火。（エ）

張奚若[7]先生縱談時局：「台灣事件」

三月十六日清華大學清華週刊專訪

從台灣同胞發表的三十二條要求來看，可見，國民黨在接收台灣後，把在內地的一套統治方法完全搬到那裏去了。台灣同胞提出的問題，絕大部分本來是內地人民常常提出的問題。

國民黨對台灣人民的壓制剝削，遠不及對內地各省人民之甚，但台灣人民已經受不了啦，因爲，日本人統治台灣，還讓台灣人民活著來受壓榨，而國民黨統治，則不顧台灣人活不活。前次大公報上蕭乾先生的台灣通訊說得好：譬如擠牛奶，日本人還先把牛餵飽了才擠，而國民黨則一點不餵，完全乾擠，最後連牛都殺掉了！

對於這次台灣事件，內地各省人民，應當打電報向台灣人民致敬，因爲他們還有反抗的精神，還有掙目的勇氣，我

7　張奚若（1889-1973），陝西朝邑人，知名政治學者。早年進入陝西三原宏道書院，1909 年前往上海理化專修學堂就讀，旋參加同盟會。辛亥革命之後重拾書本，1913 年前往美國留學，進入哥倫比亞大學主修政治學，四年後獲得法學士學位，並繼續攻讀碩士。1919 年獲得哥大碩士後，短暫回國又遠赴西歐遊學，直到 1925 年才返國。先後擔任南京中央大學、北京清華大學、長沙臨時大學、西南聯大教授。1946 年受聘回清華大學任教，1949 年以後仍任教清大，直到 1954 年出任教育部長。參閱孫敦恒等編，《張奚若文集》（北京：清華大學出版社，1989 年 9 月）。

們這些讓人壓扁了的順民眞感覺慚愧極了！

台灣事件發生後，有人盡量攻擊陳儀，我對這有兩種看法，一種是國民黨內部派系的傾軋，有人想籍〔藉〕此打擊政學系，這種可能性是非常之大的。

另一種看法，則是籍〔藉〕此可把一切過失都推在陳儀個人身上，使別人感到台灣事件與中央政府無關，與蔣先生無關，蔣先生總是賢明的，一切都是他下面的人搞壞了，這正如傅斯年先生大罵孔宋是「王八蛋」，卻不願有一字提到爲甚麼有人偏愛用這些「王八蛋」的道理是一樣的作用。「天王賢明，臣罪當誅」，這在歷史上權臣當國的時候，或者可以如是說，而在現在這種獨裁政治下，就不能這樣推脫了！

遠在抗戰初期，國民黨就有這一套做法，每逢發生了什麼壞事情，就先用中央社來避掩，將壞說好，等到鬧了避遮不住時，就由下面一批奴才來担認過錯，說領袖是賢明，只是奴才做錯了，這一套，完全是獨裁政治的策略。

陳儀出長台灣，據說，還是挑選出來的比較好一點人，好一點的人都這樣壞，更壞的還用說嗎，共實國民黨中的所謂好人與壞人，在有些地方不過是半斤與七兩之分，連五十步與百步的差別都沒有。這個不行，換上那個，也難有很大的進步，改良也改良不到哪裏去，若是他們能把中國弄好，早已弄好了，何待今天。

有人認爲，這台灣事件，完全是共產黨及一些日本時期的退伍軍人搞的，自然，我不能說台灣沒有這些退伍軍人。也無法證明台灣沒有共產黨，但是，在數日之內，變亂就波及全台，這就決不是少數退伍軍人及共產黨所能搞出來的。

老實說，共產黨及退伍軍人還沒有這樣大的本領。這種說法，只是表示一種執迷不悟的態度而已，李公樸聞一多不也說是共產黨殺死的嗎，但究竟有誰相信呢？

總之，蔣介石先生認為，一切壞事情，都是共產黨幹的，一點也不承認自己有錯。在國軍初開入台灣時，台灣人是如何的表示歡迎，而現在，完全是自己搞糟了，還無認錯的勇氣，在台灣的貪官污吏，警察特務，一定像在內地一樣的胡作亂為，這樣才失盡了人心，現在，就是不為國家體面計，為自己的政治壽命計，也應該改變改變作風。不過話又得說回來，這樣一個無知無能腐化封建的政治集團，你叫它從何改變起呢！

讓我們揭穿虛假

三月十六日清華週刊時事綜合報導「台灣事件」

台灣是新收復的地區，五十年日本的統治，使台灣失去了自由，他們懷念祖國。勝利了，他們欣喜興奮迎接勝利的祖國，劫收大員們分別來到，橫徵暴斂的惡劣作風從大陸迅速播到台灣，懷念祖國的人民相顧失色了，這是他們所希望的祖國嗎？但他們忍耐著因爲他們損失一點財富卻換來了自由。

黨部也同時到了，許多陳腐的教條思想也移到島上，強迫的黨化替代了昨天的奴化，台胞們希望的自由也落空了，而國民黨都把他們當成肥肉，大家在那里爭奪，平靜的社會被擾亂了，民不聊生了。

主要負責接收台灣的是政學系的陳儀，這是政學系的一個新的收獲〔穫〕，憑心而論，政學系也未嘗不想把台灣弄好給他們的政治生命多打一個基礎。但是陳儀這老頭子既極頑固，幹部又極腐敗，且都儼然以征服者的姿態對待台灣的同胞，而國民黨的其他派系也紛紛既想加染指，政學系一方面想獨佔台灣，一方面又無法嚴密禁制他人染指，如是台灣亂了，人民的憤慨也日漸加深。

忍，是中國人民的美德，在國內忍無可忍的時候才有共產黨的強大，在台灣也終於在忍無可忍的時候起來反抗了，我們應該注意，第一，台灣人民民族意識極強，當滿清出賣他們的時候，台灣曾經自己組織了遠東的第一個共和國對抗日本的侵略，後來雖然失敗，但他們對祖國是懷著遺憾和憤怒的。第二，經過五十年的日本統治，台灣成了日本的寶庫，在狡詐的恩威并施中，台灣的建設早上了軌道，人民知識略被提高政治也較清明。台胞們從奴役中也略有一些收獲〔穫〕，他們有這樣的環境和傳統，已足夠要求自治，加上日本在島上遺留了不少的武器，俯拾即是，武裝的反抗發動了。

這種性質的反抗原是不利於國民黨的政權的，但這次反抗的消息中央社卻非常願意報導，好像很同情這個反抗的行動一樣，難道眞是這樣的嗎？絕不是的，那麼爲什那〔麼〕又披露事實呢？原因非常簡單，依然是國民黨內強派的爭執，因爲台灣是塊肥肉，大家都想佔有，政學強佔了一年多，CC眼紅了，軍人也想分一點，彼此一直在鬥爭，把台灣弄得一踏糊塗，以政學系爲背景的大公報不敢公然自辯又不敢公然指摘，衹有不斷地叫「台灣是一塊乾淨土」意思是「讓政學系好好兒幹吧，別再把黨化特務一套東西搬到台灣去！」因爲政學系據說是不主張黨化和特務統治的。

台灣名義上自然是政學系的天下，弄糟了自然要政學【系】負責，現在激成民變了，CC哈哈笑，軍人也眉飛色舞了，眼看著政學系要倒台了，便盡量強調台灣的事變，以加速政學系的失敗，然後取而代之。所以一方面就誇張事情的嚴重性以譴責政學系，一方面則指摘「暴民」的要求超過了合理的限度有叛國的嫌疑爲自己上台後處置的伏筆。

最明顯的台灣國民黨主委林〔李〕翼中進見蔣主席的時候，報載陳立夫張羣吳鼎昌等皆在座，張吳力言？〔：〕「台灣不宜換人，換人有損政府威信」，但是領袖是一向不肯偏袒一方的，他的成功就在能調和利用各個派系，抑此揚彼又抑彼揚此是他的拿手，政學系又在風頭一時的時候，該啞口了，台灣的「總督」是必定要換了，和張治中類似的朱紹良奉急召入京了，軍隊也陸續調進台灣了，陳儀在公署中被圍困著，張羣又顯得消極了，副院長的任務也不想承担了。

三月廿四日燕京大學燕京新聞

官僚統治下台胞生活苦
政府應力求改善，武力是壓不住的

（編者先生）我們在報上看到台灣發生慘案的消息，看後眞感得苦在心頭，無從說出，因爲我們絕想不到我們的政府會採用軍事行動來對付台灣人民。台灣人民爲了生活，爭取生存的權利向當地政府反抗，這是充分說明了當地政府沒有盡其能。相反的，人民的這種行動正是要促使當地政府有所警惕。殊知政府不但不想法子改正當地政府的作風，卻圖以槍桿來壓迫人民，今天政府還用這種手段，眞是自絕於人民。

我們希望貴報起來號召大家爲台灣同胞呼籲，希望政府尊重台胞的生存權利。我實不忍再見我們的人民全在炮火中葬送。（下略）

小市民三月十一日，北平

要求撤換陳儀
官僚不去民無以為生

編輯先生：

我們是一羣福建籍的學生，爲了我們是和台灣只一水之隔，而且台灣現任首長也是以前福建的省主席，因此，我們想在此說幾句話。

陳儀從前主閩時，極端跋扈專制，壓迫人民，弄得民不聊生，他在省內，甚麼東西都專賣，老百姓誰敢和他抗。誰違反他，誰就倒霉，每年無辜被他抓進牢裏的，也不知多少。

不久，他到了台灣，以前在福建的一套，又搬了過去，大行其壓榨政策。台灣人受不了，起來反抗，說人民在叛亂，這眞要把人民逼到甚麼地步。對於陳儀及其統治集團，我們是深知的。所以，我們特別告訴大家，這次的慘案，完全要由台灣當局負責，而台灣人民純粹是在壓榨下，而起反抗。

因此我們要起來呼籲打倒官僚，撤換陳儀。

燕大五個閩籍學生，三月十日

非台籍同學應一致響應
這是整個問題的一環

編者先生：

北大台灣同學已經起來反對官僚統治他們的故鄉，屠殺他們的同胞了，我們非台籍同學，應該起來援助他們，不要使他們陷於孤立，因爲雖然表面上是台灣的事，其實這正是整個中國官僚集團所行的惡果。

希望大家不要袖手，必須和台籍同學共同起來反對官僚政治。

北大一羣學生，三月十一日，北平

看台灣
朝陽學院[8]：海嘯壁報

三月三十一日清華週刊載

台灣原來是一片乾淨的土地，想不到竟變成一座恐怖的地獄！

為什麼我們這僅有的一塊乾淨地不能讓它保持，而要毀滅它呢？台灣的老百姓不是傻子，隨便聽人左右而要背叛祖國的。

目前台灣雖然暫時安靜了一點，可是，以後的日子政府若不改變作風，難免會有更大的民變。拿這次的事變來說，起因是由于專賣局在台北市取締攤販，沒收香烟，開槍殺人。

提起專賣局，請問政府，這種設施在抗戰期中是成功呢？還是失敗？一年來政府在台灣的一切措施以及經濟統制都使台胞的心理由失望而趨於絕望。

「沒收」「槍殺」還是執政者一慣作風，想不到也帶到台灣去了，可是又怎想到這是民變的導火線呢？中央把這次的民變加罪於少數陰謀份子，台灣離北平這麼遠，我們也懶得辯白，但是我們要問，你們在台灣一年幹了些什麼？台灣

8　亦稱朝陽大學，是為民國時期中國知名的法律大學，當時有「南東吳（大學）、北朝陽（大學）」之稱。1949 年中華人民共和國成立，朝陽大學被接管，改制為中國政法大學（與今日中國政法大學僅同名但無淵源）。1950 年中國政法大學、華北大學、華北人民革命大學合併，改稱中國人民大學。

需要的是清官，你們偏要做貪官。台胞需要的是糧食充飢，你們硬要徵實徵借。台胞需要的，你們都不給，拖了一年了，台胞還能忍受嗎？他們對政治的感覺非常敏銳，他們要求的是自治，不是統治！

再回想一下吧！當國軍開往台灣的時候，台胞留〔流〕眼淚：歡迎國軍，飯館酒店免費招待，家家戶戶燃放爆竹，祭祖宗，習國語，這是何等可歌可泣的場面？誰知道今夕卻變成一幕恐怖情景，這責任應該交給誰呢？

陳長官要換了，我們不但希望中央選任能人，而且要澈底改革台政，不要讓台胞再失望了。

讓貪官葬送海底！

讓一切不良政策毀滅！

新官上任千萬不要忘了這兩句誓言！

北大輿論

隨著春天的到來，萬物甦生的時候，法西斯腐潰的軀體也在醞釀著毒素，向人類散佈著死亡的細菌。「二，二八」一個恬靜的日子；在台灣，一塊淨土上，統治者又輕意地掠奪了數千同胞的生命！然而這不是一個偶然的事件，這是台灣六百萬人民不甘於奴役最具體的反抗！我們不能聽中央社無恥的造謠說是台灣事變乃是日本奴化教育的結果；說是這爲少數分子的政治陰謀。但是我們？血的生活教訓中，早就領略了這種侮蔑的宣傳，只是作爲以武力維持其搖搖欲墜的統治「藉口」而已。可是這已是窮途末路的下來了，目前國內正進行著殘酷的內戰，老百姓都睜著血淚的眼睛，清清楚楚地看到究竟誰是出賣民族利益的國賊，究竟誰是殘殺人民的屠夫。現在全中國的人民都醒悟了，只有用自己的力量抉擇自己的生活路線，在爭取祖國民主革命運動的旗幟下，我們都是一條戰線上的同伴，讓我們團結起來成爲一個巨人，掃蕩盡這殘害人民的法西斯死亡的細菌！

（北大一羣愛好正義的同學）三月八日

雜品

哀台民 有序

梁秋水

四月一日北平「雪風」第一期

台灣重隸版圖，台民恍如重覩天日，其愛祖國熱忱，未嘗後人。且經日人治理有年，一切規模具備，民亦馴良易治。此次事變，雖因警吏奪一老婦之香烟兩盒而起，婦靳不予，吏開槍殺之。附近居民不平，向吏理論，復殺數人，于是少壯老弱婦雜〔稚〕數千人不期而集，同向大府伸訴，衛士開槍立殺數百人而台變作。實則台民久受魚肉宰割。啣痛至深，緣此發作而已，未知將何以善其後也。

海外有孤島　厥名曰台灣　成功手開闢　約三百年間　民多閩粵籍

華〔蓽〕路啓荒山　聚族耕斯土　其樂也閑閑　甲午清師熸　城下盟馬關

珠崖輕捐棄　直棄一彈丸　棄民如逐臣　時日望賜環　己〔乙〕酋〔酉〕寇降伏

合浦慶珠還　淪夷五十載　重視漢衣冠　扶老兼攜幼　竭誠迎上官

台地原富庶　民情亦易安　倘得賢良吏　臥治夫何難　奈我諸新貴

叔寶無心肝　大吏作威福　小吏逞凶殘　大小交漁利　攘

奪生事端

因奪淡巴菇　殺人若等閒　老婦命殉此　伏屍在市闤　羣譁訴大吏

膜〔漠〕視不相干　衛士猛如虎　滅此而朝餐　伏屍數百輩　流血色斑斑

視民如草芥　亂草例全刪　官實逼民變　全島捲狂瀾　一倡而千和

婦稚同揭竿　貪人尚尸位　四出肆其姦　嗚呼我執政　御吏一何寬

袒吏厚誣民　民心寒未寒

故都二次政治攻勢中 再寫梁秋水老人

木耳

（北平通訊）四月十六日上海文匯報

提起筆來，再寫這類的報告，實在有無限感慨。以目前的情況，與去秋我初寫梁老時相較，雖然只隔了一個冬天，卻發生了多麼大的變化。這是一個長的多夢魘的冬夜呀。

國大閉幕，軍調部撤消，古城裏第三方面的人物一個個冬眠起來。他們不再說話，不再與新聞記者見面，兩次保障人權的宣言裏沒有他們的簽名。張申府先生不再預言，劉清揚女士在臥病，吳晗先生鑽在舊書堆發掘新史料，張東蓀先生則閉門寫他的「平和」回憶錄（他用「平和」兩字實具有批判的意味，蓋「平」而後始能「和」也。）潘光旦先生則闢謠之不暇。

在這種時候，能出來說話，而且眞能向官家抗爭的，除了那些布衣之士（言無任何黨籍也）「世界日報」所謂「反黨的教育界」人士之外，就只有梁秋水老先生了。

梁秋老並沒有什麼明確的政治主張，這可以從他的「不黨論」裏窺見一二。他有的是嫉惡如仇的精神和對現實不妥協的勇氣。最近他寫了一篇文章，題目是「民眾起來自衛」，大意是內戰既已無停息希望，長此下去，老百姓將爲雙方所迫全部充了炮灰，所以他主張各鄉各村人民自動武裝起來，保境自守，任何方面的徵兵徵糧都一概拒絕，如有來犯者則予以迎頭痛擊，他提到了紅槍會等可以效法的實例。我們先不論他這種主張能否實現，但從他這種觀點裏都可窺出他已深感於和談的無用。

他之提出這樣的結論，是活生生的現實所促成的。他鑒於蘇北的鹽城與冀西的滿城，經過國共雙方的拉鋸戰之後，全城僅存的只有一二個老嫗，而台灣的事件更給他這種想法一個有力的參證。他哀國哀民，憂心忡忡，滿腔的悲憤形之於詩歌，在這些時日，他接連寫了「哀鹽城老婦」，「生民盡」，「哀某村兄弟」，「哀台灣」等。又當北平深夜大檢查大逮捕的時候，全城噤若寒蟬莫敢聲張，他卻高詠「狼謠」「鼠謠」，極盡其嘻笑怒罵之能事。「社有鼠，城有狐，狐善媚。鼠盜糧，莫不縱橫得志而跳梁。吁嗟乎，夫何怪今日民心之惶惶！」這幾句詩在古城是傳誦一時的。（中略）

「國大」閉幕後，民社黨決定參加政府了，黨中人是迫切需要北方的梁秋水胡海門和南方的伍憲子李大明出來撐撐門面的，於是對梁胡第二次政治攻勢開始了。先是張君勱發電相約，而又決派盧廣聲，陳邦候，陳景堯等三位肉請帖回來恭請。但是這位客人不待主人動身，就來一個先聲奪人，他致電滬上民社黨總部，說：「張君勱背信食言，彼縱有面目來見我，我實無面目見彼。」打了這樣一個「絕情絕義」的電報之後，三員肉請帖也就不再想來碰釘子了。

胡海門原來也決定絕不南下的，且屢次表示，秋老的意思就是他的意思。有天記者往訪，適值他們兩位在「會議」，梁就以台灣事件為題說：「像這樣的政府，我們能參加嗎？」

胡亦深以爲然，連連點頭。梁且長嘆息道：「我老了，要找花瓶，應該找些年輕的呀！」（後略）

（四月二日）

捌

台灣十小時

記者

三月十九日上海文匯報

化將玉帛息干戈　萬里持旄路不多
已誤蒼生五十載　忍看血染舊山河

這次台灣二二八不幸事件發生後，中央十分關心，本月十日，蔣主席在國府紀念週表示：中央決以政治手段，和平處理，並派大員宣慰台胞。當日下午六時，當局召見在京請願的京滬台灣代表團，宣佈中央的意旨：（一）決不用武力壓迫台胞，（二）台省政治經濟機構，中央決作適當的調整。當局希望代表團協助政府，安定民心，和從事善後工作，當時代表團對於中央德意，深爲感戴，因爲恐怕台灣情形不安定，表示願意在宣慰大員赴台之前，先做一番準備工作，次晨（十一日）當局又調見台灣代表團，並決派國防部法規司司長何孝元中將，部長辦公廳秘書張亮祖等三員，偕同台灣代表所組織的慰問團，乘專機在當日出發飛台，先事佈置，中央宣慰大員定次日（十二日）飛蒞台灣，正式開始宣慰善後工作。

吾們一行除國防部何張區三位外，計有台灣慰問團團長張邦傑，副團長楊肇嘉，團員張錫鈞陳璧〔碧〕笙王麗明林松模林有泉陳重光張維賢李天成黃木邑暨顧問徐卓英屠仰慈等一共十六人，軍用專機於中午十二時起飛，到上海略停，就直飛台北，在飛機上，有位老先生詩興勃發，口占一絕贈同機諸公，他的最後兩句是：「若使甲兵眞可洗，與君同上決天河」：記者也步韻和了四句：「化將玉帛息干戈，萬里持旄路不多；已誤蒼生五十載，忍看血染舊山河」！這些詩是即時即景，不計工拙，從詩句中，可以看出，吾們的一行遠去，是什麼使命。

吾們到達台北，是在十一日下午五時：到了台北一看，完全充滿戰時氣氛，酷似當年上海虹口被日敵封鎖〔鎖〕的情形，路上沒有行人，武裝軍憲滿佈崗位，軍用卡上裝著機關槍往來梭〔逡〕巡示威，商店和居民都關上了大門，在半掩的窗口，以十分驚異的目光，掃射吾們的一羣，先是在松山飛機場，已經有人告訴吾們，陳長官命令新到的軍憲，嚴查行人，大街上如果四五個人在一起走，即被開槍射擊，因此無人敢在路上走。

吾們來時，南京當局先有電報給台灣行政長官，到了台北松山機場，再將慰問團名單重行交給何司長，請他先去和陳長官連絡，吾們的汽車繞行市內，滿目淒涼，像一個死城，回憶記者在接收台灣時來到台北所見的熱烈情形，大有一年容易，今昔滄桑之感，在腦海中，不禁生沈痛的疑問：爲什麼台灣給糟塌到這樣？吾們遍尋住所不得，結果折回到行政長官公署對面的「新生活賓館」；這裏是變相的官方招待所，也是外省旅客的集合地，這時賓館已告客滿，幸虧團員認識逆旅主人，暫時安頓下來，大家不待休息，即舉行談話會，認爲台北情形完全在武力控制之下，說不定慰問團也要遭到軍憲的阻撓監視，無法執行慰問工作，只有靜待何司長的消息。

果然不出所料，大家纔吃了晚飯，吾們住的賓館內外，已派有大批憲兵和便衣密探，前來「服務」了，他們的服務眞週到，連吾們上盥洗室或便所去辦公，他們也得來伺候。吾們注意到一個密探，西裝革履，指上帶著閃耀的鑽戒，可想陳長官手下的小公務員，也那麼闊氣！吾們向外間的接觸，也要由他們包辦，當然既然大家做木偶，無事大吉，但苦了二三位團員，想見一見多時不晤的家鄉眷屬，談幾句話，竟也諸多未便，頓有咫尺蓬山之感！

可是壞的消息還在後面，當晚十一時左右，何司長從長官公署回來（先遣人員何張區三位也住在新生活賓館），神色很蒼白，他急促地說：陳長官要吾們大家（何司長等也在內）明日晨九時乘原機回去，什麼理由並沒有說。

大家抱著滿懷熱忱，不辭辛勞，從南京飛到台灣，本想來替政府和民眾，稍盡微力，使大局獲得保全，國家和地方的元氣不致折傷，出發之前，吾們也曾考慮到在台灣的安全問題；從民眾方面說，可以沒有問題，因爲慰問團的人們都是接近台灣民眾的，尤其這次台灣二二八事件處理委員會中，民眾領袖大半是張邦傑先生創導的台灣【省】政治建設協會的中堅份子，對於民眾有十分的信心，從長官公署方面說，陳長官在平時固然不歡迎張楊等人來台，但這時大家是來慰問調解的，假使不來想法，曲突徙薪，萬一民眾再接再厲的幹下去，鬧出更大的亂事，說不定長官公署諸公，更要受不了；再則慰問團的組織和出發赴台，事前經中樞的指示和同意，並由當局派軍用專機送吾們去，外加中央宣慰大員的先遣人員，也偕同前往，因此大家認爲在常情衡度，或許公署方面也應該沒有問題，不過以陳長官在閩台兩省之一貫的作風，知道事情決不會太順利；在飛機上和抵達台北市的時光，大家多少有些惴惴不安的心情；惟在國族利益的大前提之下，各人都抱著決心，就是虎穴龍潭之中，也不辭艱險，極力去挽救危局，拯吾千萬蒼生。

在慰問團出發的時候，南京當局對於吾們一行的安全問題，口頭曾予以保證，並由他的先遣人員攜帶專函致陳長官，囑爲保護協助，而結果呢，陳長官不但沒有接受中央的和平政策，和宣慰大員的一番好意，一方對民眾採取黷武恐怖政策，一方公然對於吾們這批從南京派專機飛去籌備宣慰工作的人員，先則如以軟禁，使行動失去自由，再則勒令在數小時內，原機離境，吾們同何司長等先遣人員，固然啼笑皆非，沒有話可說，但不知「中央威信」四字，在陳儀眼中看來，究作何解？何司長很幽默的說：早知在台只住一宿，就不必帶著許多累贅的行李衣服和公文用品了！

吾們的原機已在隔夜奉命準備次晨（十二日）九時載乘全部撤退人員飛回南京，大家一清早就起身，有幾位根本一夜無法入睡，在上午八時半以前，已經準備好束裝待發，這天早上，吾們住的新生活賓館，戒備形勢更見嚴重，內外交通完全隔絕，就是普通住客也不准出入，如果有些來歷的旅客想要離開，事前也先得監視吾們的密探之准許，並檢查行李後，始可放行，整個的賓館罩上了濃厚的恐怖氛圍，這裏佈置得像一座花園的庭院中，南國的杜鵑花憔悴無語，平時有說有笑的年輕天眞的台灣女侍。也哭喪著臉；逆旅主人吳老先生[1]縮在長廊深處，探頭探腦，神色慘白，活活勾描出「驚弓之鳥」一付可憐的模樣。

時間一分一秒的拖著沉重的步伐，挨及九點鐘，何司長張秘書還在長官公署聽候最後的消息，使大家望眼欲穿，這時台灣警備【總】司令部參謀長柯遠芬突然惠臨，帶著護衛，戎裝直入，大家看這神氣，一定是來抓人的了，他坐定後，傳請慰問團團長張邦傑去談話，說是彼此老朋友，隨便談談，可是張先生從迴廊的五步一崗，十步一哨中，慢慢走去時，前擁後護，有似犯人起解的情形，吾們知道在這萬惡的社會裏，老朋友來找你談話，每每是一種外交詞令，說不定有大禍會光臨到頭上來結果柯參謀長留張先生說了有三十分鐘的隨便談談，使人眞有如坐針氈之概，談話的大要，很奇怪的是一味在誇耀武力，而他的結語是：「本月二十日以前，可以完全用武力鎮壓台灣民眾」。這張支票是否能兌現，且待事實來證明，這辦法是否不背中央的和平政策，當然是另一個問題了。

好容易盼到九時半，何司長張秘書等匆匆忙忙地回來了，吾們一羣就往前詢問消息，很像囚犯聽到判決的神情，何張

1　許雪姬教授告知逆旅主人吳老先生，即是台中望族吳鸞旂（1862-1922）的公子吳子瑜（1885-1951）。1910 年代吳子瑜前往北平、上海經商，透過介紹認識孫中山，並捐貲幫助革命。之後返回台灣，曾經營台中「天外天劇場」頗受歡迎，亦加入櫟社、怡社、櫻社、東墩吟社等中部文人社團。參閱黃美娥，〈吳子瑜〉，智慧型全台詩知識庫 http://xdcm.nmtl.gov.tw/twp/TWPAPP/ShowAuthorInfo.aspx?AID=000647

二位終於說了「大家走罷」四字，柯參謀長同何司長稍爲寒諠〔暄〕幾句後，也閒情逸致地踱出庭院中來，好像親自來送行的模樣，這時派好的密探憲兵不用說，就是長官公署的幾位幹員，也一致出動來「監行」。

慰問團除了兩位顧問是外省同志外，全部是台省人士，有幾位已經多年不見故鄉，而台灣總是美麗的島，吾們的一羣眞有「相見時難別亦難」之感，對這光風麗日，山清水秀的國土，有著無限的留戀，依依不捨！大家又像起解似地走上長官公署公事汽車，憲兵持槍實彈，踞坐左右兩排的前後，作射擊狀，這種面目，還是保護，還是押解，眞有些說不來了，回首！看，「新生活賓館」五個招牌大字，很像有些諷刺之意，這時逆旅女侍行李一件一件恭謹地送上，有一個天眞的台灣姑娘，不識時務地，用她初學會而不純熟的國語問著：「幾時再來？」這時大家心緒如痲，也只得黯然無語了。

三月十二日是國父孫總理的忌辰，吾們撤退的汽車走過大街，路上仍沒有行人，而家家戶戶閉著大門，門口斜插著一面國旗後益顯得悽慘，我想：如果孫總理在天之靈，能看到台灣這付光景，不免也要痛哭失聲！事情眞太巧合了，我想到慰問團抵達新生活賓館時，本來已無插足餘地，該館前身是日本人的「吾妻館」，民初國父孫總理避袁氏之亂，到台灣來，住在這裏，他老人家的住室和飲食用具，後人爲紀念他的功業，崇拜他的偉大起見，一直給保存著，稱作「國父史績〔蹟〕館」，供人瞻仰遺澤，等閒不許隨便亂闖，更不准任何人在這史績〔蹟〕館內居住。吾們來時，遇見當地人士，不論識與不識，大都見面長揖，口裏很誠懇地說：「好了，救星來了，你們這批和平使節可以救吾們台胞了！」逆旅主人看待吾們如「上賓」，因爲沒有餘屋可住，特別破例一下，開了「國父史績〔蹟〕館」給吾們暫時借宿，大家眞有些奮激，覺得吾們應該受了孫總理的偉大人格之感召，盡心盡力，謀芸芸眾生的福利的庶不辜負民眾的厚望，和逆旅主人的雅意，但是結果呢，吾們根本在此被軟禁了一夜，半籌莫展，反只學了他老人家的暫時避地之舉，實在愧汗滿面！再看到今天無人走的大街上，懸著國旗紀念國父忌辰，眞有些像「白頭宮女在，閒坐說唐【玄】宗」一樣的淒淸絕世，令人難受！

這時吾們感慨之餘，不能不提出下列各問：㈠台灣光復時，台胞歡迎「漢家旌旗」的熱烈情緒，和全島舉行家祭，昭告先人之可歌可泣的情形，爲什麼經過短短的一年餘時間，變成這樣官民之間的深仇疾恨？誰應該負責？㈡陳長官將事變責任，完全推在海島退役軍人及共產黨等等之活動，假定他之理由完全充分，請問：事態在二三日內遍及全省，嚴重到不堪收拾爲何事前不妥籌辦法，未雨綢繆，反請中央將國軍調走？㈢日敵地下活動也是他的理由，但陳儀最是袒護日人，爲何接收後一年餘，尙未將餘孽肅淸？㈣中樞要用政治手段和平處理，陳儀硬要用武力解決，中央派大員來台宣慰，陳儀有何權力和理由可以違抗，將先遣人員趕回南京去？㈤慰問團的使命是安定民心，其作用在使大多數的良善民眾與少數不良份子分開來，但陳儀不別良莠，一味高壓，使局面惡化，不易收拾，置國族利益於不顧，眞是小不忍則亂大謀的痛心事。

吾們到達松山機場，約於十時許起飛，返抵首都已在下午二時半，翻閱當天的報紙，知道中央的宣慰大員原定本日飛台，因故延展（記者執筆時，宣慰大員尚無赴台確期），綜計吾們於十一日下午五時抵台，次晨十時離台，先後約隔十數小時，在新生活賓館被軟禁的時計也有十小時以上，本文題爲「台灣」十小時，聊誌紀念。

（三月十六日寄自首都）

處委會闡明事件眞相・向中外廣播處理大綱

——除改革政治外別無他求・建議案本日可正式提出——

三月八日台灣新生報

台灣省二，二八事件處理委員會於六日下午二時召開會議。席上除報告組織大綱及推選常務委員外，並由委員王添燈〔灯〕氏動議謂本省地處孤島，致此次所發生之事件，中外人士未能透澈明瞭，諸多曲解，特擬就二二八事件處理大綱內容闡明發生之遠因與近果將以國語，客語，閩語，英語，日語，向中外宣佈，俾能了解內容眞相，全體一致贊成，茲將原文誌之如次：

（一）二，二八事件的原因

這次本省發生的二，二八事件其發端雖然是由於專賣局查緝私烟，屢次搶奪攤販之商品財產，已不歸公，又常以搶捍〔槍桿〕毆打烟販，且於二，二七夜，在台北市查緝私煙時，開槍擊斃人命而激起公憤，生出官民衝突的事態。這事件於二，二八在台北發生即時波及全省，到處發生軍民之衝突和流血的慘狀。現在除台北內暫時復歸和平狀態之外其他各地還在繼續武裝混戰的地方也不少。

這樣廣汎而大規模的事件是由查緝私煙槍斃人命，這樣單純的原因所能發生的嗎？決不是！查緝私烟槍斃人命不過是導火線而已，這次的事件完全是全省人民對於一年餘來之腐敗政治的不滿同時爆發的結果。

本省光復一年餘來的政治狀況是一面陳長官在公開講演的時候說得如花似錦，說要怎樣爲人民服務要怎樣謀民生的安定。但實際上大小貪污互相搶奪接收之敵產者到處有之，弄文舞法或倚藉武力以欺壓人民者比比皆是。人權不能得到保障，言論出版失去自由，財政破產，物價繼續騰貴，廠鑛倒閉農村日益衰微，失業者成羣，無法營生者不可勝算，全省人民不堪其苦，敢怒而不敢言，因此次專賣局貪污官吏之暴行，全省民之不滿遂同時爆發。

由此次可知事件作根本由腐敗政治之結果而來。已非祇因專賣局官吏之不法行爲所致，亦非由於省界觀念而發生的事件。故對此次事件，整個台灣政府應負全部責任。

（二）二二八事件的經過

二，二七夜專賣局官吏擊斃人民之時，即激動市民公憤，該局人員所乘卡車及所押收香烟，立時被民眾焚燬。翌二十八台北市即全體罷市，市民結隊至台灣省專賣局請願懲兇，然該局四圍皆佈置武裝警察，不准民眾接近。其時民眾怒氣沖天，即返回專賣局台北分局欲捕兇犯，但兇手已逃畢，羣情激發搗毀該局物件，並搬至路上焚燬，而民眾爲欲達到請願題日，轉向台灣省行政長官公署，欲向長官請願，而該署亦以武裝之士兵及憲兵，如臨大敵戒備甚嚴，不許民眾接近，因此於吵鬧之間公署樓上之士兵竟用機槍掃射民眾，因此民眾死傷數名，民眾益發憤激，情勢又加嚴重，其時有一部份民眾湧到城內，將官僚資本所經營之大商店及與貪官污吏之店鋪搗毀，並將家具物品搬來路上焚燒，在焚燒之時武裝警察及軍隊趕至機槍射殺民眾為數不少。又翌三月一日在鐵路管理委員會前（即北門町附近）蝟集之民眾被軍隊機槍掃射以致死傷者數十名，此消息一經傳出全省各地民情頓時激變。現台北市內雖經二，二八事件處理委員會居間接治〔洽〕，略已平靜，但中商〔南〕部各地民眾則為避免政府武裝部隊之屠殺，正繼續努力冀求解除軍隊武裝，犧牲相當慘重。

（三）二，二八事件應如何處理

這次事件已然是政治腐敗的結果，其處理若非政治上根本加以改革，以後難保不再發生類似或更慘重之事件，故居住本省之人民不論本省人或外省人均應盡量提出處理意見，政府當局人員應亦以公明正大之政治家態度，誠心誠意與人民共謀解決，切勿為保持官僚威風，而陷入錯誤觀念。

現在將有已得到的對於本事件的處理意見，綜合起來，可分為對目前的處理，及根本的處理兩方面：

1. 對於目前的處理

一，政府在各地之武裝軍隊，應自動下令暫時解除武裝，武器交由各地處理委員會及憲兵隊共同保管，以免繼續發生流血衝突事件。

二，政府武裝部隊武裝解除後地方之治安由憲兵與非武裝之警察及民眾組織共同負担。

三，各地若無政府武裝部隊威脅之時，絕對不應有武裝械鬥行動，對貪官污吏不論其為本省人或外省人亦只應檢舉轉請處理委員會協同憲警拘拿，依法嚴辦，不應加害而惹出是非。

四，對於政治改革之意見可條舉要求條件向省處理委員會提出，以候全般解決。

五，政府切勿再移動兵力或向中央請遣兵力，企圖以武力解決事件，致發生更慘重之流血而受國際干涉。

六，在政治問題未根本解決之前政府之一切施策，（不論軍事，政治）須先與處理委員會接洽，以免人民懷疑政府誠意，發生種種誤會。

七，對於此次事件不應向民間追究責任者，將來亦不得假藉任何口實拘捕此次事件之關係者，對於因此次事件而死傷之人民應從擾憮恤。

2. 根本處理

甲，軍事方面：

一，缺乏教育和訓練之軍隊絕對不可使駐台灣。

二，中央可派員在台徵兵守台。

三，在內陸之內戰未終息以前，除以守衛台灣為目的之外絕對反對在台灣徵兵以免台灣陷入內戰旋渦。

乙，政治方面：

一，制定省自治為本省政治最高模範，以便實現國父建國大綱之思想。

二，縣，市政〔長〕於本年六月以前實施選舉，縣市參議會同時改選。

三，省各處長人選應經省參議會（改選後為省議會）之同意，省參議會應於本年六月以前改選，目前其人選由省處理委員會審議。

四，省各處長三分之二以上須由在本省居住十年以上者担任之（最好秘書長，民政，財政，工鑛，農林，教育，警察等處長應該如是）

五，警務處長及各縣市警察局長應由本省人担任，省警察大隊及鐵道工鑛等警察即刻廢止。

六，法制委員會委員須半數以上由本省人充任，主任委員由委員互選。

七，除警察機關之外不得逮捕人犯。

八，憲兵除軍隊之犯人外不得逮捕人犯。

九，禁止帶有政治性之逮捕拘禁。

十，非武裝之集合結社絕對自由。

十一，言論出版罷工絕對自由廢止新聞紙發行申請登記制度

十二，即刻廢止人民團體組織條例。

十三，廢止民意機關候選人檢覆〔覈〕辦法。

十四，改正各級民意機關選舉辦法。

十五，實行所得稅一累進稅除奢侈品稅相續稅外不得徵收任何雜稅。

十六，一切公營事業之主管人由本省人担任。

十七，設置民選之公營事業監察委員會，日產處理應委

任省政府全權處理各接收工廠鑛應置經營委員會委員須過半數由本省人充任之。

十八，撤消專賣局，生活必需品實施配給制度。

十九，撤消貿易局。

二十，撤消宣傳委員會。

二十一，各地方法院院長各地方法院首席檢察官全部以本省人担任。

二十二，各法院推事檢察官以下司法人員各半數以上由省民充任。

其他改革事項候三月十日集中全省民意之後交由改組後之政府辦理。

二・二八大慘案日誌

二月二十七日

台北市延平路專賣局因查緝私烟，緝私員打死烟販及市民二〔一〕人造成慘案之端。[2]

二月二十八日

死亡家屬羣赴長官公署請願懲兇，遭衛兵以機槍射擊，羣眾包圍警察局，搗毀市專賣分局貿易局，長官公署下戒嚴令，到處開槍，據合眾社電死傷達四千多人。

三月一日

台北市參議會邀請國大代表，參政員省參議員於中山堂成立緝煙血案調查委員會當場推派黃朝琴，周延壽，王添燈〔灯〕，林忠等謁見陳儀，提出五點要求：

（一）立即解除戒嚴令。

（二）被捕之市民應即開釋。

2　由於2月27日當天消息混亂，以至於傳言林江邁被槍斃，以及緝私人員開槍「傷亡多人」。其實林江邁仍然存活，被槍亡者僅市民陳文溪一人。

（三）下令不准軍警憲開槍。

（四）官民共同組織處理委員會。

（五）請求陳長官對民眾廣播。

陳儀下午五時向全台廣播三項處理辦法：（一）懲兇（二）撫卹傷亡（三）自本日下午起解嚴。

陳儀廣播甫畢，台北市北門口軍警復開槍殺傷三十餘人，於是事件遂擴大。

三月二日

陳儀應市參議會調查委員會之請決定：（一）釋放被捕台胞，且不追究此案民間負責人。（二）優卹本省外省之死亡人民。（三）派嚴一鶴〔周一鶚〕，包可永趙蓮初〔趙連芳〕等與民眾代表組二二八處理委員會。[3]台旅滬同鄉會上書蔣主席要求徹查真相。

三月三日

台北市表面平靜，事件擴大至中南部，嘉義市民與高山族聯合攻擊機場駐軍，台中駐軍被民眾解除武裝，全省各地均響應，除少數都市外，咸入人民手中。

民眾向二二八處理委員會提出要求：（一）撤消貿易專賣兩局。（二）解散警察大隊。（三）任本省人為秘書長。（四）處長以上半數由本省人任職。（五）改正現行政策，長官公署

3　許雪姬教授斧正，嚴　鶴為排版錯誤，正確為周　鶚；趙蓮初亦為排版錯誤，正確為趙連芳。

澈夜開會認為難於接受。

三月四日

監察院電令閩台監察使楊亮功即日前往查辦。

上海台灣同鄉會上海台灣同學會等六團體組成「台灣二二八慘案聯合後援會」，決定數點：（一）廢除台省長官公署各種政治壓制與經濟統制制度，及該署所定不合理之制度。（二）立即取消專賣貿易局。（三）實行地方自治，任用台灣人治理台省。（四）嚴懲兇手，撫卹傷亡。（五）組織台灣省二二八事件調查慰問團。（六）晉京請願，發告全國同胞書。

三月五日[4]

陳儀接受民眾要求，允將廢除長官公署制度，實行省制，縣市長民選，十七縣市同時組成二二八事件處理委員會。

台灣省二二八事件處理委員會假台北中山堂開正式成立大會，向中外宣佈事件真相並提出處理方案二十二項。

台省青年自治同盟於台北正式成立，台灣旅滬六團體招待新聞界，報告慘案發生經過，並發表告全國同胞書。

三月六日

台北市治安由當地軍警及民眾義勇軍學生等維持，台中區時局處委會提出七項主張。（一）尅日準備施行憲政，即時

---

4 依《臺灣新生報》的報導，許雪姬教授認為，三月六日下午二二八事件處理委員會才正式成立。

選舉省縣市鄉鎮長，實行完全自治。（二）即刻改組各級幹部，起用本省人才，協力建設台灣。（三）即刻開放官軍民粮倉，配給省民，以安定民食。（四）廢止專賣制度，各種工廠交人民管理。（五）確保司法獨立，肅清軍警暴行，尊重民權，保障人民七大自由（人身，言論，出版，思想，集會，結社，居住），（六）因二二八事件所憤起之民眾行動，一切不得追究。（七）平抑物價救濟失業安定民生。其口號為：建設新中華民國，確立民主主義，擁護中央政府，剷除貪官污吏，即刻實行省縣市長民選，反對內戰，反對專制。反對違反民主的措施，反對以武力把持政權，反對武力壓迫，歡迎全國人材合作，中華民國萬歲！台灣省萬歲！（台灣新生報三月七日登載）

台灣省旅平同鄉會，旅平同學會召開連席會議，議決致電蔣主席，並發表告同胞書。北大台籍學生開始以壁報報告慘案真相。

陳儀廣播宣佈改善政治。

三月七日

台灣省二，二八事件處理委員會，除原來二十二項外，再追加十項方案，及有關軍事方面三點。

台中空軍第三機廠負責人，與台中地區時局處理委員會，締結臨時協定，議定該廠交由學生隊保管警衛。

三月八日

太康艦由滬運兵赴台。

三月九日

國軍及憲兵於基隆登陸。台灣省旅滬六團體晉京請願，提出五項要求：（一）立刻允許台灣實施自治：省長縣長一律民選，（二）廢除特殊化之行政長官制度，及其一切特殊法令設施，（三）懲辦陳儀及軍政實際負責人，（四）取消台灣特有之專賣及省營貿易，（五）撫卹傷亡立即釋放被拘民眾。

台灣旅滬同鄉會理事長李偉光氏發表談話謂：目前任何動機之軍隊赴台，有可能在台登陸時引起更大之反感與誤會。

三月十日

蔣主席在中樞紀念週發表對台變態度稱：「中央以憲政即將實施，且台灣行政本應早復常軌，故凡憲法規定地方政府應有之權限，中央盡可授予地方提前實施」同時決派國軍赴台維持治安。

陳儀下令解散二，二八事件處理委員會，及取消一切非法團體，警備總司令部再下戒嚴令，三人於街路上不得同行，開始對台胞大屠殺。

中央發表選派白部長赴台宣慰。

台灣省旅京滬七團體代表於下午二時假新街口社會服務處召開二，二八慘案報告會，請求中央以寬大和平之政治方式解決事件，各代表報告時均聲淚俱下。

三月十一日

陸軍整編第廿一師師長劉雨卿，向台胞廣播謂：國軍赴台目的在保國衛民。

台灣省旅京滬七團體請願代表團，向中央請願和平處理台變，不可用兵武力鎮壓。

白部長予以接見後，即對代表團作下列聲明：（一）關於台民要求在政治制度上之改革，政府即著手付諸實施（即改組台灣長官公署爲省政府）（二）對于經濟改革立即取銷專賣之特別制度。（三）台灣省內外人一律平等，（四）派兵赴台為國防上之需要，非對付人民者。

空軍一中隊開赴台灣。

台灣省旅平同鄉會，台灣省旅平同學會及天津市台灣同鄉會，分訪北平天津兩市各報社，籲請各報主持正義，並於市面粘貼散發「為台灣二，二八大慘案告全國同胞書。」

台灣省旅滬人士慰問團，乘國防部專機赴台慰問。

三月十二日

台北在恐怖之戒嚴令下已成死城，該團無法活動，乘原機返京。

三月十三日

天津市台灣同鄉會，台灣省旅平同鄉會，台灣省旅平同學會，在天津聯合招待記者，報告慘案真相，籲請政府以政治方式解決台變，懲撤陳儀，並致電蔣主席、白部長。

台省旅滬六團體於下午四時在京再度招待記者，報告赴台宣慰經過，由陳碧笙氏報告稱：陳儀實行恐怖政策，盡量逮捕人民領袖，台中嘉義軍民已激戰三晝夜，台省青年百萬曾受軍訓，如仍繼續實行報復性之恐怖政策，結果必在台灣開闢內戰第二戰場。代表等在陳儀監視下無法宣慰，仍原機返京。

三月十四日

台省旅京滬七團體向立法院請願撤換陳儀。葛敬恩飛京報告台變，主席兩度召見，同進晚餐。

三月十六日

台省公署發表廢止二月十五日公佈之限制進出口貨物辦法。

主席宣召白部長葛敬恩同進晚餐，對台變善後處理有重要指示。

三月十七日

白崇禧飛台宣慰，發表寅字第一號佈告，昭示中央處理原則原文如次：「第一，台灣政治制度之調整：（一）改台灣省行政長官公署制度為省政府制度，其組織與各省相同但得依實際需要增設廳處或局等機構。（二）台省各縣市長提前民選，其辦法由省參議會擬具，具呈報內政部核准施行。在縣市長未舉行民選前，由省府委員會依法任用，並盡量選用本省人士。第二台灣地方人事之調整：（一）台灣警備總司令以不由省主席兼任為原則。（二）省府委員及各廳處局長以儘先選用本省人士為原則。（三）省府或其他事業機關中之職員，凡同一職務或官階者無論本省或外省人員，其待遇應一律平等。第三經濟政策：（一）民生工業之公營範圍應盡量縮少，公營與民營之畫分辦法由經濟部及資委會迅速審擬，呈報行政院核定施行。（二）行政長官公署現行之經濟制度及一般政策，其與國府頒行之法令相抵〔牴〕觸者應予分別修正或廢止，一面由政院查案審議，一面由中央所派之人員聽取地方意見，隨時呈報，以供修正或廢止之參考。第四，恢復台灣地方秩序：（一）台省各級二，二八事件處理委員會及臨時類似之不合法組織，應立即自行宣告結束。（二）參與此次事變或與此次事變有關之人員，除煽動暴動之共產黨外，一律從寬免究。【」】

白崇禧於下午六時三十分向全省台胞廣播稱：渠奉主席令來台處理事件善後盼迅速恢復社會秩序，渠決遵奉主席和平寬大之方針。

七時陳儀在台北賓館歡宴白部長崇禧。

三月十八日

白部長假台北賓館招待各界致詞稱：「台省事件係受少數共黨分子及少數浪人之煽動，現已大致安定，僅有少數青年現仍避居深山，盼其早日歸來」繼由林獻堂致詞稱：「此次不幸事件，實由過去日人之同化政策，使少數同胞養成島國民狹小之心胸，致有今日之急性行為」，陳儀致詞稱：「台灣少數青年此次之幼稚行動，乃緣過去日人數〔教〕育灌輸輕視中國之思想所致」。

三月十九日

旅港台灣同鄉通電各地台胞，抗議當局對台灣所採之恐怖行動，要求迅速設法制止武力鎮壓恐怖報復政策，即時釋放愛國份子，嚴懲陳儀及其責任者，為民伸冤，徹底改革台灣政治經濟。

白崇禧赴基隆視察港口設備及要塞。

三月二十日

白崇禧與陳儀等舉行會議，下午召公教人員談話，稱二，二八事件僅係少數共黨份子所造成，台籍青年不應有徧〔偏〕狹之地域觀念。

三月二十一日

台省旅京滬七團體代表請願團向三中全會請願，提出撤換陳儀，釋放被捕台胞，逮捕懲辦貪官污吏等要求，由谷正綱接見，允將所請代為轉達，渠等稱：台灣情勢，自白部長赴台後並未改善，台南仍在戰爭狀態中，台北亦未解嚴。白部長抵台後所發表之處理台灣事件原則，台人一致擁護，唯事實上其中之第四項，除直接發動台灣暴動之人員外一概免究一項，陳儀長官並未實行。（文匯報南京廿一日專電）

「聯合社在南京廿一日電」（前略）白部長佈告雖允立即釋放被捕人員，惟有大批台胞仍遭監禁，其中有金融界人士及報紙發行人，決非共產黨員，全台形勢依然嚴重，各報現均停刊，即為陳儀喉舌之新生報亦不出版。政府與武裝台人在鄉村間時有衝突，台南一帶尤甚。（節錄三月廿三日文匯報）

白部長飛抵屏東。

三中全會六十餘中委提撤辦陳儀案。

三月二十二日

旅京滬台灣請願團楊肇嘉等招待記者，發表聲明如下：白部長抵台之後，即公佈處理台變四項基本原則，台胞大體認為滿意，惟仍有數點特別要求，深望政府能俯納民意立予實行：（一）陳儀為禍台罪魁，對此次民變應負法律上行政上完全責任，此人不去，不僅民忿難平即政府威信，國家紀綱，亦將無以為榮，應請立即撤職解京，依法嚴辦。（二）台灣接收由長官公署一手包辦弊端百出，去年雖有清查團之組織，但時間不及一週，且在長官公署挾持掣肘之下，工作未見展開，所扣押之官吏，後均一一釋放，逍遙法外，應請再由監察院國民參政會，台灣省參議會，台灣旅外各團體，聯合組織清查委員會，同行赴台澈查，並應鼓勵人民自由告發。（三）白部長處理台變基本原則第四項，已宣布「參與此次事變或與此次事變有關之人員，除煽動暴動之共產黨外，一律從寬免究」，而現在被捕諸人中，如陳炘為台灣信託公司董事長，王添燈〔灯〕為台灣茶葉公會會長，均不能以共產黨目之，乃拘押至今尚未釋放，台南市參議會副議長葉青〔秋〕木，[5] 且橫遭槍決，全台報紙均被封閉，即地方報紙亦不能例外，台胞又無言論自由與人身保障之可言，此項報復性質恐怖政策，如不停止，全台地方秩序勢難恢復，人心無從安定，（四）白部長處理台變原則第二項，已宣佈「省府委員及各廳處局

5　許雪姬教授指正，葉青木為排版錯誤，正確為葉秋木，葉氏當時擔任屏東市參議會副議長。

長以儘先選用本省人士為原則」未來台灣省主席為省府委員之一，且負主持全省行政重責，希望能盡就本省人士中選用。至外邊傳聞有某某系官僚於禍台之餘，尚思把持台灣產業為其政治資本竭力推荐其同系人物出為活動，台胞對此輩官僚，表示深惡痛絕，決不歡迎。（五）台灣所有之官有土地，森林，礦山，動力，鐵路電信港灣，工廠各項設備，均係五十年來台胞血汗積壘締造而成，其所有權應屬於全體台灣人民，其收益應用於有關台胞福利之生產事業，決不能視同敵偽產業，由各部會任意分別支配，重踏京滬一帶「劫收」覆轍。（節錄文匯報南京二十二日專電）

三月二十三日

白部長宣慰台中

三月二十四日

蔣主席於紀念週對三中全會中所攻擊之撤辦陳儀事，表示意見謂：【「】（前略）台變陳儀固應負責，其用人也許失當，政府已派白崇禧前往處理，在察明真象之前，三中全會遲作撤職查辦決議，未免使邊疆負責人減少責任勇氣。」（北平世界日報）南京專電。）

台灣國大代表電陳儀請從寬處理。白部長遊日月潭。

三月二十五日

白部長經新竹市返台北，下午對中央社記者稱：據在各地所見，認為台灣之騷亂大致已平息，至逃匿山僻之少數暴動份子及共產黨徒約有一千人。

台灣南部防衛司令部發表近半月來平定南部暴亂經過稱：本月三日起嘉義以南各省先後發生暴亂（中略）事態演變至此，彭司令奉令遣兵進剿，直至八日始恢復高雄市區秩序。鳳山則於七日平定，八日定屏東，九日平岡山，十日平定台南，十二日平定嘉義，十四日平定新營，截至目前止，各部隊收繳民間武器步槍四百八十餘枝，輕機槍二十五挺（中略）並拘押嫌疑犯數百人。

三月二十六日

白部長向高山族廣播稱：台省軍憲積極從事清鄉，令其不可幫助暴亂份子。

陳儀發表文告稱：清鄉之目的在確保治安。

三月二十七日

白崇禧在台北向中外僑胞廣播，報告台灣事變及其處理方針。

陳儀以駐台憲兵第四團長張慕陶，自二，二八民變以來，鎮壓叛亂異常出力，著記大功二次，並傳令嘉獎。

陳儀封閉五家報館，計人民導報，中外日報，大明報，重建日報，民報，封閉罪名為「異黨份子」或「挑撥政府與民眾感情」及「深中日本毒化思想」等。人民導報社長宋斐如傳被槍決（渠爲前省公署教育處副處長，係一日本研究者，且爲抗戰期「戰時日本」之主編者）其餘各報社長蘇秦策〔蘇泰楷〕，[6]林忠〔宗〕賢，艾璐生，及和平日報記者，王孚國，上海商報

記者鮑世杰均被捕生死不明。（天津益世報）

三月三十日

白崇禧晚間假台北賓館宴請陳儀，葛敬恩，柯遠芬。

三月三十一日

白崇禧宣慰台灣大學。

四月一日

台灣二，二八事變領袖王添燈〔灯〕有被槍殺説（北平世界晚報）蔣渭川逃亡中（「北平紀事報」）

白崇禧假台北賓館舉行記者招待會，宣佈善後措施：（一）逮捕人犯須依合法手續。（二）審理務求公允迅速。（三）遇有特殊重大案件，須呈國防部核准施行，（四）逮捕人犯應由警備總部統一辦理，（五）處決人犯應宣布罪狀當眾執行，以收殺一儆百之效，（中略）在清鄉期內逮捕人犯應限於共產黨。

四月二日

中常會在孫科主席下決定請政府立即執行陳儀撤職查辦案。

白崇禧由台乘機返京談稱：台灣已平靜無事。

京滬台胞請願代表團楊肇嘉等二十餘人赴白公館請願，

6　許雪姬教授斧正，蘇秦策為排版錯誤，正確為蘇泰楷，蘇氏當時擔任重建日報社社長。

由白部長親自接見，提出八項要求（一）立即將主持捕殺台胞之兇手陳儀撤職解京，交軍法審判，（二）嚴行約束部隊紀律，（三）停止清鄉，（四）履行政府諾言，釋放被捕人民，並保証對事變有關人員不再追究，（五）組織調查團，調查人民死傷人數及慘案責任，（六）撫卹被害人民（七）准各民間報紙自由復刊，並由政府賠償損失，（八）對逃匿山中之青年學生數千人勸告返校，停止武力請〔清〕剿政策。

四月四日

二，二八慘案肇事禍首，傳學通判處死刑。

四月六日

北平世界日報專電稱：台省各鄉村間仍危機四伏，台北台南均有一觸即發之勢，楊亮功何漢文均有如是觀感。

四月七日

白部長在京招待中外記者報告處理台變經過，否認有封閉報館事，至暴動份子逃往山中者據稱僅共產份子謝雪紅等四十餘人。

台灣旅京滬請願代表團，向參政會請願，提出三點要求：（一）請參政會建議政府立即撤換陳儀，（二）取消台灣恐怖政策，停止清鄉運動，（三）請參政會組織調查團赴台調查事件真象。

法國新聞社南京七日電，京滬二地台灣代表團頃已擬就上蔣主席之備忘錄，擬呈請開釋最近台灣暴動中所被捕之台灣人。據該團代表人士報告稱：備忘錄內容仍在説明暴動事件並非如政府稱係共黨份子所煽動，且可證實被捕之台灣人中並無共黨份子在內。

聯合社華盛頓七日電稱：華盛頓郵報今日社評，題名「台灣醜事」，敦促將來擬訂日本合約諸國，將台灣管理權移交聯合國機構，或從中國收回該島。

四月十日

台灣省旅滬六團體下午三時假八仙橋青年會招待新聞界，由主席陳碧笙氏報告台灣曾有大屠殺情形，大意謂：自八日至十六日台胞被屠殺人數在萬人以上，如連重輕傷者計算，至少在三萬人以上，屠殺方法殘酷無倫：如（一）基隆軍隊用鐵絲穿過人民足踝，每三人或五人為一組，捆縛一起，單人則裝入蔴袋拋入海中。（二）高雄軍隊對集中千餘民眾用機槍掃射，全部死亡，基隆軍隊割去青年學生二十人之耳鼻，及生殖器，然後用刺刀戳死。（三）台北將所捕平民四五十人由四層樓上推下跌成肉餅，未死者再補以刺刀。（四）高雄將人釘在樹上，聽其活活餓死（五）卡車上巡邏兵見三人以上之行人即用槍托擊殺（六）哨兵遇路過民眾不問情由開槍擊殺（七）各地大批逮捕平民未經審訊，即綁出槍決或半途處決。（八）嘉義台南一帶人民因聞蔣主席，白部長一律從寬免究之廣播後，向當局自首竟亦被捕槍決。（九）軍隊以清鄉為名入民家搜查，將財物取去復殺人滅口。（十）被殺害之人民以青年學生為最多，一般人民次之，社會中堅又次之，新聞記者亦不能免。真正流氓人多被編入別動隊，用以殺害民眾。（十一）封閉五家民間報紙。該團體等為表示抗議，主張由監察院，國防部最高檢察署，國民參政會，憲政實施促進會，及國內新聞界，台灣旅外團體會同組織調查團，赴台作長期詳盡之調查，對於主持屠殺之軍政長官陳儀，柯遠芬，史宏熹，彭孟緝等依法起訴處以極刑「節錄文匯報」

四月十一日

監察使楊亮功監委何漢文由台啓程返京。

四月十四日

白崇禧謁　蔣主席報告台變，撤換陳儀府令，數日內可盼布。（北平世界日報專電）

四月十五日

台閩監察使楊亮功，監委何漢文調查台變公畢，十五日晨自滬返抵京，何氏談稱台變報告書已擬就并有建議書一件，十六日可轉呈　蔣主席。報告書長萬餘字。記者詢陳儀是否應負事變責任及是否將提彈劾？何稱：陳亦有責任，但善後重於責任。據悉報告書不擬公開。

（北平世界日報專電）

國家圖書館出版品預行編目資料

台灣二・二八大慘案／許毓良校註.
--初版.--台北市：前衛，2016.02
328面；15×21公分

ISBN 978-957-801-790-0(平裝)

1. 二二八事件　2. 史料

733.2913　　104028933

台灣二・二八大慘案

校　　註　許毓良
責任編輯　林君亭
美術編輯　宸遠彩藝
出 版 者　前衛出版社
10468 台北市中山區農安街153號4F之3
Tel：02-25865708　Fax：02-25863758
郵撥帳號：05625551
e-mail：a4791@ms15.hinet.net
http://www.avanguard.com.tw
出版總監　林文欽
法律顧問　南國春秋法律事務所林峰正律師
總 經 銷　紅螞蟻圖書有限公司
台北市內湖區舊宗路二段121巷19號
Tel：02-27953656　Fax：02-27954100
出版日期　2016年2月初版一刷

定　　價　新台幣400元
©Avanguard Publishing House 2016
Printed in Taiwan　ISBN 978-957-801-790-0

*「前衛本土網」http://www.avanguard.com.tw
*請上「前衛出版社」臉書專頁按讚，獲得更多書籍、活動資訊
http://www.facebook.com/AVANGUARDTaiwan